Angela Seifert
Jetzt pack ich's an!

Die Autorin:

Angela Seifert, Jahrgang 1938, zum zweiten Mal verheiratet, zwei Söhne, eine Tochter.
Nach langjähriger Tätigkeit in der Psychotherapieforschung Ausbildung zur Transaktionsanalytikerin für den Bereich Psychotherapie, in eigner Praxis tätig. Umfassende Lehr- und Vortragstätigkeiten, u.a. auch in der psychotherapeutischen Weiterbildung und Training von Führungskräften.
Interessensschwerpunkte: Innere Entwicklung und Lebensformen der Frau, Führung und Kommunikationsformen im Arbeitsleben, Bewusstseinsentwicklung, -öffnung und -schulung.
Publikationen: zu Märchen (Rumpelstilzchen, Dornröschen) und Mythen im Kreuz-Verlag; Neurosenlehre der Transaktionsanalyse (Springer-Verlag).

Angela Seifert

Jetzt pack ich's an!

- Wie Sie Ihr verborgenes Lebens-Skript entdecken, umschreiben und endlich glücklich werden

TRIAS

Leserservice:

Wenn Sie Fragen oder Anregungen zu diesem Buch haben,
schreiben Sie uns:
TRIAS Verlag
Postfach 30 11 07
70451 Stuttgart
oder schicken Sie uns eine E-Mail:
trias.lektorat@thieme.de

Lektorat: Stefan Vieregg M.A.
Außenlektorat: Maria Brand

Umschlaggestaltung:
Cyclus · D + P Loenicker, Stuttgart

Bildnachweis:
Umschlag Bavaria (vorne), Mauritius (hinten)

Die Deutsche Bibliothek – CIP-Einheitsaufnahme

Seifert, Angela:
Jetzt pack ich's an! : wie Sie Ihr verborgenes Lebens-Skript entdecken, umschreiben und endlich glücklich werden / Angela Seifert. - Stuttgart : TRIAS, 1999

Dieses Buch wurde in der neuen deutschen Rechtschreibung verfasst.

Rüdigerstraße 14, D-70469 Stuttgart
Printed in Germany
Satz: Fotosatz H. Buck, 84036 Kumhausen
Druck: Gutmann, Talheim

ISBN 3–89373–771–5 1 2 3 4 5 6

Inhalt

Vorwort

Menschen wie du und ich

Für wen habe ich diesen Ratgeber geschrieben? Für Menschen, die sich Hilfe wünschen bei gesundheitlichen Schwierigkeiten, ob körperlicher oder seelischer Art; für Menschen, die Unterstützung und Ermutigung brauchen, um mit den Problemen des Alltags zurechtzukommen; und schließlich für Menschen, die Begleitung suchen auf dem Weg zu ihrer ganz persönlichen Lebensgestaltung.

Ich wende mich an Menschen, die ein wenig von ihrer kindlichen Unbefangenheit ins Erwachsenenleben hineinretten konnten, die in ihren Herzen den Glauben an ein besseres und leichteres Leben, als sie es derzeit erfahren, bewahrt haben und die mit offenem Blick und dem Mut des Helden/der Heldin – das Thema vieler Märchen – in ihre Zukunft gehen wollen.

Es sind ganz normale Menschen, die aussehen, wie Menschen in unserem Kulturkreis eben aussehen – »wie du und ich« –, doch es zeichnet sie etwas aus: Sie wollen sich nicht zufrieden geben mit einem Dasein, in dem sie ständig über halsbrecherische Hürden springen oder wo der Lebenspfad über und über gepflastert ist mit Stolpersteinen. Sie alle sind zur Welt gekommen mit offenen Augen zum Sehen, offenen Herzen zum Fühlen und klarem Verstand zum Denken.

Doch die meisten lernen sehr bald, diese Offenheit zu verbergen und zu verschließen. Es ist, als hätten sie damals, als sie noch ein kleines Mädchen/ein kleiner Junge waren, eine mehr oder weniger dicht getönte Brille vor die Augen bekommen, durch die sie die Welt nicht mehr ganz klar und damit in ihrer vollkommenen Schönheit sehen, sondern trübe, verzerrt und hässlich. Da ist es kein Wunder, wenn sie selbst mit der Zeit – je länger, desto mehr – müde, missmutig, traurig und deprimiert werden oder sich vor dem ängstigen, was sie so verzerrt zu Gesicht bekommen.

Dieses Buch soll also der seelischen Entzerrung dienen, soll deutlich machen, dass das Leben nicht unbedingt so sein muss, wie viele Menschen es leben, wie sie meinen, es leben zu müssen. Leben darf sogar Spaß machen, auch wenn es nicht immer einfach ist. Und es ist selbst dann noch lebenswert, wenn das Schicksal manchmal heftige Schläge austeilt.

Dieses Buch ist an Menschen gerichtet, die einerseits ein ganz normales Leben führen, mit allen Höhen und Tiefen, die es in jedem Leben zu durchwandern gibt, die andererseits jedoch ihrem Leben jenen Glanz zurückgeben wollen, der sich in ihren Augen spiegelte, als sie zum ersten Mal das Licht der Welt erblickten – Menschen »wie du und ich«, von denen jede/r ganz einzigartig ist.

Für diese Menschen schreibe ich *von* Menschen, die sich dem Prozess der Lebensgestaltung bereits ausgesetzt, die bewusst und aktiv damit begonnen haben. Es sind Klientinnen und Klienten aus meiner psychotherapeutischen Praxis, aber auch andere mir bekannte Personen, die sich zur stillen Mitarbeit an diesem Buch bereit erklärt haben. Allen Beteiligten danke ich herzlich für die vertrauensvolle Bereitschaft, hier einen Teil ihrer Seele und ihres Lebens zu offenbaren. Natürlich sind ihre Namen verändert und allzu persönliche Daten unkenntlich gemacht.

Dieses Buch ist sowohl ein Lese- wie ein Arbeitsbuch. Ich erzähle darin Geschichten, »die das Leben schrieb«, erläutere den entsprechenden psychologischen Hintergrund und füge Arbeitsmaterial an – in Form einfacher Fragebögen, Übungsanregungen und hilfreicher Affirmationen –, anhand dessen Leserinnen und Leser ihr eigenes Lebenskonzept bewusster gestalten können. Am besten legen Sie sich für die aktive Mitarbeit einen Stift, Papier und kleine Karteikärtchen bereit.

Eine Veränderung des Lebensplans oder eine neue Sichtweise entstehen nicht im Hauruckverfahren. Es verhält sich damit wie mit einer Schlankheitskur: Man kann unter Umständen sehr schnell sehr viel abnehmen. Doch meistens hat man das alte Gewicht bald wieder drauf. Und dann beginnt die nächste Diät-Quälerei. Wer das neue erwünschte Gewicht wirklich halten will, muss seine Essgewohnheiten grundsätzlich umstellen.

Ich möchte kein Buch schreiben, das man schnell vergessen hat, weil es nur vorübergehend hilft. Ich möchte vielmehr dazu beitragen, dass ein Prozess in Gang kommt, der Sie Schritt für Schritt in ein neues Lebensgefühl hineinführt, das anhält – und den Rest Ihres Lebens bestimmt. Ich möchte öffnen für und ermutigen zu einem Leben, an dessen Ende Sie sagen können, es sei erfüllt gewesen.

Meine Arbeits-»Instrumente« sind überwiegend die von Eric Berne, einem amerikanischen Psychiater und Psychotherapeuten, begründete Transaktionsanalyse und die von dem Schweizer Psychiater und Psychoanalytiker C. G. Jung ausgearbeitete Analytische Psychologie.

Wenn Sie sich mit diesen beiden psychologisch-psychotherapeutischen Richtungen noch ein wenig näher beschäftigen wollen, empfehle ich Ihnen zum Einstieg:

»Nimm dich, wie du bist« von Dr. Rüdiger Rogoll, Taschenbuch im Herder Verlag (für die Transaktionsanalyse), und den schönen Bildband als Sonderausgabe im Walter-Verlag: »Der Mensch und seine Symbole« von C. G. Jung, M.-L. v. Franz, J. L. Henderson, J. Jacobi, A. Jaffé.

Und nun hoffe ich, dass Sie Freude beim Lesen haben, einige Anregungen erhalten und Einsichten in Ihr persönliches Leben gewinnen.

Kapitel 1

Dieses Buch hat eine Geschichte

Alles hat eine Geschichte. Es gibt nichts Geschichtsloses auf diesem Planeten. Gerade das ist es, was uns oft große Mühe macht. Dass wir heute nicht so tun können, als gäbe es keine Vergangenheit, dass die Vergangenheit uns immer wieder einzuholen droht, sowohl im persönlichen Leben als auch in der kollektiven Menschheitsgeschichte. Jüngstes Beispiel der Letzteren sind die Verbrechen des Dritten Reiches, unter denen heute noch viele Menschen leiden. Sogar die ganz junge Generation hat noch mit entsprechenden Identitätsschwierigkeiten zu tun.

Doch zunächst zur Geschichte dieses Buches. Ich erzähle sie, weil sie mit unserem Thema, dem Lebensplan, direkt zu tun hat.

Die Santa-Fe-Konferenz

Sie begann genau heute (2. Januar 1999) vor einem Jahr. Wir, mein Mann und ich, waren zum Jahreswechsel 1997/98 in den USA, in Santa Fe/New Mexico im Hause von Ursula und Wulfing von Rohr. Wir besuchten einen Workshop über Zukunftsfragen, den Wulfing durchführte und wollten mit den beiden ein Projekt erarbeiten, das wir zusammen realisieren könnten. Unsere Idee: etwas auf die Beine zu stellen, das wir als zeitgerecht ansahen, nämlich eine gemeinsame Arbeit zwischen der Alten Welt (Europa) und der Neuen Welt (USA).

Dieses Projekt wurde über die Jahreswende »geboren«, wir beabsichtigten, eine Konferenz auszurichten, die wir »Den schöpferischen Sprung wagen – Konferenz für Psychologie und Spiritualität in Santa Fe« tauften.

Dazu muss man wissen: Santa Fe ist ein ganz außergewöhnlicher Ort. Er liegt in etwas über 2000 Meter Höhe in der Wüste New Mexicos am Fuß der Rocky Mountains. Nächstgrößere Stadt bzw. Anflughafen ist das ca. eine knappe Autostunde entfernte Albuquerque. Es gibt keine Industrie weit und breit, sodass die Luft in dieser Höhe von einzigartiger Reinheit und Klarheit ist, eine Luft, die den Geist befreit und anregt. Nicht umsonst treffen sich in Santa Fe seit langem Wissenschaftler und Denker aus aller Welt, um Neues zu erarbeiten und zu erproben.

Es gelang uns, Mitarbeiter für diese Konferenz aus der ganzen Welt zu finden, natürlich aus Amerika und Deutschland, aber auch aus vielen anderen Ländern, z. B. der Schweiz, u. a. Verena Kast, die wohl vielen Leserinnen und Lesern bekannt ist, und Samuel Widmer, Forscher über außergewöhnliche Bewusstseinszustände; ein tibetischer Lama hatte zugesagt, ein Pater der Franziskaner aus Assisi wollte kommen, ebenso ein chassidischer Rabbi aus Kanada, ein Jung'scher Analytiker aus Korea, die Anthropologin Felicitas Goodman, die ebenfalls durch einige Bücher bei uns bekannt geworden ist, und viele andere interessante Persönlichkeiten.

Meinen Mann und mich beflügelte die Arbeit an der Ausrichtung dieser Konferenz sehr, war sie doch so etwas wie ein Glanz- und Höhepunkt in seinem Arbeitsleben. Er stellte sich vor, diese Konferenz könnte eine ständige Einrichtung mit immer wieder neuen Themen sein, die als Krönung über seinem Lebenswerk stünde.

Wir ließen ein schönes Programm drucken, verschickten etwa 1000 Exemplare, annoncierten in verschiedenen einschlägigen Zeitschriften, was ziemlich viel Geld verschlang, und fühlten uns glücklich erregt über dieses wunderbare Projekt.

Dann kam der Crash. Anfang Juli 1998 teilte uns Wulfing von Rohr mit, dass er und seine Frau die USA umgehend verlassen würden und damit aus dem gemeinsamen Projekt ausstiegen. Beide hatten es übernommen, die Konferenz in Santa Fe räumlich und technisch auszurichten. Diese Mitteilung traf uns so unerwartet und heftig, dass wir zunächst wie gelähmt waren. Wir sondierten trotzdem, ob es möglich wäre, alleine von hier aus alles zu organisieren, doch mussten wir einsehen, dass dies über unsere Kräfte gegangen wäre. So sagten wir schweren, schweren Herzens die Konferenz ab, was mit jeder Anmeldung erneut – bis heute noch – sehr schmerzlich war und ist.

Ein Teil des Lebensplans meines Mannes, der Höhepunkt seiner Arbeit werden sollte, war geplatzt. Was nun? Wie geht man mit so einem Schicksalseinbruch um, wie wird man am besten damit fertig?

Hier möchte ich Sie anregen, noch bevor Sie weiterlesen, den am Ende dieses Kapitels befindlichen Arbeitsteil aufzuschlagen und unter **Check** herauszufinden, zu welchem Reaktionstyp Sie neigen.

Wie ging die Geschichte weiter?

Nach ein bisschen Depression und ein bisschen Wut pendelten wir uns schließlich wieder ganz gut in unserer Mitte ein, und ich beschloss, ein eigenes Projekt zu starten – eines, für das ich ganz allein verantwortlich war. Da ich schon länger kein Buch mehr veröffentlicht hatte, fand ich es an der Zeit, wieder mit dem Schreiben zu beginnen. Obwohl mich diesmal keine Anfrage von einem Verlag motivierte, fing ich einfach an, das zu schreiben, was mir am Herzen lag, nämlich über die Heimkehr der Seele zu ihrem Ursprung. Mir schwebte vor, Mystik auf moderne Weise, in einer heute verständlichen Sprache zum Ausdruck zu bringen.

Nachdem sechs Kapitel fertig waren, erreichte mich die Anfrage des TRIAS Verlages, ob ich Lust hätte, einen Ratgeber über gelingende bzw. nicht gelingende Lebenspläne zu entwerfen. Zunächst war ich skeptisch, ob da ein Ratgeber so gut wäre, denn es gibt schon so viele – und ob sie wirklich etwas nützen …? Doch dann faszinierte mich der Gedanke, näher hinzuschauen, wie es wirklich mit den Lebensplänen aussieht. Ich wurde neugierig und erstellte einen Fragebogen zu diesem Thema, den ich verschiedenen Leuten gab, mit der Bitte, ihn auszufüllen. Sie werden ihn später selbst bearbeiten können. Doch zunächst noch ein paar Bemerkungen über unsere »Santa-Fe-Episode«.

Wenn man sich viel mit der Psychologie nach C. G. Jung beschäftigt – mein Mann ist Jung'scher Analytiker – fragt man sich bei besonderen, wichtigen Begebenheiten, vor allem natürlich bei Schwierigkeiten, die das Schicksal einem bereitet, nach dem Sinn des Geschehens.

Bei besonderen Schwierigkeiten im Leben ist es wichtig, nach dem Sinn des Geschehens zu fragen.

Meistens gibt es auf diese Frage keine schnelle, eindeutige Antwort. Und dennoch ist sie wichtig.

C. G. Jung ging davon aus, dass Menschen, die an einer Psychoneurose erkranken, den Sinn in ihrem Leben verloren haben. Auslöser kann der Verlust einer wichtigen Bezugsperson sein, ob nun durch Scheidung, Tod oder ein Zerwürfnis. Aber auch der Auszug erwachsen gewordener Kinder kann, meist eher für die Mutter, ein Gefühl von Sinnlosigkeit hervorrufen. Sogar plötzlicher Tod nach Eintritt in das Rentenalter, also mit Beendigung der Berufstätigkeit, ist nicht selten.

Die so genannte Midlife-Crisis ist eine Krise des Lebenssinns. »War das alles?«, fragen sich die Betroffenen meist und finden: »Es ist zu wenig!« oder: »Das kann es doch nicht nur gewesen sein!« oder: »Mehr hat das Leben nicht für mich?«

Gerade die Analytische Psychologie nach C. G. Jung arbeitet mit solchen Fragen und ist für Menschen über der Lebensmitte hervorragend geeignet (natürlich nicht nur für sie). Die »Individuation«, die Gestaltung des eigenen Lebens, die Verwirklichung der einzigartigen Persönlichkeit war ein besonderes Anliegen C. G. Jungs.

Aber auch Eric Berne hat mit dem Konzept des »Skripts«, des unbewussten Lebensplans, nach den wiederkehrenden Mustern des einzelnen Lebens gefragt, die zielstrebig zu einem ganz bestimmten Ende hinführen.

Schon als Kind hat sich jeder Mensch für eine bestimmte Idee in seinem Leben entschieden.

Wie sieht es aus, dieses Muster? Welchen Sinn geben wir unserem Leben? Was wollen wir in und mit diesem Leben? Wozu leben wir? Welcher Grundgedanke beherrscht es? So wie jede Sinfonie ein bestimmtes musikalisches Thema behandelt, so hat sich jeder Mensch schon als Kind für eine bestimmte Idee in seinem Leben entschieden.

Und die Moral von der Geschicht?

Für mich – und ich möchte hier nur für mich sprechen – heißt sie: »Initiiere nur etwas, wofür du allein verantwortlich sein kannst.«

Das gilt, wie gesagt, für mich. Für jemand anderes kann die »Moral von der Geschicht« ganz anders lauten. In meinem Leben, das ist mir dabei so klar geworden wie nie zuvor, geht es darum, selbst verantwortlich zu zeichnen, mich überwiegend auf mich selbst zu verlassen. Und das bedeutet: Wenn ich das weiß, dann muss ich mich auch *auf mich selbst verlassen können.* Ich muss also die Fähigkeiten entwickeln und ausbauen, die Gewähr leisten, dass ich mich auf mich verlassen kann.

Jede Erfahrung ist hilfreich bzw. kann hilfreich sein, wenn man sie nutzt.

Für diese Klarheit bin ich meinem Schicksal dankbar. Diese Lektion hat mir gezeigt, wo es für mich weitergeht, was es noch zu lernen und zu üben gibt. Denn wenn ich mich voll auf mich verlassen will, muss ich mich genau kennen – sowohl mit meinen Stärken als auch meinen Schwächen – und wissen, zu welchen Reaktionen ich in den verschiedensten Lebenssituationen neige.

Es geht also um das Sich-seiner-selbst-bewusst-Werden, so viel Selbstbewusstsein zu erreichen, dass man Selbstsicherheit gewinnen kann. Und da ist jede Erfahrung, die man macht, hilfreich bzw. kann hilfreich sein, wenn man sie nutzt.

Das Leben durch das Leben erfahren

Man kann das Leben nur durch das Leben selbst lernen. Es nützt nicht viel, sich hinzusetzen, kluge Bücher zu studieren und zu meinen: »So, jetzt kann mir nichts mehr passieren, weil ich ja weiß, wie es geht.«

Wer so denkt, dem wird das Schicksal ganz sicher einen Streich spielen und ihm/ihr etwas schicken (deswegen heißt es »Schick-sal«), was sein/ihr ganzes schönes Lebenskonzept durcheinander bringt. Das ist so, weil das Leben offenbar nicht will, dass wir uns an Theorien oder Gedankengebäuden festhalten, mögen diese auch noch so schlüssig sein. Wir sollen spüren, dass sich Leben nicht auf Denken reduzieren lässt, dass Leben etwas Totales, Ganzheitliches ist, das wir mit allem, was uns an Begabungen zur Verfügung steht, bewältigen müssen. Wir kommen also um seelisch-geistiges und körperliches Erleben nicht herum.

Die Beschränkung auf nur eine Sicht mündet auf Dauer immer in eine Sackgasse.

Das kann eine seelische oder körperliche Erkrankung sein, oder man sieht sich plötzlich in einer »ausweglosen« Situation.

Diese Erkenntnis ist mir sehr wichtig. Deshalb habe ich die Episode unserer Santa-Fe-Konferenz als Beispiel gewählt und sie an den Anfang des Buches gesetzt. In meinem eigenen Leben und meiner langjährigen psychotherapeutischen Praxis habe ich gelernt, dass niemand sich vor dem Leben in seiner Ganzheit schützen kann. Das Leben *ist* unberechenbar und nur zum Teil planbar, es steckt voller Überraschungen und auch unangenehmen oder schmerzhaften Ereignissen. So wie niemand vor dem Tod gefeit ist und so wie der Tod niemanden fragt, wann er kommen darf, so ist auch niemand vor den Ein- und Umbrüchen des Lebens sicher. Für das Leben gibt es keinen Garantieschein wie für den neuen Kühlschrank. Im Leben heißt es: »Garantie ausgeschlossen«. Wir können es nur »alles inklusive« buchen.

Vor den Ein- und Umbrüchen des Lebens ist niemand sicher.

Doch es lässt uns auch einen Trost und macht uns ein großes Geschenk: Wenn du dich ganz einlässt, dich voll hineingibst und die Risiken, die es birgt, nicht scheust, so erlebst du eine Intensität, die dir ein wunderbares Gefühl von Lebendigsein vermittelt. Sie versetzt dich in einen Zustand des Schwebens – je länger, desto mehr – und schenkt dir am Ende deines Lebens die Weisheit vielfältiger Lebenserfahrung.

Fassen wir zusammen:

- Theorien und Konzepte sind sinnvoll als Orientierungshilfen. Sie sind nicht geeignet, sich daran festzuhalten.
- Das menschliche Denken krönt eine wunderbare Entwicklung der Evolution. Es dient der Verknüpfung und dem Verständnis von Erkenntnissen.
- Eine wirklich umfassende Erkenntnis erfolgt nur ganzheitlich. Sie muss das Fühlen und Empfinden mit einbeziehen.
- Insofern kann Leben nur als ganzheitliche Erfahrung erlebt und verstanden werden, an der sowohl die Seele mit ihren Gefühlen und Emotionen als auch der Körper mit seinen empfindungsreichen Organen beteiligt sind.

In Balance sein

Die viel beklagte Intellektualisierung der Menschen in der westlichen Welt birgt die Gefahr lebensfeindlicher Einseitigkeit. Wo das Fühlen unterdrückt wird, können Entscheidungen getroffen werden oder Techniken zur Anwendung gelangen, die verheerende Folgen für uns alle haben. Dass die Atombombe entwickelt wurde, die zynischerweise den Namen »little boy« erhielt, lässt sich nicht rückgängig machen. Nun kann nur ein entsprechend starkes Gefühl für den Wert des Lebens dafür sorgen, dass sie nicht weiter eingesetzt wird.

Es ist wichtig, dass unser natürliches Gefühl und die Erfahrung selbst erlebten Schmerzes unser Denken, dem nichts unmöglich erscheint, in gesunder Balance halten.

Das Geheimnis eines gesunden Lebens liegt in der Balance.

Da liegt letztlich das Geheimnis eines gelingenden Lebens: in der Balance, in der Balance von Diesem und Jenem, von Gut und Böse, von Hell und Dunkel usw. Wir müssen wieder lernen, dass Körper, Seele und Geist nicht getrennt voneinander existieren, sondern eine höchst sinnvolle Einheit darstellen. Wie ein gut aufeinander eingespieltes Trio bilden sie ein Ensemble, das hervorragend funktioniert, wenn es nicht auseinander gerissen wird. Dieses Spiel könnte man als »Lebenskunst« bezeichnen.

In Balance sein bedeutet auch, Übertreibungen zu vermeiden, denn sie führen zu Einseitigkeiten. Viele Beispiele aus dem Alltagsleben lassen uns diese einfache Wahrheit erkennen. Wenn Sie zu viel Fett essen, wird eines Tages Ihre Leber streiken, ebenso bei zu viel Alkohol. Wenn Sie zu lange in der Sauna waren, kann Ihr Kreislauf durcheinander geraten. Wenn Sie über längere Zeit hinweg zu wenig schlafen, könnten Sie übermüdet am Steuer Ihres Autos einnicken und einen Unfall verursachen. Wenn Ihre Freundin keinen anderen Gesprächsstoff mehr kennt, als über ihre unglücklichen Männerbeziehungen zu jammern, werden Sie eines Tages nicht mehr mit ihr reden wollen. Und so weiter.

Die Natur ist stets auf Ausgleich bedacht. Ihre Leber wird durch ein Empfinden von Unbehagen und Druck auf sich aufmerksam machen, damit Sie die einseitige Ernährung aufgeben. Ihr Kreislauf wird Ihr Herz rasen lassen und Ihnen Schwindelgefühle bereiten. Ihr Körper wird sich den fehlenden Schlaf irgendwann holen, was bei den meisten Tätigkeiten, die Sie tagsüber durchführen, nicht ungefährlich ist. Und

Sie werden möglicherweise den Kontakt zu Ihrer in Liebeskummer verharrenden Freundin stark einschränken.

Das Leben korrigiert

Insofern können wir Einbrüche des Schicksals oft als Korrektur des Lebens selbst verstehen. Denn es ist darauf gerichtet, Einseitigkeiten zu kippen, und zwar meistens, indem zunächst die andere Seite des gelebten Extrems erscheint, jedoch mit der Tendenz, die »goldene Mitte« zu finden.

Hierzu passt eine kleine Geschichte, die mir neulich ein Klient erzählt hat.

Zwischen zwei Extremen

Klaus lebt seit einer geschiedenen Ehe und weiteren gescheiterten Beziehungen alleine. Vor zwei Jahren traf er eine Frau wieder, die er schon aus der Studienzeit kannte, aber danach aus den Augen verloren hatte. Er besuchte sie öfter, und ganz allmählich entwickelte sich eine intime Beziehung zwischen den beiden. Klaus ist allerdings mittlerweile ziemlich misstrauisch, sowohl der Frau als auch sich selbst gegenüber.

»Ich will nicht noch einmal so ein Desaster erleben wie mit Petra.« Aus Angst vor einem erneuten Scheitern lässt er sich jetzt gar nicht so recht auf die Beziehung ein und hat zu diesem Zweck einen »teuflischen« Mechanismus entwickelt: Immer wenn es besonders schön und innig zwischen den beiden ist, sagt oder tut er etwas, worauf Petra gekränkt reagiert und davonläuft – allerdings bisher immer nur für einige Tage; dann ruft sie ihn wieder an, oder er greift zum Telefon.

Nachdem zwei gemeinsam verbrachte Urlaube einigermaßen gut verliefen – mit nur wenigen Misstönen – »traute« sich Klaus, ein gemeinsames Weihnachtsfest mit anschließendem längeren Zusammenleben in seiner Wohnung vorzuschlagen.

Es ließ sich alles sehr gut an. Das sorgfältig und liebevoll vorbereitete Weihnachtsfest verlief äußerst stimmungsvoll und harmonisch. Doch bald danach kriselte es, und in der Silvesternacht bzw. in den frühen Morgenstunden des 1. Januar knallte es buchstäblich. Denn im Verlauf eines wütenden Ausbruchs, bei dem Petra ein Glas zerbrach und mit Kissen nach ihm warf, gab Klaus ihr eine schallende Ohrfeige, worauf sie ganz verstört, trotz einigen Alkohols im Blut, zu sich nach Hause fuhr.

Auch mein Klient wirkte in der darauf folgenden Therapiestunde verstört. Er konnte nicht fassen, dass ihm, dem »Gentleman«, so etwas passiert war, dass er, der stets auf Korrektheit bedacht ist, so außer sich geriet. Wenn ihm jemand vorhergesagt hätte, er werde einmal eine Frau schlagen, hätte er dies empört und in der Überzeugung, dass er dazu nie imstande wäre, von sich gewiesen.

Es irritierte Klaus zunächst, dass ich auf seinen Bericht eher belustigt statt besorgt reagierte. »Was hätte nicht alles noch passieren können!«, rief er aufgeregt. »Wenn ich ihre Halsschlagader getroffen hätte – dann säße ich jetzt nicht vor Ihnen, sondern im Gefängnis!«

Ich beruhigte ihn: »Ja, es ist schon richtig, die Sache ernst zu nehmen, damit nicht noch Schlimmeres passiert. Doch dieses Mal stand sicher ein Schutzengel auf Ihrer Seite.«

Und ich legte ihm dar, wie wichtig es ist, dass wir nicht nur die eine Seite unserer Persönlichkeit leben. Bei ihm ist besonders die Seite ausgeprägt, die das Leben in ein Ideal verwandeln möchte. Das Weihnachtsfest hatte er in idealer Weise, wie er es früher vom Elternhaus her kannte, ausgerichtet. Doch dann brach die andere Seite durch.

Der goldene Mittelweg

Doch ist weder das Leben ideal, noch lässt sich der Teufel daraus streichen. Er kommt gerade dann, wenn er nicht eingeladen wurde, und schlägt zu – hier der geliebten Frau mitten ins Gesicht.

In der Jung'schen Psychologie wird der Arbeit an der dunklen Seite der Persönlichkeit, am »Schatten«, besondere Aufmerksamkeit gewidmet. Aber auch Eric Berne hat auf diesen Aspekt des psychotherapeutischen Geschehens hingewiesen. Er nannte die Kraft, die aus dem Unbewussten kommt und darauf aus ist, bewusst unternommene Bemühungen zunichte zu machen, den »Dämon«. Wir lernen ihn in Kapitel 7 noch näher kennen.

So lässt das Leben uns überraschende Erfahrungen machen, wie um auszugleichen, wo ein Ungleichgewicht entstanden ist. Dies zu erkennen und – am besten stets – vor Augen zu haben, ist von zentraler Bedeutung. Denn mit dem Wissen um die Polarität des Lebens haben wir die Möglichkeit, aktiv in den Lebensablauf einzugreifen.

C. G. Jung hat in seinen Arbeiten immer wieder auf die Kraft hingewiesen, die durch die Polarität, in der wir uns bewegen, entsteht. Wenn die seelische Energie aus der einen Richtung, in die sie fließt, natürlicherweise in die Mitte zurück und von dort aus auch in die andere Richtung fließen kann, bleiben wir lebendig, vital, kraftvoll. Würde dagegen der Fluss der Lebensenergie in einer Einbahnstraße »versacken«, so stünde sie uns nicht zum Handeln oder einfach zum Wohlgefühl zur Verfügung.

Die Gegensätze im Wesen eines Menschen sorgen für Ausgleich.

Auch der Buddhismus, zu dem sich heute viele Menschen aus unserem Kulturkreis hingezogen fühlen, gründet auf dem »mittleren Weg«. Buddha selbst hatte seine Kindheit und Jugend in Wohlstand und völliger Sorglosigkeit verbracht. Nachdem er das Leiden der Menschen außerhalb des Palastes kennen gelernt hatte, das durch Armut, Krankheit und Tod geprägt war, entschloss er sich, einen Weg der Befreiung aus dem Leid zu suchen. Er meinte zunächst, ihn in strenger Askese zu finden.

Doch nach Jahren harter Entbehrungen erkannte er, völlig entkräftet, dass er sich nun an die Askese ebenso gebunden hatte wie vorher an den Reichtum. Weder das eine noch das andere führt zur Freiheit.

Echte Befreiung gelingt nur, wenn der Mensch bereit ist, zur Mitte zurückzukehren, sowohl die eine Seite als auch die andere immer wieder loszulassen und sich dazwischen einzupendeln. Auf dem »goldenen Mittelweg« wird das Leben leicht und frei. Da können wir fröhlich ein bisschen dahin und ein bisschen dorthin schwingen, ohne uns an dem einen oder anderen Extrem »festzubeißen«.

Zusammenfassung

In diesem Kapitel haben wir, um Lebenspläne besser verstehen und beeinflussen zu können, drei Grundwahrheiten des Lebens betrachtet:

1. Alles hat eine Geschichte. Wir leben nicht zusammenhanglos, sondern eingebunden zwischen Vergangenheit und Zukunft. In unserem persönlichen Leben war schon einiges und wird noch vieles sein. Aus der Geschichte der Menschheit können wir auch nicht aussteigen, sie beeinflusst uns sowohl durch das, was bereits Tradition geworden ist, als auch durch das, was sie vorhat und noch anstellen wird. Wenn wir unser Leben bewusst gestalten wollen, müssen wir unsere Beteiligung an der Geschichte akzeptieren.
2. Das Leben selbst lehrt uns zu leben. Wir können es nicht allein über das Denken erfahren, sondern nur wirklich verstehen, indem wir es erfühlen und empfinden. Die Intensität von Schmerz und Freude, von Liebe und Hass vermittelt uns Lebendigkeit, Dasein und In-der-Gegenwart-Sein. »*Jetzt* erlebe ich das.« Damit ist die Zeit festgelegt (s. a. Kapitel 5).
3. Das Leben drängt nach Balance. Es bietet uns Extreme an, um uns zu locken, Energie zu investieren. Doch es erlaubt Wohlgefühl nur mit der Schwingung im Mittelbereich. Wenn wir unser Hauptaugenmerk auf den Ausgleich richten, erhalten wir die größtmögliche Chance für ein körperlich und seelisch gesundes Leben.

Check · Übung · Tipp

▶ Check

Frage
Was könnte bei Ihnen eine ähnliche Situation, wie ich sie mit der abgesagten Santa-Fe-Konferenz beschrieben habe, auslösen? Welche Gefühle würden auftauchen, welche Gedanken?

Mögliche Reaktionen
Möglich wäre, dass ein derartiger Einbruch Sie deprimieren könnte, dass Sie denken: »Es hat ja doch alles keinen Sinn – was ich auch anfange, geht schief.« Oder: »So etwas passiert natürlich nur mir – ich bin der geborene Pechvogel.« Oder: »Womit habe ich das verdient? – das Schicksal muss was gegen mich haben.«

Es kann aber auch sein, dass Wut in Ihnen hochsteigt und Sie denken: »Verdammt noch mal!« Oder: »So ein Mist!« Oder: »Euch werde ich's noch zeigen!«

Wenn Sie deprimiert reagieren, bedeutet dies, dass Ihre seelische Energie in schwierigen Lebenssituationen eher nach innen driftet und Sie daraufhin inaktiv werden. Die Lebenskräfte ziehen sich zurück, was Unlustgefühle und Müdigkeit hervorrufen kann. Für eine gewisse Zeit ist das nicht schlimm. Im Gegenteil, es kann ganz heilsam sein, wenn man seine Energien nach innen nimmt und so äußerlich erst mal zur Ruhe kommt. Hin und wieder ein bisschen depressiv zu werden, kann ein Schutz sein, um wertvolle Lebenskräfte nicht unnötig schnell zu verbrauchen. So wie es auch wirtschaftlich ist, beim Autofahren das Gas schon zurückzunehmen, wenn man sieht, dass die Ampel weiter vorne auf Rot steht. Für den Benzinverbrauch und die Reifen wäre es nicht gut, bis zur Ampel zu rasen und dort heftig auf die Bremse zu treten.

Wenn Sie allerdings dazu neigen sollten, anhaltend in einer depressiven Phase stecken zu bleiben, kann dies gefährlich werden. Denn lange zurückgehaltene Lebenskräfte können selbstzerstörerisch wirken und Krankheiten auslösen.

Kommen bei Ihnen eher aggressive Reaktionen auf, kann das ebenfalls einerseits gut sein, weil die Lebensenergien so nicht gestaut werden. Andererseits besteht aber auch hier die Gefahr möglicher Schädigungen, nämlich in einer impulsiven Handlung wertvolles »Porzellan zu zerschlagen«, indem man z. B. die/den vermeintlich Schuldige/n aggressiv beschimpft. Oder indem man seinen Blutdruck mit der Wutenergie derart in die Höhe treibt, dass auf Dauer Herz und Kreislauf in Mitleidenschaft gezogen werden.

Die gesunde Reaktion

Wie sähe ein gesundes Reagieren auf Schicksalseinbrüche oder schwierige Lebenssituationen aus?

Wie immer und bei allem liegt sie im Maßhalten. Ein bisschen Depression, ein bisschen Wut können nicht schaden, ebenso wenig wie ein Glas Wein ab und zu oder gelegentlich ein kleiner Schnaps nach einem fetten Essen. Doch ständiger Alkohol und ständiges fettes Essen ruinieren Magen, Leber und Herz. Da Seele und Körper zusammengehören, ist, was für den Körper gesund ist, auch für die Seele gut.

▶ Übung

Dieser Übungsteil beginnt mit einer Geschichte:

Zu einem großen Meister in der Kunst, das Schwert zu führen, kam ein junger Mann, der sie erlernen wollte. Er fragte den Meister, ob er ihn in die Lehre nehme. Der Meister schaute den jungen Mann lange an und meinte schließlich: »Ja, ich glaube, du bist geeignet für diese Aufgabe. Ich nehme dich in die Lehre.«

Der junge Mann war hocherfreut und wollte noch wissen: »Meister, wie lange wird die Ausbildung dauern?«

Wieder sah der Meister ihn lange an, dann antwortete er: »Ich schätze, neun Jahre.«

»Oh«, meinte der Junge ein wenig enttäuscht, »so lange? Und, Meister«, fragte er weiter, »wenn ich mich sehr anstrenge, wie lange brauche ich dann?«

Der Meister antwortete diesmal schnell: »Dann mein Junge, wirst du sicher 15 Jahre brauchen.«

Ich finde diese Geschichte sehr schön, weil sie zeigt, dass wir uns für die wirklich wichtigen Dinge im Leben nicht besonders anstrengen, sie uns nur sehr begrenzt erarbeiten können. Ich möchte Ihnen damit vermitteln: Beides ist wichtig, das Tun und das Nicht-Tun. Einerseits ist es hilfreich für die Lebensgestaltung, aktiv etwas zu unternehmen, andererseits ist es so, dass zu viel Tun eher hinderlich sein kann. Das meiste, worum es in einem gelingenden Leben geht, geschieht im Inneren des Menschen. Es entwickelt sich sachte und stetig, indem man es einfach geschehen lässt.

Für die Arbeit an der Veränderung und Neugestaltung Ihres Lebenskonzepts heißt das konkret:

- Lesen Sie das Buch langsam oder schnell, wie Ihnen gerade zumute ist.
- Machen Sie kein zwanghaftes Programm daraus.
- Nehmen Sie die Tipps, die Ihnen zusagen, an, die anderen lassen Sie einfach weg – ohne das Gefühl zu haben, etwas zu versäumen.
- Vertrauen Sie darauf, dass Sie das, was Ihre Seele gerade braucht, finden und dass das, was innerlich gerade für Sie wichtig ist, auch in Ihnen weiterarbeitet, selbst wenn Sie es nicht aktiv vorantreiben.

Ich weiß aus eigener Erfahrung, dass man sich schlecht fühlt, wenn man Übungen, die man sich vorgenommen hat, nicht regelmäßig ausführt oder nicht lange dabeibleibt, was bei den meisten Vorsätzen der Fall ist.

Sich schlecht zu fühlen raubt jedoch viel wertvolle Lebensenergie. Ich möchte gerne, dass Sie sich mit diesem Buch wohl fühlen, dass es Ihnen Freude bereitet, dass es Sie aufschließt für das Natürliche und Schöne im Leben – auch wenn manchmal von Last und Leid die Rede ist.

Also üben Sie: geschehen lassen und sich der Dynamik des Unbewussten und der Führung der Seele anzuvertrauen. Tun Sie mit und aus diesem Buch nur, was Ihnen Spaß macht.

▶ Tipp

Hirnforscher haben herausgefunden, dass Affirmationen, die man sich über längere Zeit hinweg immer wieder sagt, eine starke, nachhaltige Wirkung auf den Geist ausüben. Das Gebet ist letztlich nichts anderes. Für mich ist das Gebet eine der wirksamsten Hilfen zur positiven Veränderung der seelisch-geistigen Befindlichkeit. Es ist allerdings bei vielen Menschen ein wenig »aus der Mode gekommen« und wird meist nur in einschlägiger religiöser Literatur beschrieben. Doch wenn es für Sie bisher eine wichtige Unterstützung im Leben darstellte, wenden Sie es weiter an, und nehmen Sie die Affirmationen noch hinzu.

Affirmationen
Zu diesem Kapitel gebe ich Ihnen folgende Anregungen, die Sie auf eines Ihrer Kärtchen schreiben können:

- *Meine Geschichte ist eingebunden in die Geschichte der Menschheit.*
- *Ich gehöre dazu!*
- *Ich liebe das Leben und lebe es intensiv!*
- *Es ist wunderbar, in Balance zu sein.*
- *Ich balanciere das Leben.*

Sie können auch alle drei Aussagen zu einer zusammenfassen:

Ich bin ein Mensch unter vielen,
liebe und lebe das Leben mit allen und allem
und balanciere es aus, so gut ich kann.

Auch hier wieder: **Bitte keinen Zwang! Wiederholen Sie die Affirmationen, die Ihnen zusagen, wann immer Sie mögen. Sie können sich natürlich auch Ihre eigenen Affirmationen schreiben. Lassen Sie einfach zu, was gerade kommt.**

Viel Spaß!

Kapitel 2

Was ist ein Lebensplan, und wer hat welchen?

Die meisten, denen ich den Fragebogen für den Lebensplan (Sie finden ihn unter **Check** am Ende dieses Kapitels) zum Ausfüllen gab, behaupteten, keinen bestimmten Plan für ihr Leben zu haben.

Eine junge Frau schrieb:

»Einen Lebensplan zu haben hört sich für mich ›verbissen‹ an. Ich möchte lieber frei und ohne Zwang leben und versuche, das Leben so zu nehmen, wie es kommt.«

Und eine andere junge Frau meinte:

»Mein Leben verläuft nicht nach einem bestimmten Plan oder wenigstens nicht nach einem Plan, den ich mir bewusst gemacht habe.«

Wie verläuft es dann, wenn nicht bewusst?

Eric Berne verglich das Leben, das die meisten führen, mit einem Drehbuch, wie es für Theaterstücke oder Filme verwendet wird.

In so einem Skript gibt es bestimmte Rollen, die besetzt werden müssen. Den Rolleninhabern werden ausgearbeitete Texte vorgegeben, die sie auswendig zu lernen und entsprechend aufzusagen haben. So nannte Berne sein letztes umfangreiches Buch, das eine Art Zusammenfassung seiner Werke darstellt: »Was sagen Sie, nachdem Sie Guten Tag gesagt haben?« (1995)

Ich zitiere einen kleinen Absatz daraus:

Ein Skript ist ein fortlaufender Lebensplan, der sich unter starkem elterlichem Einfluss in der frühen Kindheit herausgebildet hat. Dieses Skript stellt jene psychologische Kraft dar, die den Menschen seinem Schicksal zutreibt – mag er es nun bekämpfen, oder mag er behaupten, es handle sich um seinen eigenen freien Willen.

Ich verfolge in diesem Buch nicht das Ziel, alle menschlichen Verhaltensweisen und alles menschliche Leben auf eine Formel zu reduzieren. Ganz im Gegenteil! Ein wirklicher Mensch lässt sich als Person definieren, die auf vernünftige und Vertrauen erweckende Weise spontan handelt und dabei auch entsprechende Rücksicht auf andere Menschen nimmt. Jemand, der einer Formel folgt, ist im Grunde eine nicht wirkliche, wenn nicht gar eine unwirkliche Person. Da jedoch diese Art von Personen den Großteil der Menschheit auszumachen scheint, ist es unbedingt erforderlich, wenigstens den Versuch zu unternehmen, einiges über sie in Erfahrung zu bringen.

Ein wirklicher Mensch gestaltet sein Leben auf vernünftige und Vertrauen erweckende Weise.

Eine nicht wirkliche Person gleicht demnach einem Schauspieler, der seine Rolle gut gelernt hat und immer wieder dasselbe sagt und tut. Er/sie lebt nach einem ganz bestimmten Muster, meist nach dem, das die Eltern ihm/ihr vorgelebt haben. Sein/ihr Leben ist ziemlich stereotyp, irgendwie »eingefahren«, wie auf Schienen laufend – hin und her, stets dieselbe Strecke. Positiv formuliert, »ein ganz normales Leben«, weil viele Menschen es so – unbewusst – einfach leben.

Das ist auch gar nicht tragisch, es ist das, was Berne ein »banales Skript« nannte. (Das Wort »banal« ist hier nicht als Abwertung zu betrachten, sondern mit »alltäglich« zu übersetzen.)

Im Folgenden stelle ich in Kurzform so ein Skript dar. Ich entnehme es einem Erstinterview, das ich vor einigen Jahren mit einem 39-jährigen Mann zu Beginn einer Gruppentherapie führte.

Ein ganz alltägliches Skript

»Meine Kindheit war ganz normal. Ob ich Daumen gelutscht habe? Ja, wohl aber nicht sehr lange. Halt ganz normal. Ein besonderes Erlebnis? Sonntags mit der ganzen Familie zum Picknick ins Grüne zu fahren, das war immer schön, weil Vater dann auch dabei war. Die Woche über war er selten da. Meine Beziehung zu ihm? Weiß nicht. Ganz gut, glaube ich. Geschimpft hat er kaum. Er war sehr ruhig. Geredet hat überwiegend meine Mutter. Sie hat auch oft geschimpft. Eben ganz normal. Meine Schwester hat für viel Aufregung gesorgt, weil sie so aufmüpfig war. Das hat mich manchmal genervt. Aber schlimm war es nicht. Meine Beziehung zu ihr? Als Kinder haben wir oft gezankt, aber heute ist es ganz gut. Wir treffen uns nicht oft, nur bei den Familienfesten. Sie hat viel zu tun mit ihren drei Kindern.

Die Beziehung zu meiner Mutter? Ach, ganz gut. Eigentlich sehr gut. Sie hat mich immer gefördert. Ich sollte so werden wie ihr Großvater. Der war Bürgermeister in dem Ort, aus dem sie stammt. Aber ich eigne mich nicht dazu; darüber ist meine Mutter heute noch ein bisschen traurig.

Ja, ich hatte viele Freunde in meiner Kindheit, bin gerne in den Kindergarten gegangen. In die Schule später nicht so gerne, aber ich hab sie ganz gut durchlaufen, so durchschnittlich. Ob ich trotzig war als Kind? Ich glaube nicht. Die Pubertät? Da war auch nichts Besonderes. Mal im Kaufhaus einen Kuli geklaut, sonst hab ich nichts angestellt. Ich wurde auch nicht erwischt.

Eine Freundin? Ja, mit 14 hatte ich die erste. Aber da war noch nichts Sexuelles. Das kam dann erst mit 17. Mit der war ich vier Jahre zusammen. Geheiratet habe ich aber erst mit 28, nachdem ich mit der Ausbildung (er ist kaufmännischer Angestellter) fertig war. Unsere Ehe ist gut. Ja, es gibt schon mal Auseinandersetzungen – wo gibts die nicht. Aber im Großen und Ganzen verstehen wir uns gut.

> Auch finanziell stimmt es jetzt, denn meine Frau geht wieder arbeiten in ihrem Beruf als Sekretärin, nachdem unsere zweite Tochter in die Schule gekommen ist. Ich bin zufrieden mit meinem Leben, und ich denke, dass es so weitergehen wird. Wie alt ich werde? Sicher 85 wie mein Großvater, und ich wünsche mir auch mindestens fünf Enkelkinder.«

Rolf kam in die Therapie, weil er mehr Selbstsicherheit gewinnen wollte, was ihm im Verlauf der Gruppenarbeit auch gelang. Ich arbeitete gerne mit ihm. Er war in der Gruppe beliebt, denn sein inneres Kind, das immer wieder zum Vorschein kam, ließ einen netten, liebenswerten Jungen ohne Arg erkennen. Allerdings auch einen, der manchmal ein wenig hilflos wirkte, dem etwas »Biss« fehlte, wodurch er es häufig nicht so leicht hatte im Leben.

Wie gut, dass es so viele Menschen gibt, die einfach ein »ganz alltägliches Skript« leben. Denn letztlich sind sie die tragende Basis der Gesellschaft. So wie die vielen Serien im Fernsehen einen Großteil des Programms ausmachen, denn wer will schon jeden Tag oder auch nur jede Woche ein gewaltiges Heldenepos sehen oder sich mit den tragischen Figuren wie Hamlet oder Medea auseinander setzen?

Die meisten Menschen in unserer Gesellschaft leben ein ganz normales Leben.

Und ein bewusster Lebensplan?

Dass ein unbewusster Lebensplan, Skript oder Drehbuch genannt, nicht schlecht sein muss, haben wir eben gesehen. Dass dagegen ein bewusster Lebensplan nicht unbedingt gut zu sein braucht, kann folgendes Beispiel verdeutlichen.

»Frauen gehören ins Haus!«

Monika ist 35 Jahre alt, verheiratet und übt einen Beruf aus, der ihr Spaß macht. Ihre Tochter, neun Jahre alt, ist ein Kind, an dem sie viel Freude hat. Das Problem, mit dem sie in die Therapie kam, war ein starker Minderwertigkeitskomplex mit den dazugehörigen Schuldgefühlen. Ich wunderte mich – denn sie hatte ein Medizinstudium absolviert, zwischendurch ihr Kind geboren und arbeitet jetzt als Betriebsärztin in einem großen Unternehmen. Monika ist attraktiv, kleidet sich sehr geschmackvoll, lebt in guter Ehe mit einem aufgeschlossenen, modern denkenden Mann, der ihre Berufstätigkeit voll akzeptiert.

Sie hat ihr Leben bewusst geplant, wollte bereits als kleines Mädchen Ärztin werden und hat sich damals schon vorgestellt, zu heiraten und ein Kind – möglichst eine Tochter – zu haben. Sie hat sich ihren Lebensplan erfüllt, und dennoch war sie unglücklich, litt unter Schlafstörungen und allerlei Ängsten, die fast paranoid anmuteten. Monika argwöhnte, dass ihre Arbeitskollegen nur darauf lauerten, ihr etwas Schlechtes anzuhängen, dass sie genau aufpassten, ob sie irgendwelche Fehler macht, um sie dann an den Pranger zu stellen.

Ich ließ mir ausführlicher aus ihrem Arbeitsalltag erzählen, fragte gezielt nach Erfolgserlebnissen, deren sie eine ganze Menge berichtete. Schon wieder wunderte ich mich und sagte, dass ich ihre Erfolge und die Eleganz, mit der sie sowohl ihr Studium schaffte als auch jetzt Beruf und Familie miteinander in Einklang bringt, nicht mit ihren Minderwertigkeitsgefühlen in Beziehung bringen könne. Monika bestätigte, dass sie diese Diskrepanz auch sehe, wisse sich jedoch nicht daraus zu befreien.

Ich fragte sie nach ihrem Frauenbild, also nach ihrem Verständnis dessen, was Frausein für sie bedeutet, und erfuhr, dass es ein ganz herkömmliches, konventionelles, altmodisches war.

Nun wurde mir Monikas Dilemma deutlich. Sie lebt nicht nach dem Frauenbild, das ihre Mutter, eine wahre Gluckenmutter, ihr gezeichnet hatte und der Vater ihr bestätigte. Auf der bewussten Ebene unterstützte er zwar ihre Ausbildung. Doch einige seiner Äußerungen lassen darauf schließen, dass er auf der unbewussten Ebene wohl erhebliche Zweifel hatte, ob ein Studium für eine Frau das Richtige sei. »Wenn du erst einmal verheiratet bist und Kinder hast, wirst du doch gerne an den Kochtopf zurückkehren«, sagte er beispielsweise einmal zu ihr, worin sich seine Skepsis ausdrückte, sie könne das Studium möglicherweise nicht schaffen und er hätte sein gutes Geld zum Fenster hinausgeworfen.

Auf der unbewussten Ebene hatte Monika die Einstellung des Vaters wahrgenommen, dass Frauen eigentlich ins Haus gehören. Da sie dies nun nicht lebt wie die Mutter und auch nicht wie ihre Schwester, die nach einer nicht so aufwendigen, »für eine Frau sehr nützlichen Ausbildung« (Zitat Mutter) als Erzieherin gerne mit ihren drei Kindern zu Hause ist und (wieder Zitat Mutter) »liebevoll ihren tüchtigen Mann versorgt«, fühlte Monika sich schuldig, schlecht und nicht dazugehörig. Sie spürte, dass sie sowohl aus der Tradition ihrer Familie als auch aus der eines üblichen Frauenlebens, wie sie leider immer noch durch unsere Gesellschaft geistert, herausgefallen ist, und erwartete jeden Moment dafür die Strafe. Dies war der tiefere Grund ihrer Ängste.

Monika befürchtete bestraft zu werden, weil sie aus der Tradition ihrer Familie ausgebrochen ist.

Bewusst oder unbewusst – ist das hier die Frage?

Wie beide Beispiele zeigen, ist es nicht zwangsläufig so, dass ein Leben, das eher unbewusst verläuft, wie das des kaufmännischen Angestellten, unglücklich oder freudlos sein muss und dass ein bewusst geplantes Leben, wie das von Monika, als leicht und angenehm empfunden wird. Was also ist das Kennzeichen eines gelungenen Lebens? Wann erlebt ein Mensch sein Leben als geglückt, befriedigend, erfüllt? Hängen diese Erlebensweisen mit einer bewussten Planung zusammen?

Ich bin bei der Beschäftigung mit diesen Fragen zu dem Schluss gelangt, dass weder eine bewusste Planung noch ein unbewusst verlaufender Lebensplan ein gelingendes Leben garantiert bzw. verhindert. Wir können die Frage »bewusst oder unbewusst?« getrost fallen lassen.

Hier mögen alle, die der Arbeit am Bewusstsein eine hohe Bedeutung beimessen, ein großes Fragezeichen setzen. Schließlich ist die Psychotherapie, vor allem die klassische Psychoanalyse, darauf ausgerichtet, mehr, besseres, tieferes Bewusstsein über die Zusammenhänge des eigenen Lebens, der persönlichen Vergangenheit und Gegenwart zu schaffen.

Damit kein Missverständnis aufkommt: Ich bin grundsätzlich sehr für das Bemühen des einzelnen Menschen um mehr Bewusstheit. Schließlich hängt das Überleben auf diesem Planeten ganz wesentlich davon ab, dass möglichst viele sich darüber im Klaren sind, was es braucht, um angesichts des schnellen Wachstums der Weltbevölkerung Bedingungen zu schaffen, die das Leben für *alle* gut und befriedigend machen. Es geht also im Berne'schen Sinne darum, »... auf vernünftige und Vertrauen erweckende Weise spontan zu handeln und dabei auch entsprechende Rücksicht auf andere Menschen zu nehmen ...«

Bewusstheit in Bezug auf das aktuelle Tun ist entscheidend.

Bewusst zu sein in Bezug auf das, was ich jeweils tue, und dabei zu wissen, welche Auswirkungen mein Tun sowohl auf mich selbst als auch auf andere Menschen und letztlich auf die Lebensbedingungen des gesamten Planeten hat, ist in meinen Augen absolut unerlässlich. Das ist meine strenge Forderung an mich selbst und an jeden, der mit mir zu tun haben will. Doch Bewusstheit zu schaffen über das, was in meiner persönlichen Geschichte, vor allem der Kindheit, gelaufen ist, finde ich nicht unbedingt erforderlich.

Doch wo traumatische Erlebnisse in der Kindheit das Leben heute beeinträchtigen oder ein Verständnis früherer Erlebnisse das jetzige Verhalten verbessert, ist ein Erinnern und Verarbeiten der unbewusst gewordenen Vergangenheit von großem Wert. Allerdings ist es absolut unmöglich, sich alles, was da so im Unbewussten kreucht und fleucht, bewusst zu machen, sowohl was das persönliche als auch was das »kollektive Unbewusste« anbelangt. Wir müssen uns das Verhältnis zwischen »bewusst« und »unbewusst« vorstellen wie einen Gletscher im Eismeer: Nur ungefähr ein Siebtel ist sichtbar an der (Bewusstseins-)Oberfläche, der größte Teil liegt verborgen in der Tiefe.

Das Unbewusste nimmt einen sehr viel größeren Raum unserer Persönlichkeit ein als das Bewusste.

Es geht also meines Erachtens weder darum, das Leben möglichst bewusst zu planen, noch darum, sich hilflos unbewusst treiben zu lassen, sondern darum, zusammen mit dem Unbewussten und angesichts des Unbewussten das Leben zu bewältigen.

Dies hat Thomas, ein 54-jähriger Architekt, unter 1. im Fragebogen zum Lebensplan sehr treffend ausgedrückt:

Auf die eigene Kraft und das »Glück« vertrauen

»Einen bestimmten Plan habe ich nicht. Außer dass der Herrgott es bisher – und wohl auch in Zukunft – sehr gut mit mir meint. Als kleiner Junge träumte ich: Wenn ich einmal groß bin, dann werde ich ein ›guter Mensch‹ sein, für andere da sein, einen guten Beruf haben, Erfolg und Ansehen …

Ich hatte Ideale und Visionen – und habe diese auch heute noch. Herausforderungen im Leben sind zu meistern, Individuen und die gesamte Gesellschaft zu ›verbessern‹, wenn alle ›mitziehen‹, wird es eine bessere Zukunft geben.

Mit dem Eintritt ins Erwachsenenalter gelangen mir unbekümmert viele Unternehmungen, privat und beruflich; ich nahm viele Herausforderungen im Vertrauen auf die eigene Kraft an und gewöhnte mich ein wenig daran, »Glück« zu haben.

Das weitere Leben stelle ich mir interessant, spannend und ›reich‹ vor. Ich hoffe darauf, ›weiser‹ zu werden und dankbar zu sein und irgendwann ein lebenserfahrener, barocker alter Mann, der äußerlich und innerlich ›jung‹ geblieben ist.«

Wo komm ich her – wo geh ich hin?

Diese Frage hat die Menschheit von Anbeginn beschäftigt. Sie hat große Weltreligionen hervorgebracht und Wissenschaften begründet. Auch im persönlichen Bereich wird sie wohl für jeden Menschen irgendwann einmal wichtig.

Es ist eben nicht gleichgültig, von welchen Eltern wir abstammen, welcher Nationalität wir angehören, in welche Familie und Umgebung wir hineingeboren wurden. Für ein Kind ist es sehr schlimm, sich seiner Eltern schämen zu müssen. Auch Erwachsene können empfindlich auf ihre Herkunft reagieren. Ich persönlich schäme mich meiner Nationalität, wenn im Ausland eine Horde lärmender, unziemlich gekleideter Menschen einem deutschen Reisebus entsteigt, um beispielsweise einen Tempel zu besichtigen. (Zum Glück transportieren nicht alle Reisebusse derartiges Volk.)

Es ist sehr schlimm, wenn man sich seiner Herkunft schämen muss.

Abstammung und Herkunft gehören zur Identität eines Menschen, die auch im Reisepass, Personalausweis, in Abschlusszeugnissen und Diplomen zum Ausdruck kommt. Seelische Störungen werden oft von einer Identitätskrise oder gar einer von Kindheit an bestehenden Identitätsunsicherheit ausgelöst (s. a. Kapitel 4). Jeder Mensch braucht eine gewisse stabile – nicht starre! – Selbst-Sicherheit.

Für diese Sicherheit, mit der jemand im Leben stehen kann, ohne zu erstarren – denn das Starre ist nicht flexibel, es bricht leicht –, wird gerne das Bild eines Baumes verwendet. Bilder »sagen mehr als tausend Worte«. Sie sprechen unmittelbar das Kind im Erwachsenen an, das über Bilder die Welt verstehen lernt. So braucht man nicht viel zu erklären. Deshalb sind Märchen und Geschichten für Kinder enorm wichtig.

Bäume werden oft als Bild für das Reifen der Persönlichkeit verwendet. Denn einerseits steht der Baum fest verwurzelt, häufig weit verzweigt in seinem Mutterboden und holt sich die Kraft aus der Tiefe. Andererseits streckt und reckt er seine Äste hinaus, nach rechts und links, vorne und hinten. Und dann strebt er hauptsächlich nach oben, dem Licht und seiner Vollendung entgegen. Wenn er jung ist, biegt er sich elastisch im Sturm des Lebens. Später, wenn sein Stamm kräftiger geworden ist, um den meisten Unbillen standzuhalten, lässt er nur noch seine Zweige im Wind wiegen und ein Spiel mit den Blättern treiben. Er beherbergt allerlei Lebewesen in und unter seinem Geäst, trägt Früchte, passt sich den Jahreszeiten an und kann schlussendlich noch nach seinem Tode zu manch Nützlichem verarbeitet werden.

Der Baum ist ein schönes Sinnbild für das Reifen der Persönlichkeit.

Auf die Frage 8 im Lebensplan-Fragebogen nannte eine junge Frau sinnigerweise »das leicht im Wind wehende Bambusrohr«. Sie selbst ist eine schöne, schlanke, hoch gewachsene Person, sehr sensibel, aber auch standhaft in ihren Lebensansichten. So passt das Bild des Bambusrohrs hervorragend auf sie.

Ob wir nun ein Symbol für unsere Identität finden oder uns über lange Zeit schwer tun mit dieser abgründigen Frage, wir dürfen sie nicht vernachlässigen. Letztlich hängt unser Menschsein, oft sogar unsere Gesundheit, vor allem aber unser Bewusstsein davon ab, wie identisch wir uns mit uns selbst erleben. Somit ist die Individuation, die Selbstfindung, ganz wesentlich für die Identitätsbildung.

Mit der Frage nach unserer Identität werden wir z. B. konfrontiert, wenn wir träumen, dass uns der Ausweis oder die ganze Handtasche abhanden gekommen ist. Auch wenn jemand im Wachzustand, also im ganz realen Leben, die Tasche mit persönlichen Unterlagen wie Ausweis, Führerschein, Kreditkarten etc. verliert oder sie ihm/ihr gestohlen werden, lässt dies darauf schließen, dass irgendetwas mit seiner/ihrer Identität nicht in Ordnung ist.

Ich gehe davon aus, dass alles, was uns passiert, ob im Träumen oder im Wachen, Ausdruck einer inneren seelischen Wirklichkeit ist. Insofern sind »außen« und »innen« nicht getrennt. Man könnte sogar sagen: Eigentlich gibt es nicht »außen« und »innen«, es gibt nur eine einzige zusammenhängende Wirklichkeit.

In diese Wirklichkeit, die das Bewusste und das Unbewusste umfasst, die sowohl materiell als auch immateriell, die unermesslich und unendlich ist, sind wir hineingeboren und müssen uns darin zurechtfinden – was oft nicht ganz einfach ist. Wie »ein Tropfen im Ozean« ist der einzelne Mensch. Ein Winzling im riesigen Kosmos zu sein, kann gewiss Angst machen. Da ist es gut, wenn zunächst eine Familie da ist, die den Winzling auffängt, ihn beherbergt und versorgt.

Ein kleiner Stein, der ins Wasser geworfen wird, zieht bei der Berührung mit der Wasseroberfläche Kreise um sich herum. Der innerste Kreis lässt sich mit der engeren Familie vergleichen, in die wir hineingeboren wurden, Mutter, Vater, Geschwister. Darum herum gibt es die Großeltern mütterlicher- und väterlicherseits und die Geschwister der Eltern, also die anderen Kinder der Großeltern. Den nächsten Kreis bilden die Kinder der Geschwister der Eltern und den übernächsten die Kinder der Geschwister der Großeltern. Und so kann es schier endlos fortgeführt werden.

In einer Familie geborgen zu sein vermittelt Sicherheit für das ganze Leben.

»Der Apfel fällt nicht weit vom Stamm …«

»Wie der Vater, so der Sohn.« Oder: »Bevor du diese Frau heiratest, schau dir ihre Mutter an.« Oder: »Man merkt die gute Kinderstube.« Oder: »Der/die hat keine gute Kinderstube.« Oder: »Da merkt man den Stallgeruch.«

Diese und ähnliche Aussprüche kennt sicherlich jede/r. Man mag über sie schmunzeln und achselzuckend mit »Was solls, ist ja wahrscheinlich reiner Quatsch« darüber hinweggehen. Wer jedoch genauer hinschaut, merkt, dass in diesen »Volksweisheiten«, gleichgültig welchen Lebensbereich sie betreffen, meist eine mehr oder weniger tief verborgene Wahrheit steckt. Denn sie entstammen, wenn auch in der Regel unbewusst, langer, gründlicher Beobachtung und den Erfahrungen vieler Menschen.

Wenn wir uns also mit dem Verlauf unseres Lebens beschäftigen, tun wir gut daran, uns die Erde, in der wir gegründet sind, bewusst anzuschauen. Vielleicht gibt es einige wenige, die es geschafft haben, sich vollkommen aus den alten Verwurzelungen zu lösen und fast nichts mehr mit ihrer Herkunftsfamilie gemeinsam zu haben – Menschen beispielsweise, die in ihrer Kindheit in ein Kloster gegeben wurden und dort seither ihr Leben verbringen. Doch selbst wenn ein Mensch sich in Aufsehen erregender Weise von seinem Elternhaus fortentwickelt haben sollte – wie etwa vom kleinen südamerikanischen Gemüsebauern zum Hauptaktionär bei Chrysler –, wird auch er in der Regel tief verwurzelte Ansichten und Gewohnheiten seiner Herkunftsfamilie beibehalten.

Die eigene Herkunft lässt sich nie ganz verleugnen.

Ich kann dies an mir selbst und auch an meinem Mann gut studieren. Wir haben eine recht wechselvolle persönliche Geschichte hinter uns, die uns zu einer ganz anderen als im Elternhaus üblichen Lebensgestaltung führte. Dennoch: Je älter wir werden, desto mehr geraten uns wieder viele traditionelle Ansichten unserer Familien in den Blick, desto öfter können wir uns dabei ertappen, wie wir kleine Alltagshandlungen ausführen, wie sie die Mutter oder der Vater auch ausgeführt haben. So rücken wir – nicht äußerlich, doch innerlich – dem »Nest«, aus dem wir stammen, wieder ein wenig näher. Auch nach langer, gründlicher analytischer Arbeit an uns selbst bleibt der jeweilige »Stallgeruch« – zumindest als »Gerüchle« – haften.

Wenn man sich also den Partner für eine Wegstrecke seines Lebens sucht – lebenslänglich ist heutzutage kaum mehr anzutreffen –, sollte man sich sehr bewusst seine/ihre Familie anschauen. Ich weiß, dass man als junger Mensch oft glaubt, den Partner/die Partnerin in eine bestimmte Richtung verändern zu können, oder darauf hofft, dass er/sie aus eigenem Antrieb seine/ihre Lebensgewohnheiten umstellen wird, wenn »wir zwei erst mal in unserer eigenen Wohnung zusammenleben«.

Die wenigsten Menschen verändern sich radikal.

Er/sie wird sich zweifellos weiterentwickeln, wird vielleicht zunächst vieles wirklich ganz anders machen, als es die Eltern vorgelebt haben – und sei es aus Protest. Doch *grundsätzlich* verändern wird er/sie sich höchstwahrscheinlich nicht mehr. Schon gar nicht, wenn das Anderssein protestbedingt ist. Dann marschiert er/sie nur auf der anderen Seite, doch die Straße ist dieselbe.

Und immer wieder im Leben – wenn es um die Identität geht, um das Woher und Wohin, um das Wie der Lebensplanung, um das Warum eines Scheiterns und das Wozu bei auftretenden Schwierigkeiten – landen wir bei der meistgestellten Frage der Welt:

»Wer bin ich?«

Schüler des Zen, einer bestimmten Geistesschulung des Buddhismus, können tage-, wochen-, monate- oder gar jahrelang nur mit dieser einen Frage zubringen und währenddessen zu Erkenntnissen gelangen, die große Auswirkungen auf die Persönlichkeit ausüben.

Ich bin sicher, auch Sie werden ganz erstaunliche Entdeckungen machen, wenn Sie sich ernsthaft über längere Zeit damit beschäftigen. Lassen Sie sich durch diese Frage anregen, Ihre Persönlichkeit infrage zu stellen und weiter zu verändern. Denn eine Persönlichkeit, wie auch immer sie geartet sein mag, entsteht nicht irgendwann einmal, um dann für immer abgeschlossen zu sein. Eine Persönlichkeit ist ein Individuum, das sich ständig verändert, ständig weiter wächst, sich entwickelt und entfaltet – so wie eine Blume oder ein Baum.

Wenn Sie etwas in Ihrem Leben wirklich verändern wollen, wenn Sie sich aus Ihrer Vergangenheit herausschälen möchten wie die Zwiebel aus der Schale oder – poetischer gesagt – Ihrer Herkunft entsteigen wollen wie Aphrodite dem Meer, dann geht das – soweit es eben möglich ist – nur auf eine einzige Weise: Sagen Sie Ja zu Ihren Wurzeln, erkennen Sie sie freundlich und liebevoll an. Dazu ist es jedoch erforderlich, dass Sie diese kennen – soweit das eben möglich ist.

Voraussetzung für jede Veränderung ist, die eigenen Wurzeln zu kennen und zu akzeptieren.

Das ist eigentlich (im wahrsten Sinne des Wortes) das Motto dieses Buches: *Lerne es kennen, dein Leben, dich selbst.* Mache dich vertraut mit dem, was dich ausmacht, was und wer du bist. Sieh dir aufmerksam zu, was du machst und wie du es bewerkstelligst. Betrachte, was das Schicksal dir bereitet. Lausche dem, was dein Inneres dir erzählt. Und wenn du etwas verändern willst, wenn du Einfluss nehmen willst, dann gewinne das, was da ist, lieb, so wie es ist. Denn nur was du liebst, folgt dir, lässt sich von dir mitnehmen und führen. Nur was du dir vertraut gemacht hast, vertraut dir. »Vertraut machen« setzt jedoch »kennen lernen« voraus. Deshalb heißt eine sehr alte Forderung des bewusst gewordenen Menschen – sie steht über dem Tempel der weisen und weissagenden Pythia in Delphi: *Erkenne dich selbst.*

Seit Eva und Adam vom Baum der Erkenntnis aßen – von einer Schlange dazu verführt –, kommen wir letztlich nicht darum herum, uns und unsere Lebensmechanismen bewusst unter die Lupe zu nehmen. Wer es nicht in diesem Leben tut, muss es vielleicht im nächsten leisten. Warum also nicht gleich!?

Aber nicht nur die zentrale Frage »Wer bin ich?« ist wichtig. Eine zweite folgt gleich:

»Was will ich?«

Oder dürfen Sie nicht so fragen? Trauen Sie sich vielleicht immer noch nicht, einfach, klar, bestimmt und mit kräftiger Stimme zu sagen: »Ich will?« Vielen Kindern wurde und wird es auch heute oft noch nicht erlaubt zu sagen: »Ich will.« Gehören auch Sie dazu?

Dann schreiben Sie sich ein Affirmationskärtchen, um es täglich einzuüben:

- Ich will.

Mit einem Punkt dahinter, nicht mit einem Ausrufezeichen. Ein Ausrufezeichen könnte nach Trotz aussehen oder nach Protest. Doch so funktioniert es nicht. Es geht viel besser mit dem Spruch, den ich, wie viele meiner Altersgenossinnen, im Poesiealbum stehen habe:

Ein fester Wille hat große Macht im Leben des Einzelnen.

Ich will – das Wort ist mächtig,
sprichts einer ernst und still.
Die Sterne holts vom Himmel,
das kleine Wort: ich will.

Ernst und still – einfach, klar und bestimmt. So gehts – worum es sich auch immer handelt. Also: Wo geht es bei Ihnen lang? Wo wollen Sie hin? Welches ist Ihr Ziel?

Womit wir wieder beim Sinn des Lebens wären. Denn ohne Ziel kann das Leben keinen Sinn haben, und wenn es einen Sinn hat, dann kennt man auch, zumindest in etwa, sein Ziel.

Im »Fragebogen zum Lebensplan« habe ich dieses Thema unter 2. »Warum sind Sie zu einem bestimmten Zeitpunkt, bei bestimmten Eltern in dieses Leben gekommen?« aufgegriffen. Keiner, der den Fragebogen ausgefüllt hat, ließ diese Frage unbeantwortet oder schrieb: »Das weiß ich nicht.«

Hierin zeigt sich, dass wir in der Regel mehr wissen, als uns allgemein bewusst ist, dass es ein tiefgründiges Wissen in jedem gibt. Wir brauchen es nur abzurufen, damit es offenbar wird.

In den östlichen Religionsphilosophien herrscht die Auffassung, jeder Mensch habe ein »Karma«. Dieses Karma stellt ein bestimmtes System vollzogener Handlungen dar, das sich immer wieder »inkarniert«, d. h., es sucht sich ein »Ich« in einem Körper, das diese Handlungen fortsetzt bzw. »abarbeitet«.

Viele Handlungen geschehen immer wieder, gleichsam unter einem inneren Zwang.

Man könnte es mit einem Fax vergleichen: Die jeweiligen Daten werden auf ein Papier oder Computerprogramm übertragen und warten dann auf ihre Verarbeitung. Ist die Arbeit erfolgt, wird ein entsprechendes Fax an einen neuen Empfänger versandt, und die Prozedur beginnt von vorne. So lange, bis es nichts mehr zu diesem speziellen Thema zu sagen oder zu fragen gibt. »Wenn das Wünschen aufhört, ist Frieden«, so heißt es im Tao Te King, der alten Lehre des chinesischen Weisen Lao tse.

Solange wir fragen und wissen wollen, auf Antworten warten, Wünsche hegen, dies und jenes begehren oder ablehnen, solange wir nicht zufrieden sind mit dem, wie es ist, das meiste anders haben wollen, als es ist, solange wir uns auflehnen, uns anklammern oder anlehnen wollen, solange auch nur der winzigste Impuls in uns verlangt »Tu etwas!«, so lange währt das Karma »von Fax zu Fax« bzw. von Inkarnation zu Inkarnation.

Deshalb ist es so wichtig, im eigenen Leben klarzumachen: »Wo will ich hin, was ist mein Ziel, was will ich erreichen?« Auf diese Weise sind wir in der Lage, möglichst effizient das Karma, das uns fest im Griff hat, abzuarbeiten, es in einigen wenigen weiteren Inkarnationen – oder sogar noch in dieser – aufzulösen und frei zu werden von dem Zwang, wieder und wieder dieselben mühsamen Wege zu beschreiten in einem ewigen Kreislauf von Geburt, Krankheit und Tod.

Die folgende hübsche Geschichte illustriert dies gut:

Es war einmal ein Vögelchen, das eines Tages, nachdem ihm von einigen bitteren Beeren, die es gegessen hatte, ganz schlecht geworden war, oben auf der Spitze des Baumes ein anderes goldenes Vögelchen sitzen sah. Augenblicklich wollte es auch dort hin. Doch unterwegs fand es schöne, süße Beeren, fraß sich fest und vergaß den goldenen Vogel über sich. Nach einiger Zeit erwischte es wieder einmal schrecklich bittere Beeren, und sehnsüchtig sah es zur Baumspitze. Es stieg weiter hoch, bis ganz köstliche, süße Beeren es erneut aufhielten. So ging es lange Zeit. Nach einer weiteren fürchterlich bitteren Erfahrung jedoch erreichte es endlich die Spitze des Baumes, und auf einmal saß es selbst als der goldene Vogel dort oben, den weder Hunger noch sonstige Gelüste plagten. Da erkannte das Vögelchen, dass es schon immer der goldene Vogel gewesen war, nur ohne es wissen.

Bevor wir frei sein können, müssen wir den Auftrag dieses Lebens erfüllen.

Es ist also gut, wenn wir wissen wollen, was das Leben, für das wir uns entschieden haben, zu bedeuten hat, was wir wollen in dieser Inkarnation oder was wir sollen, wenn wir einen bestimmten Auftrag zu erfüllen haben. Je eher wir ihn erkennen und erledigen, desto schneller sind wir wieder frei. Es ist wie früher mit den Hausaufgaben: Nachdem wir mit ihnen fertig waren, durften wir spielen gehen. Oder wie im Märchen von Frau Holle, wo Goldmarie auch erst bestimmte Aufgaben erfüllen musste, bevor das Gold auf sie herunterregnete.

Falls Ihnen der Auftrag für dieses Leben nicht sowieso schon bewusst ist oder auf die entsprechende Frage spontan aus dem Unbewussten auftaucht, hilft ein gründliches Studium der Herkunft, wodurch sich am ehesten der Sinn dieses

Lebens erschließt. Dazu müssen wir allerdings noch eine weitere Frage stellen:

»Was soll ich?«

Therapeut/innen, die mit Transaktionsanalyse arbeiten, werden ganz hellhörig, sobald der Klient/die Klientin die Formulierung »Was soll ich« oder »Ich weiß nicht, was ich soll« o. Ä. verwendet. Denn diese Formulierung heißt im Konzept der TA, dass der/die Betreffende aus dem Ich-Zustand des »angepassten Kindes« spricht und handelt, also nicht aus seinem/ihrem klaren Erwachsenen-Ich. Er/sie signalisiert mit dieser »Soll«-Formulierung, dass er/sie noch in seinem/ihrem kindlichen Abhängigkeitswunsch befangen ist.

In einer therapeutischen Situation, wo es um die Bewältigung von Lebensproblemen geht und die der Gewinnung von Autonomie und Selbstverantwortung dient, ist es auch richtig, den Klienten/die Klientin mit seiner/ihrer »Soll ich ...?«-Haltung zu konfrontieren. Doch in einem anderen Zusammenhang, wenn ich beispielsweise dem Schicksal oder Gott gegenüberstehe, kann ich auch ganz autonom und selbstverantwortlich fragen. »Was soll ich? – Was willst du von mir? – Was hast du mit mir vor?«

Jeder Mensch hat eine innere Stimme, die ihm sagt, was er tun »muss«.

C. G. Jung hat in solchem Zusammenhang von der »Vox Dei« gesprochen, von der Stimme, die aus dem eigenen Zentrum aufsteigt und mir sagt, was ich tun »muss«. Dieses »Muss« wird mir nicht von einer irdischen, menschlichen Instanz befohlen, von einem Elternteil, einem Vorgesetzten, einer Institution oder Behörde, sondern in diesem Muss erklingt die Stimme Gottes in mir oder die Stimme des Schicksals, das mich leitet. Auf diese Stimme zu lauschen und ihr zu folgen mag nicht immer einfach und lustvoll sein, doch es empfiehlt sich unbedingt.

»Den Willigen führt das Schicksal, den Unwilligen zerrt es«, meinte schon Seneca, ein altrömischer Philosoph. Ein gutes Beispiel für das Hören auf die innere Stimme und das Handeln danach ist Martin Luther, der mit den folgenden Worten seine Thesen an die Kirchentür zu Wittenberg geheftet hat: »Hier stehe ich, ich kann nicht anders.«

Die »Vox Dei« ist also nicht unbedingt die innere Stimme, die das Leben leichter macht. Wer sie vernimmt, kann durch sie in einen heftigen Konflikt gestürzt werden. »Soll ich tun, was meine innere Stimme mir befiehlt, auch wenn das gegen die Konventionen verstößt oder mir Leid bringt?«

Der lateinamerikanische Schriftsteller Paulo Coelho (1998) schrieb einen Roman, der mich tief berührte, »Der fünfte Berg«. Er schildert darin in bewegender Weise das Leben des Propheten Elia, der sich immer wieder dagegen wehrte, den Auftrag Gottes, der ihm durch einen Engel überbracht wurde, anzunehmen und auszuführen. Er rang mit sich, wie auch der Prophet Jeremia mit sich gerungen hat. Doch beide konnten nicht anders, als der Stimme Gottes zu folgen, obwohl ihnen dies viel Leid brachte. Wenn die innere Stimme ruft, gibt es ein Entkommen nur um den Preis der seelischen Leere.

Der Stimme Gottes sollte man gehorchen.

Hier ein Auszug eines Dialoges aus Coelhos Buch:

»Weil der Mensch wählen muss«, entgegnete der Engel. »Seine Stärke ist seine Fähigkeit, Entscheidungen zu treffen.«

»Es ist eine schwierige Wahl: Sie verlangt, dass ich den Tod eines Volkes hinnehme, um ein anderes zu retten.«

»Den eigenen Weg zu finden ist noch schwieriger. Aber wer nicht wählt, stirbt in den Augen des Herrn, auch wenn er äußerlich weiterlebt.«

Doch wodurch weiß ein Mensch, ob er gerade die »Vox Dei« vernimmt oder ob sein Ego zu ihm spricht, das sich immerfort etwas wünscht? Wer so fragt, hat die innere Stimme noch nie gehört, und wer sie gehört hat, fragt nicht mehr. Sie einmal zu hören, kann für ein ganzes Leben genügen – dann weiß der/die Betreffende zu unterscheiden zwischen Gott und der Welt. Oder, in der Sprache der Jung'schen Psychologie, zwischen dem Selbst und dem Ego.

Zusammenfassung

In diesem Kapitel haben wir uns vor allem mit der Frage nach der Identität eines Menschen beschäftigt. Hierzu gehören drei wichtige Aspekte:

1. Spielt es für die Qualität des Lebens eine Rolle, ob der Lebensplan bewusst oder unbewusst erstellt und gelebt wird? Nein, für das Gelingen des Lebens ist es nicht von entscheidender Bedeutung, ob ich es bewusst gestalte oder ob ich es ganz einfach lebe, ohne mir allzu viele Gedanken darüber zu machen.
2. Um dem, was das Leben gelingen lässt, auf die Spur zu kommen, müssen wir an den Anfang zurückgehen, müssen uns noch einmal die Familie anschauen, aus der wir stammen, und uns mit der Tatsache anfreunden, dass sie die Prägung schafft, die wir ein Leben lang nie ganz verlieren. Unsere Identität vermittelt uns die Sicherheit, die wir im Äußeren über den Pass oder den Personalausweis erhalten.

Wir dürfen es nicht versäumen, uns immer wieder im Leben folgende drei wichtigen Fragen zu stellen:

1. *»Wer bin ich?«*
2. *»Was will ich?«*
3. *»Was soll ich?«*

Bei der ersten Frage geht es um die Individualität, die Einzigartigkeit, mit der wir ausgestattet sind. Denn diese herauszuarbeiten ist letztlich Aufgabe unseres Lebens.

Bei der zweiten Frage geht es darum, die Kraft in uns zu mobilisieren, die es uns ermöglicht, unser Leben aktiv zu gestalten.

Bei der dritten Frage geht es um die Demut, die nötig ist, die innere Stimme zu vernehmen, die jedem Einzelnen den Auftrag erteilt, den nur er selbst erfüllen kann.

Es bedarf eines besonderen Ernstes und bereitwilliger Hingabe, um diese drei Fragen in aller Wahrhaftigkeit zu beantworten. Wir werden das im Weiteren noch sehen.

Check · Übung · Tipp

▶ Check

Fragebogen zum Lebensplan

Bitte beantworten Sie die folgenden Fragen, ohne allzu lange darüber nachzudenken. Nehmen Sie die Antwort, die zuerst in Ihnen auftaucht, denn diese kommt spontan aus Ihrem »inneren Kind«, das mehr weiß als Ihr rationaler Verstand.

1. Wie verläuft Ihr Leben – einfach irgendwie oder nach einem bestimmten Plan, den Sie sich vorgenommen haben?
   a) Wenn Sie einen Plan haben, was haben Sie sich für Ihr Leben vorgenommen?
      1) Was davon haben Sie schon verwirklicht?
      2) Wie werden Sie ihn vollenden?
      3) Oder was tun Sie, um ihn doch nicht zu erfüllen?
   b) Wenn Sie keinen bestimmten Plan verfolgen, erinnern Sie sich, wovon Sie als kleiner Junge/kleines Mädchen geträumt haben:
      1) »Wenn ich einmal groß bin, werde ich …«
      2) Wie sahen Sie Ihr Leben in der Pubertät, hatten Sie Ideale, Visionen?
      3) Wie gestaltete sich Ihr Leben mit dem Eintritt ins Erwachsenendasein?
      4) Wie stellen Sie sich Ihr weiteres Leben vor?

2. Was meinen Sie: Warum sind Sie zu einem bestimmten Zeitpunkt, zu bestimmten Eltern in dieses Leben gekommen?

   a) Haben Sie einen Auftrag für dieses Leben mitbekommen?
   b) Erfüllen Sie diesen Auftrag?

3. a) Wissen Sie, was Ihre Mutter für Ihr Leben wünschte?
   b) Was wollte Ihr Vater für Sie?
   c) Sind Ihre Geschwister mit Ihrem Leben einverstanden? Wenn nicht, warum nicht?

4. Wie wird Ihr Leben aussehen, wenn Sie 65 Jahre alt sind?

5. Was könnten einmal Ihre Hinterbliebenen auf Ihren Grabstein schreiben?
   Wie könnten diese Ihr Leben zusammenfassend charakterisieren?

6. Wenn über Ihr Leben ein Buch geschrieben würde, wie könnte der Titel lauten?

7. Mögen Sie Ihren Vornamen?
   a) Wenn nicht, wie würden Sie lieber heißen?
   b) Wer gab Ihnen den Namen und warum gerade diesen?

8. Welches Bild (Symbol) könnte für Sie und Ihr Leben zutreffend sein?

9. Wenn Sie ein Code-Wort zum Einlass ins Paradies bräuchten, welches würden Sie wählen?

10. Wie war es für Sie, diesen Fragebogen auszufüllen – was hat er in Ihnen ausgelöst?

▶ Übung

Zeichnen Sie Ihr Familien-Beziehungsdiagramm

Nehmen Sie ein möglichst großes Stück Papier, mindestens DIN A4, eher noch größer. Außerdem brauchen Sie Buntstifte für diese Übung. Vielleicht arbeiten Sie dabei lieber auf dem Fußboden als am Tisch.

Stellen Sie Ihre gesamte Herkunftsfamilie in Form einzelner Zeichen dar:

- Verwenden Sie kleine Kreuze, Kreise, Rauten, Vierecke, Rechtecke oder dicke Punkte. Jedes Familienmitglied erhält ein Zeichen. Sie können nur ein bestimmtes Zeichensymbol oder viele verschiedene Zeichensymbole verwenden. Diese Zeichen können unterschiedlich groß und von unterschiedlicher Farbe sein.

- Ordnen Sie diese Zeichen aber nicht schematisch, also z. B. lauter Vierecke für die Männer und lauter Kreise für die Frauen, sondern wählen Sie das Zeichen, das Ihnen spontan zu der jeweiligen Person, die Sie sich so lebhaft wie nur möglich vorstellen, einfällt. (Also: Onkel Ernst bekommt vielleicht ein zartes Ringelchen, weil er Ihnen so ätherisch und unnahbar vorkam. Tante Frieda hingegen wird mit einer kräftigen roten Raute dargestellt, weil sie dazu neigte, stets kämpferisch die Hände in die Hüften zu stemmen, wenn sie etwas erzählte.)

- Zeichnen Sie nicht nur die Angehörigen Ihrer näheren Familie, sondern vermerken Sie alle, die zu Ihrer Sippe gehören, also auch angeheiratete Personen. Das können eine ganze Menge sein. Deshalb ist es sinnvoll, dass Sie sich viel Zeit für diese Übung nehmen – es lohnt sich.

- Zeichnen Sie auch diejenigen ein, die Sie nie persönlich kennen gelernt haben, von denen Sie nur wissen, dass sie irgendwie zur Familie gehören. Dabei ist es unerheblich, ob die Personen noch leben oder schon längst gestorben sind.

- Vergessen Sie auch nicht das »schwarze Schaf«, das es in fast jeder Familie gibt. Es ist besonders wichtig, weil der Familienverband ein System ist, das wie alle Systeme nach Ausgleich strebt.

- Ganz wichtig: Setzen Sie die Mitglieder Ihrer Sippe nicht unbedingt in den jeweiligen Familienverbänden zusammen, sondern fertigen Sie ein *Beziehungsdiagramm* an. Setzen Sie die

Zeichen für die Personen so aufs Papier, wie die Einzelnen zueinander und vor allem zu Ihnen selbst stehen bzw. standen. (Es kann also sein, dass Ihr Großvater mütterlicherseits sich irgendwo außen am Blattrand befindet, weil Sie und Ihre Eltern kaum eine Beziehung zu ihm hatten, vielleicht weil er sehr zurückgezogen oder auch weit entfernt lebte, während ein Vetter zweiten oder dritten Grades recht nahe bei Ihrem eigenen Zeichen steht, weil Sie sich ihm sehr verbunden fühlen oder in Ihrer Kindheit viel Zeit miteinander verbracht haben.)

Arbeiten Sie an diesem Diagramm bewusst und aufmerksam, aber vermeiden Sie möglichst irgendwelche Vor-Interpretationen. Sagen Sie also nicht: »Ich setze die jetzt dahin, weil so zum Ausdruck kommt, dass ich sie nicht mag.« Versuchen Sie – wie bei den meisten Übungen –, intuitiv zu reagieren, sich also ganz in dieses Geschehen hineinzugeben, ohne rational darüber nachzudenken.

Und auch hier gilt: Es gibt kein Richtig oder Falsch. Ihre Darstellung sagt weder etwas über Ihren Charakter noch über die Persönlichkeiten der betreffenden Personen aus, sondern zeigt Ihnen schlicht und einfach ein Bild des Beziehungsgefüges, aus dem Sie stammen. Sie stellt gewissermaßen eine Landkarte Ihrer Familienkonstellation dar, und irgendwie wird sie sicherlich der Landschaft ähneln, in der Sie aufgewachsen sind.

Lesen Sie bitte das Folgende erst, nachdem Sie die Karte Ihrer Familie angefertigt haben, um sich nicht im Vorfeld von der Anweisung zur abschließenden Betrachtung beeinflussen zu lassen.

Wenn Sie Ihre Karte fertig gestellt haben, schauen Sie diese einfach nur an und lassen sie auf sich wirken. Stellen Sie sie wie ein Aquarell oder ein Ölbild an eine Wand und betrachten Sie sie aus der Ferne. Vielleicht erkennen Sie auf dem Bild eine bestimmte Struktur oder sogar eine bestimmte Gestalt. Geben Sie dann dieser Gestalt einen Namen, ein Symbol. Es könnte etwas Bedeutsames über Ihre Herkunft aussagen.

Beschäftigen Sie sich ab jetzt immer wieder einmal mit dieser Karte, nur um sich bewusst zu machen, wer alles zu Ihrer Familie gehört und wie sie sich zusammensetzt. Sagen Sie sich: »Ich gehöre dazu!«, und lassen Sie die entsprechenden Gefühle in sich aufsteigen.

▶ Tipp

Nehmen Sie sich an einem langen freien Abend, oder besser noch an einem freien Tag, die Zeit, der göttlichen Stimme – Ihrer »Vox Dei« – zu lauschen, die auch in Ihnen spricht. Vermutlich ist das keine gewohnte Übung für Sie; vielleicht erscheint Sie Ihnen auch schwierig, weil Sie denken: »In mir gibt es die göttliche Stimme nicht.« Doch in jedem Menschen wartet die innere Stimme, die Sie göttlich nennen können, nur darauf, gehört zu werden.

Um sie hören zu können, muss man allerdings ganz still werden. Setzen Sie sich also in einer *entspannt aufmerksamen Haltung* an einen ruhigen Ort und sorgen Sie dafür, dass Sie nicht gestört werden. »Entspannt aufmerksam« bedeutet: Sie sitzen aufrecht auf einem festen Stuhl (sich nicht in einen weichen Sessel »lümmeln«) oder auf einem Meditationskissen auf dem Boden, sodass Ihr Rücken ganz gerade sein kann (aber nicht verkrampft!). Die Schultern bleiben locker hängen, die Hände ruhen auf den Oberschenkeln, Ihr Kopf sitzt leicht und frei auf dem obersten Halswirbel. Schließen Sie sanft die Augen und lächeln Sie sich selbst freundlich zu. Denken Sie: »Ich hab dich (oder: mich) lieb.« Hüllen Sie sich in der Fantasie in einen Umhang aus Liebe ein. Sie können auch weißes Licht visualisieren, das Sie umgibt. Konzentrieren Sie Ihre Aufmerksamkeit auf Ihr Herz bzw. auf die Mitte in der Höhe Ihres physischen Herzens. Danken Sie Ihrem physischen Herzen, dass es so ausdauernd für Sie schlägt, um Ihnen dieses Leben zu ermöglichen.

Und nun bitten Sie die innere Stimme, sich in Ihre Mitte hinein (auf der Höhe des physischen Herzens) auszubreiten und immer stärker zu werden, aufzusteigen zu Ihren Ohren, sodass Sie sie hören können.

Bitten Sie und lauschen Sie.

Manchmal meldet sich Ihr Inneres schnell, wenn es schon lange darauf gewartet hat. Manchmal braucht ein bisschen Geduld, wer noch nicht gewohnt ist, den Zugang zu diesem geistigen Bereich in sich selbst zu ebnen, braucht ein bisschen Geduld. Bleiben Sie etwa eine halbe Stunde in dieser Haltung (es empfiehlt sich, eine Stoppuhr zu stellen, die nach der abgelaufenen Zeit leise summt). Dann danken Sie Ihrem Zentrum – gleichgültig ob oder auf welche Art und Weise es sich als innere Stimme gemeldet hat –, und danach schreiben Sie auf, was Sie erlebt haben, was Ihnen mitgeteilt wurde.

Seien Sie nicht enttäuscht, wenn scheinbar nichts in Ihnen passiert sein sollte. *Es ist auf alle Fälle etwas passiert.* Sie sind jedoch noch nicht genug geschult, dies wahrzunehmen. Wiederholen Sie die Übung, wann immer und so oft Sie wollen. Sie werden ganz sicher im Laufe der Zeit sehr viel über sich selbst lernen.

Zum Beispiel könnte eine wichtige Erfahrung sein, wie Sie mit Erwartungen umgehen, die sich nicht erfüllen. Geben Sie in diesem Fall schnell entmutigt auf und sagen sich: »Das schaffe ich doch nicht!«? Das wäre die depressive Reaktion. Oder meinen Sie: »So eine blöde Übung, die bringt mir gar nichts!«? Dann scheint Ihr »Lieblingsgefühl« Ärger zu sein, und Sie neigen dazu, schnell aggressiv zu werden.

Vielleicht geht es darum, erst einmal mit Ihrem Verhalten klarzukommen, bevor die innere Stimme hörbar wird. Wenn Sie etwas, vor allem etwas Leises, wahrnehmen wollen, sind Emotionen wie Mutlosigkeit oder Ärger hinderlich. »Wahrnehmen« heißt in diesem Fall nur »lauschen« – sonst nichts.

Kapitel 3

Wie sieht mein Lebensplan aus? Ist er ein Gewinner- oder Verlierer-Skript?

»Habe ich ein Skript?«, werde ich oft von Klient/innen gefragt, die neu zu mir kommen und wissen, dass ich Transaktionsanalytikerin bin. Da es ziemlich einfach ist, ein Skript zu erkennen, frage ich die Betreffenden zunächst:

»Gibt es viel Routine in Ihrem Leben?«

»Machen Sie vieles in Ihrem Leben stets auf die gleiche Art und Weise?«

Routine bei täglich gleich ablaufenden Tätigkeiten, die man einfach erledigen muss, wie z. B. Körper- und Wäschepflege, die Kinder morgens in die Schule schicken, Hund und Katze füttern, Mülleimer herausstellen, einkaufen usw., ist durchaus angebracht und sinnvoll. Man braucht für solche Aktionen keine schöpferischen Einfälle, und dass die Kinder den Bus zur Schule rechtzeitig erreichen, gelingt eher, wenn der morgendliche Ablauf gut eingefahren ist.

Aber sonst? Ist das Leben inzwischen mehr oder weniger langweilig geworden, ist das meiste »eingefahren«, läuft also »wie auf Schienen«? Träumen Sie nachts manchmal, Sie sitzen in einem Zug oder fahren mit der Straßenbahn – von A nach B, von X nach Z und wieder zurück, schön regelmäßig? Vielleicht vergessen Sie im Traum, an der richtigen Stelle auszusteigen. Oder Sie haben so viel Gepäck, dass das Aussteigen mühsam ist. Oder Sie haben vergessen, wohin Sie eigentlich wollten.

Dann haben Sie ein Skript, genauer gesagt: Sie leben Ihr Leben nach einem ganz bestimmten Plan, sozusagen »nach Fahrplan«.

In den Büchern von Carlos Castaneda rät ihm der schamanische Lehrmeister und Zauberer Don Juan, dass er, Castaneda, unbedingt die Routine verlassen müsse, wenn er der ganzen Fülle des Lebens teilhaftig werden wolle. Je mehr Routine jemand in sein Leben eingebaut hat, desto weniger bewusst wird er/sie leben. Denn Routine braucht keine Bewusstheit. Das als Routine Verinnerlichte läuft gleichsam automatisch ab, es erfordert keine besondere Aufmerksamkeit. Bewusstsein aber entsteht nur durch Aufmerksamkeit. Wer sein Leben kreativ von Augenblick zu Augenblick neu gestaltet, gibt Routine wenig Raum. Dann ist es interessant, aufregend, bunt, überraschend, viel versprechend. Wenn es jedoch eintönig, eingleisig, eben »nach Fahrplan« gelebt wird, ist anzunehmen, dass darunter ein Skript liegt und es nach einem bestimmten Drehbuch abläuft.

Zu einem Skript gehören viele Mitspieler, und jeder hat wiederum auch sein eigenes Skript.

Lebensdrehbücher wurden und werden geschrieben, seit Menschen des Schreibens kundig sind. Und von dieser Zeit an wurden sie auch anderen Menschen vermittelt. In der frühen Menschheitsgeschichte in Gestalt von Theaterspielen, Dramen-, Tragödien-, Komödienaufführungen. Später, nach Erfindung der Druckkunst, auch in Form von Skripten, also Büchern. Und heute werden sie uns überdies im Kino und Fernsehen präsentiert.

Der Mensch lebt sein Skript also nicht allein, sondern lässt die anderen teilhaben an seinem Stück, an dem, was ihn/sie bewegt und umtreibt. So wie in einem jeden Drehbuch gibt es auch in dem des eigenen Lebens nicht nur eine Person, den Protagonisten/die Protagonistin, sondern mehr oder weniger viele Beteiligte, die in diese Lebensgeschichte mit hineingezogen werden.

Der Gedanke, dass die einzelnen Mitspieler sich ihrerseits auch Drehbücher geschrieben und entsprechend viele Mitspieler engagiert haben, lässt das Bild einer Welt entstehen, die ein einziges großes Spielfeld darstellt. Es ist wie auf einem Jahrmarkt. Dicht an dicht stehen die Buden, in denen allerlei Unterhaltsames geboten wird. Man kann umhergehen, da ein wenig hineinschauen, dort ein Weilchen mitspielen, sich über dieses und jenes amüsieren und über anderes vielleicht ärgern oder auch traurig werden.

Man kann sich aus dem »Spiel des Lebens« nicht heraushalten, aber bewusst gespielt kann es Spaß machen.

Könnte man sich aus diesem großen Spiel auch heraushalten? Ja und nein. Man kann nicht einfach *nicht* mitspielen, solange man sich in diesem Leben befindet, doch man kann *wissen,* dass man in dieses Spiel involviert ist. Und dann kann es Spaß machen, dabei zu sein.

Typische Skriptmerkmale

Neben Routine, Eintönigkeit und Langeweile gibt es sich immer wieder gleichende Lebenssituationen, die auf ein Skript hinweisen. Zum Beispiel:

- Wenn jemand häufig in missliche Situationen gerät, die er/sie scheinbar nicht verursacht, geschweige denn gewollt hat und über die er/sie sagt: »Warum muss das immer mir passieren?« (oder so ähnlich)
- Wenn jemand öfter Misserfolge erlebt, obwohl er/sie sich besondere Mühe gibt, erfolgreich zu sein, und darüber sagt: »Mir gönnt das Schicksal auch gar nichts …!« (oder so ähnlich)
- Wenn jemand sich immer wieder Menschen aussucht, die ihn/sie verlassen, die ihn/sie betrügen oder auf eine andere Weise nicht »richtig« behandeln, und er/sie dazu sagt: »Ich weiß es ja, mich kann man nicht lieben …!« (oder so ähnlich)

- Wenn jemand häufig etwas vergisst, öfter Scherben verursacht oder sich selbst verletzt (sich mit dem Hammer auf die Finger haut, mit der Nähnadel sticht, am Herd verbrennt usw.) und jedes Mal dabei seufzt: »Da sieht man es wieder, ich bin halt zu blöd zu allem ...!« (oder so ähnlich)
- Wenn jemand häufig etwas tut, womit dann andere Menschen unnötigerweise Arbeit haben (deren Geschirr zerschlägt, Rotwein über den Teppich des Gastgebers gießt, jemand schmerzhaft auf den Fuß tritt usw.), und jedes Mal ganz betreten sagen muss: »Entschuldigung! Es tut mir Leid.« (oder so ähnlich)
- Wenn jemand oft krank ist, bei ihm/ihr immer wieder andere Erkrankungen auftreten, der-/diejenige schon einige Operationen hinter sich hat und gerne darüber spricht mit den Worten: »Ist es nicht schrecklich, mein Arzt hat mir gesagt ...« oder »Schon wieder hat ein Arzt mich falsch behandelt ...« (oder so ähnlich)

Wie entsteht ein Skript?

Ihnen wird beim Lesen sicher das Muster aufgefallen sein, das diesen Skriptsätzen zugrunde liegt. Es sind durchweg negative Aussagen über sich selbst, über andere, über das Schicksal. Auch eine Entschuldigung gehört dazu, besagt sie doch, dass jemand eine »Schuld« auf sich geladen hat – auch wenn es lediglich eine ganz kleine ist. Hier stellt sich jedoch die Frage: Wozu braucht es ein Mensch, sich selbst – vielleicht nur geringfügig – schuldig zu machen?

Ein Skript dient dazu, nicht wirklich verantwortlich für sein Tun sein zu müssen.

Derartige Informationen – über sich selbst, über die anderen, über das Leben – beinhalten wichtige Botschaften, die diese Menschen aussenden. Im Kern lauten sie etwa so: »Ich bin ein minderwertiger, nicht ernst zu nehmender, unfähiger, dummer oder schlechter Mensch.« Und dahinter lauert die Erwartung, dass die anderen mich, wenn ich mich ihnen so zeige, entweder ablehnen, nichts mit mir zu tun haben wollen oder dass sie mich bemitleiden, großmütig mit mir umgehen und mir dieses oder jenes abnehmen, das es zu tun gibt, oder aber mir das Gegenteil zu beweisen versuchen. Was verständlicherweise bald zu Frust auf beiden Seiten führt, sodass eine offene, beglückende Beziehung nicht mehr möglich ist. Man sitzt gekränkt, beleidigt, ärgerlich oder traurig in seiner Ecke und findet: »Jetzt ist es genau so, wie ich es kenne.« Dann ist – auf eine bitter-süße Art – die Welt wieder in Ordnung.

Menschen richten sich in ihrem Leben so ein, wie sie es in der Kindheit erfahren haben. Das Skript ist – das möchte ich betonen – trotz seiner Eingleisigkeit ein *kreativer Akt* des kleinen Kindes.

Ein Skript entsteht bereits im Vorschulalter.

Im Alter zwischen vier und sechs Jahren hat ein Kind gelernt, in welchem Rahmen es sich befindet und bewegen kann. Kleine Kinder sind in ihrer Wahrnehmung zunächst offen. Ihre Wahrnehmungskanäle – Augen, Ohren, Nase, Geschmack, Tastsinn – funktionieren noch natürlich exakt. Obwohl sie nicht als völlig unbeschriebenes Blatt zur Welt kommen, sondern über das Genom, das ein Supermix ihrer Vorfahren ist, bestimmte Eigenschaften und Begabungen mitbringen, nehmen sie doch in den ersten Lebensjahren enorm viele Informationen auf, die im Gehirn, das sich noch weiter entfaltet, sorgsam gespeichert werden.

Wer selber Kinder hat oder sich noch gut an seine/ihre Kindheit erinnert, weiß, dass Kinder hervorragende Beobachter sind. Sie schauen nicht immer nur in erster Linie die Mutter oder die nächsten Bezugspersonen an, sie beobachten mitunter akribisch Bewegung, Gestik und Mimik der Menschen, mit denen sie zu tun haben. Sie registrieren sehr genau die Interaktionen der Familienmitglieder. Wie geht z. B. Mutter mit der Schwester um und wie mit dem Bruder? Wie sieht Oma aus, wenn sie mit Papa redet? Wie klingt die Stimme von Opa, wenn er mit Mama spricht, wie, wenn Papa kommt?

Später im Kindergarten geht es gerade so weiter, da werden die Kleinen zu Beobachtungsprofis: »Tante Marlies hat heute ganz bös zu Max geschaut, aber bei Simone hat sie lieb gelächelt ... Die Mama von Jonas hat mich heute gar nicht gesehen ... Markus' Papa hat einen verbundenen Finger gehabt ...«

Es gibt jeden Tag Tausende von Eindrücken, und im Laufe von etwa eineinhalb- bis zweitausend Tagen formt sich im Gehirn des Kindes eine ganz bestimmte »Gestalt« seiner kleinen Welt. Ganz allmählich wird ihm bewusst oder zumindest so halb bewusst: »So ist also das Leben.« Es hat inzwischen gelernt, sich darin einzurichten, es weiß, was es tun muss, um möglichst viel Beachtung zu erhalten, es weiß, wie es Mama zum Lachen oder zum Weinen und Papa auf die Palme bringt, es weiß, was Mama sich wünscht und Papa sich vorstellt.

Aus der Fülle von Informationen, die es bis dahin gesammelt hat, mixt es sich einen ganz bestimmten »Informationscocktail« bzw. kreiert auf seiner inneren Bühne das Stück seines Lebens, das wir »Lebensdrehbuch« nennen. Und dann hört es vielleicht eines Tages eine Geschichte, in der ein Junge/ein Mädchen vorkommt, der/die etwas ganz Ähnliches erlebt.

Ein kleines Mädchen zum Beispiel, das sich abgelehnt fühlt in seiner Familie, hört das Märchen von »Aschenputtel« und identifiziert sich mit dieser Gestalt. Es ist jetzt froh, eine Leidensgenossin und mit ihr die Aussicht auf späteres Glück gefunden zu haben. In dieser Identifikation »schreibt« es auf sein »inneres Zelluloid« ein Drehbuch, das dem Märchen von Aschenputtel gleicht.

Das Kind entdeckt Leidensgenossen, mit denen es sich identifizieren kann.

Oder einem kleinen Jungen wird von einer frommen Tante die Geschichte vom »Guten Hirten« vorgelesen, und da diese Tante ähnlich wie seine Mutter immer so viel seufzt und meistens ein trauriges Gesicht macht, das sich stets bei der Geschichte vom Guten Hirten aufhellt, beschließt er, selber ein »guter Hirte« zu werden.

Das kleine Mädchen und der kleine Junge haben also herausgefunden, wie sie sich in der Familie, in die sie hineingeboren wurden, verhalten müssen, um möglichst viel Zuwendung zu erhalten, denn darauf sind sie wie alle Kinder sehr angewiesen.

Drehscheibe »Zuwendung«

Zuwendung ist ein zentraler Punkt im psychischen Haushalt, er stellt sozusagen den »Dreh- und Angelpunkt« dar für das Skript bzw. für die Entscheidung, ob ein Gewinner- oder Verlierer-Skript entwickelt wird. Das lässt sich gut verstehen, wenn wir bedenken, dass das ganz kleine Kind auf jemanden angewiesen ist, der sich um es kümmert. Zuwendung sichert sein Überleben. Auf sich selbst gestellt wäre es nicht lebensfähig. Indem die Mutter oder eine andere Bezugsperson sich dem Kind immer wieder in ausreichendem Maße zuwendet, erlebt es die Bestätigung, die gerade in den ersten Monaten seines Lebens so überaus wichtig ist. Das Kind braucht diese Bestätigung, um sein Dasein positiv erleben zu können.

Auch später ist es für den erwachsenen Menschen schlimm, wenn er/sie nicht genügend beachtet wird oder er/sie Missachtung vonseiten der anderen erfährt.

Das Beste für ein Kind ist, die benötigte Zuwendung in ausreichendem Maße einfach zu bekommen, ohne dass es sich dafür besonders anstrengen muss. Es möchte die *bedingungslose* Zuwendung. Es will nicht erst bestimmte Bedingungen erfüllen, um das Notwendige zu erhalten. Wenn es beispielsweise die Erfahrung macht, erst lange schreien zu müssen, bevor sein Bedürfnis befriedigt wird, beginnt dasselbe Kind später gleich zu quengeln, sobald es etwas möchte. Als Erwachsene/r äußert er/sie später höchstwahrscheinlich meist in gereiztem Ton seine/ihre Wünsche, oder er/sie entschuldigt sich im Vorhinein wortreich für ganz natürliche Bedürfnisse.

Bedingungslose Zuwendung ist das Beste, was ein Kind bekommen kann.

Leider wird den wenigsten Kindern einfach vermittelt: »Es ist schön, dass du da bist – bedürftig zu sein ist normal, und es ist in Ordnung, dass deine Bedürfnisse erfüllt werden.« Das Kind erfährt vielmehr: »*Erst wenn du* brav und ruhig bist, Mama Freude machst, Papa im Garten hilfst, gute Noten nach Hause bringst, dein Zimmer aufräumst« usw., »*dann* hat Mama dich lieb, schätzt dich Papa, bist du gern gesehen in dieser Welt.« Aber auch der scheinbar positive Ausspruch der Eltern: »Wir tun doch alles nur für dich/euch!« zeigt dem Kind, dass es nicht selbstverständlich einfach angenommen ist. Es erlebt sich als Last für die Eltern.

Auf diese Erfahrung – eine Last zu sein, Bedingungen erfüllen zu müssen – reagieren Kinder unterschiedlich. Die einen passen sich dem an, erleben ihr Dasein später selbst als Last, werden unsicher, ängstlich, depressiv; die anderen revoltieren dagegen, benehmen sich aggressiv und unausstehlich, sodass sie schließlich wirklich den anderen eine Last sind.

Fatal wirkt sich für ein Kind aus, wenn es weder bedingungslose noch bedingte Zuwendung erhält, wenn es weder durch Anpassung noch durch Provokationen die Beachtung findet, die es braucht. Dann kann es innerlich verzweifeln, seine Existenz bedroht sehen und sich selbst eine Daseinsberechtigung absprechen. Bei Menschen, die einen Selbstmordversuch unternehmen, lässt sich diese Dynamik finden, aber auch bei schwer Erkrankten, ob nun seelisch oder körperlich.

Das Kind hat also bis zu seinem vierten, fünften Lebensjahr genau heraus gefunden, auf welche Art und Weise es Aufmerksamkeit bekommt, was es tun muss, um bestätigt zu werden.

Zuwendung, die an Bedingungen geknüpft ist, prägt bis ins Erwachsenenalter.

Das »Aschenputtel« entscheidet sich dafür, brav, still und anspruchslos zu sein, die Erwartungen der Eltern zu erfüllen und abends vor dem Einschlafen von dem Prinzen zu träumen, der eines Tages kommen wird, um es von diesem Bann zu erlösen.

Der kleine Junge macht der seufzenden Mutter viel Freude, liest ihr die Wünsche von den Augen ab und tröstet die fromme Tante, die unverheiratet im Haus der Eltern lebt. Er weiß, wenn er »der gute Hirte« für Mama und Tante ist, wird später der Gute Hirte im Himmel auch für ihn sorgen. Deshalb kann er jeden Abend ruhigen Gewissens einschlafen.

Im Bezugsrahmen des »Aschenputtel« steht als Skript-Entscheidung: »Sei bescheiden und tu deine Pflicht«; das Lebensmotto des »guten Hirten« lautet: »Tröste und helfe anderen Menschen«.

Das kleine Mädchen wurde Krankenschwester und nach einigen Jahren vom »guten Hirten« als ihrem Prinzen »erlöst«, der Arzt geworden war.

Einschärfungen (Injunctions)

Kinder beobachten nicht nur sehr genau, sie sind darüber hinaus insgesamt aufnahmefähig wie ein Schwamm. Die Intuition, mit der sich Erwachsene oft schwer tun, ist bei ihnen noch in einer Weise lebendig, die wir später kaum noch nachvollziehen können. Schade, dass sich diese Eigenschaft im Laufe des Lebens derart verschließen muss, dass bei vielen Erwachsenen die feine Sensibilität, die sie als Kind ausgezeichnet hat, wie hinter dicken Abwehrmauern verschwindet.

Kinder spüren intuitiv, wie ihre Bezugspersonen zu ihnen stehen – sogar schon im Mutterleib.

Das sensible Offensein für atmosphärische Schwingungen, mit denen das Elternhaus geradezu »aufgeladen« ist, lässt kleine Kinder noch etwas wahrnehmen, was zur Bildung ihres Skripts führt: Sie nehmen wahr, was die Eltern ihnen gegenüber empfinden, was sie ihnen vermitteln, ohne ausdrücklich darüber zu sprechen.

Jede Mutter, jeder Vater, auch die Geschwister und die Großeltern entwickeln eine ganz bestimmte Einstellung dem Kind gegenüber, wenn sie erfahren, dass es unterwegs ist. Aus verschiedenen Gründen, z. B. weil es sie selbst aufwertet – »Als Mutter habe ich jetzt einen höheren Wert als die Frauen, die keine Kinder haben« oder: »Mit 50 Großmutter zu sein, finde ich ganz toll« oder: »Mein Sohn wird Anwalt so wie ich, sicher ein Staranwalt, dafür will ich schon sorgen« – oder bedroht: »Ich will keinen Bruder/keine Schwester! Lieber Gott, mach, dass er/sie vom schwarzen Mann wieder abgeholt wird!«

Die werdenden Eltern können auch von Befürchtungen heimgesucht werden, dass das Kind möglicherweise behindert zur Welt kommt, dass ihm später etwas passieren könnte, dass die Mutter bei der Geburt stirbt, dass das Geld nicht reicht für ein weiteres Kind usw.

In nicht wenigen Fällen ist das Kind direkt unwillkommen, weil z. B. die Partnerschaft nicht die beste ist, man sich eigentlich trennen wollte oder bereits getrennt lebt; weil schon einige Kinder da sind und die Mutter sich auf ihre erneute Berufstätigkeit gefreut hat.

Wenn das Kind dann in Mutters und Vaters Armen liegt, wird viel von dem, was beide ihm gegenüber empfinden und denken, in die kleine Seele einsinken. Jeder Kopf, der sich über sein Bettchen beugt, jede Stimme, die an sein Ohr klingt, übermittelt ihm eine ganz bestimmte Botschaft – so wie im Märchen von Dornröschen die 13 Feen der kleinen Königstochter ihre Wünsche darbringen, zwölf gute Wünsche und einen Fluch.

Das Grundsätzliche, das jedes Kind mit Sicherheit spürt (»Bin ich willkommen oder nicht?«), trägt entscheidend dazu bei, ob es ein Gewinner- oder Verlierer-Skript herausbildet.

Hier sind einige Einschärfungen, die zu einem Verlierer-Skript führen können:

- »Sei nicht wichtig!« (Bruder, Schwester oder Vater sind wichtiger.)
- »Sei nicht du selbst!« (Sei so, wie ich dich haben möchte, werde wie ich, wie Onkel Karl, wie deine Großmutter etc.)
- »Sei kein Kind!« (Werde möglichst schnell erwachsen, selbstständig, mach mir nicht so viel Arbeit.)
- »Werde nicht erwachsen!« (Bleib immer mein kleines Mädchen, mein kleiner Junge, verlasse mich nicht.)
- »Sei nicht gesund!« (In unserer Familie ist man krank, dann kann ich dich pflegen, medizinische Themen interessieren mich.)

Negative Einstellungen der Bezugspersonen zum Kind können zu einem Verlierer-Skript führen.

- »Fühle nicht!« (Gefühle sind gefährlich, sie machen das Leben schwer, Gefühle verweichlichen dich.)
- »Denke nicht!« (Damit du nicht siehst, was wirklich los ist mit mir/mit unserer Familie.)
- »Sei nicht normal!« (In unserer Familie sind viele verrückt, dann bist du nicht verantwortlich für dein Tun.)
- »Gehöre nicht dazu!« (Wir gehören eigentlich auch nicht hierher, wir sind Außenseiter/Flüchtlinge, also bist du auch einer.)
- »Schaffe es nicht!« (Sei nicht erfolgreich, dein Vater ist auch ein Versager, du darfst nicht besser sein als er.)
- »Sei nicht nahe!« (Halte dich von den Leuten fern, man kann niemandem trauen; bleibe für dich, du bist etwas Besonderes.)
- »Sei nicht glücklich!« (auch:) »Sei nicht zufrieden!« (Die Erde ist ein Jammertal, dir soll es auch nicht besser gehen als uns.)

Diese »Einschärfungen« (oder »Injunctions«) klingen fast ein bisschen bösartig, wenn man sie so liest. Deshalb noch einmal: Sie werden so direkt den Kindern nie gesagt, sie sind so direkt auch den Eltern nicht bewusst. Die meisten Eltern wollen auf der bewussten Ebene Gutes für ihr Kind und würden sich selbst gar nicht gestatten, solche negativen Fantasien, Wünsche bzw. Verwünschungen für ihr Kind zu hegen. Doch unter der bewussten Ebene gibt es eben auch die unbewusste – und diese wirkt stärker. Das Unbewusste kann sehr gefährlich werden. Es schießt sozusagen »aus dem Hinterhalt«, es beherbergt die dunklen Gestalten des Untergrundes, die eigene »innere Mafia«. Dass das Unbewusste aber auch hilfreiche Kräfte birgt, werde ich in Kapitel 7 und 10 näher erläutern.

Es gilt, die Mechanismen zu durchschauen, mit denen man sein Leben gestaltet.

Wer das Unbewusste auf dem Weg zum Gewinnersein nicht ins Kalkül mit einbezieht, dem kann es kurz vor dem Ziel noch einen Strich durch die Rechnung machen. Deshalb muss nach den »Injunctions« gründlich gefahndet werden;

d. h., alle Situationen, die ein anderes als das gewünschte Ergebnis brachten, alle Handlungen, die ausgeführt wurden, obwohl eine andere intendiert war, alle Missgeschicke (auch noch so unbedeutende), alle Unfälle, die scheinbar ohne eigenes Zutun passieren, alle Träume (auch die auf den ersten Blick belanglosen), alle Versprecher müssen genau ins Visier genommen und in ein Mosaik mit den sonstigen Lebensdaten eingefügt werden. Mutet Sie das übertrieben oder gar unmöglich an?

Es ist *nicht* übertrieben, und unmöglich ist es auch nicht, sich die Mechanismen klarzumachen, mit denen wir unser Leben gestalten. Man muss dazu allerdings bereit sein, wirklich genau hinzuschauen, keine Vogel-Strauß-Politik zu betreiben und das eigene Gefühl zu beachten, das immer die Wahrheit spricht. Es kann auch sehr spannend und aufregend sein, so eine kriminalistische Kleinarbeit im eigenen Inneren zu leisten. Hierbei ist jeder sowohl sein eigener Oberinspektor als auch sein eigener Privatdetektiv. Dieses Buch soll die nötige Aufklärungsarbeit erleichtern.

Die Endauszahlung (»Pay-off«)

Worin unterscheidet sich nun ein Gewinner- von einem Verlierer-Skript?

Das Lebensdrehbuch wird ebenso wie ein Theaterstück, ein Roman, ein Krimi, ein Film nach den Regeln einer guten Dramaturgie aufgebaut. Wichtig sind bei jeder Geschichte der Anfang und das Ende. Zwischendrin passiert allerhand – es kann relativ ruhig oder auch langweilig sein, Turbulenzen geben, hektisch, leidenschaftlich, stürmisch zugehen, es mag ein großes Durcheinander entstehen –, das ist jedoch nicht so ausschlaggebend. Das Skript weist lediglich mehr oder weniger Unterhaltungswert auf. Entscheidend ist vielmehr, was zum Schluss geschieht, wie das Ganze ausgeht. Gibt es ein Happy End, oder endet es tragisch? Dies wiederum

Ob man sich als Gewinner oder als Verlierer sieht, hängt von eigenen Werthaltungen ab.

richtet sich danach, was die/der Einzelne als Happy End und was als unerwünscht oder gar als Katastrophe ansieht.

Bei dem zuvor erwähnten »Aschenputtel« oder dem »guten Hirten« handelt es sich um Gewinner-Skripts, weil diese beiden Menschen das Dienen, das Für-andere-da-Sein als passend und richtig für ihr Leben annehmen. Jemand anderes, der sich als »Aschenputtel« oder als »guter Hirte« erlebt, könnte höchst unzufrieden mit ihrer/seiner Lebenskonstellation sein, mit dem Schicksal hadern und sich als Verlierer sehen.

Transaktionsanalytiker/innen streiten sich beispielsweise darüber, ob das Märchen vom »Hans im Glück« ein Gewinner- oder Verlierer-Skript beschreibt. Ist es gut und erstrebenswert, so zu leben wie Hans, dem die »Leichtigkeit des Seins« über alles geht, der alles wieder hergibt, was er gewonnen hat, nur um frei und glücklich nach Hause zurückzukehren? Oder ist diese Freiheit eine Illusion? So wie viele Märchenschlüsse, laut Eric Berne, Illusionen darstellen. Weil wir Menschen uns offenbar gerne Illusionen machen und auch darin befangen bleiben wollen? Oder ist dieser Märchen-Hans einfach nur sträflich naiv, ein Spieler, der sein Hab und Gut leichtsinnig hingibt, aus lauter Dummheit?

Es geht um den »Pay-off«, um die Endauszahlung, wenn wir beurteilen wollen, welches ein Gewinner- und welches ein Verlierer-Skript ist. Die Währung der Endauszahlung wird allerdings allein von dem-/derjenigen festgelegt, der/die das Lebensdrehbuch für sich »schreibt«. Wenn Dienen einen hohen Wert darstellt, ist das Leben, in dem sich jemand für andere regelrecht aufopfern kann, ein gelungenes Leben. Wird Dienen jedoch als Last, Unvermögen oder gar als Strafe betrachtet, erhält das Leben die Wertung »misslungen«.

Die Währung der Endauszahlung wird von jedem selbst bestimmt.

Verlierer-Skripts »streben Einsamkeit an«

In der Psychotherapie mit Transaktionsanalyse wird stets ein Hauptaugenmerk darauf gerichtet, ob jemand »anstrebt«, seinen Lebensabend in Einsamkeit zu verbringen. »Anstrebt« in Anführungszeichen, weil dies auf der bewussten Ebene natürlich nicht gewollt ist. Die meisten Menschen haben Angst vor Einsamkeit und leiden darunter, wenn sie im Alter allein sind.

Auf der unbewussten Ebene ist es jedoch häufig so, dass Menschen »alles« tun, um von anderen abgelehnt und verlassen zu werden, oder dass sie selbst die andere ablehnen, ständig etwas auszusetzen haben und ihrerseits immer wieder Menschen zurückstoßen und verlassen – um dann darüber zu klagen, dass niemand sie mag, sich niemand um sie kümmert, dass alle Menschen Egoisten seien, die nur um sich selbst kreisen.

Verlierer »sorgen selbst dafür«, dass sie einsam sind, auch ohne es zu wollen.

Wieder andere erleben sich als bemitleidenswert, weil das Schicksal so unbarmherzig war, ihnen den Lebenspartner, der »mein Ein und Alles« war, durch den Tod zu entreißen. Dabei übersehen sie allerdings geflissentlich, dass sich niemand nur auf einen Menschen zu konzentrieren braucht, dass jede/r beizeiten sehr viel dazu tun kann, bis zum eigenen Tod einen Kreis von lieben Menschen um sich zu scharen, um eben nicht in Einsamkeit versinken zu müssen.

Allein, doch nicht verlassen

Als Beispiel mag eine 78-jährige Frau dienen, die ich neulich kennen gelernt habe. Anna lebt am Rande einer mittelgroßen Stadt in einer Einfamilienhaussiedlung. Sie und ihr Mann haben vor etlichen Jahren dort ein kleineres Haus gebaut und gleich viel Kontakt mit der Nachbarschaft gesucht und gehalten. Ihr Mann ist nun schon lange tot, die Nachbarschaft hat zum Teil gewechselt, aber immer noch pflegt Anna viele Kontakte zu Jung und Alt. Sie hat einen Kreis von Menschen um sich gebildet, die sich ab und zu treffen, sich jederzeit helfen, füreinander da sind, aber auch die Privatsphäre eines jeden respektieren.

Anna ist mit ihren 78 Jahren sehr lebendig, fröhlich und unternehmungslustig. Sie genießt ihr Leben, in dem »es immer was zu tun und immer Abwechslung gibt«. Obwohl keines ihrer fünf erwachsenen Kinder in ihrer Nähe lebt, jammert sie nicht über das Alleinsein, sondern freut sich, dass es allen gut geht, und besucht mal den einen, mal die andere. Und für jede/n, die/der sie besucht, hält sie stets selbst gebackenen Kuchen bereit.

Einsamkeit gehört also nicht zwangsläufig zum Alter, auch nicht für eine Witwe oder einen Witwer. Doch ein Einsamkeits-Skript bedeutet in der Regel ein Verlierer-Skript. Es sei denn, der/die Betreffende schätzt das Alleinsein, weil er/sie eine tiefe, beglückende Beziehung zu sich selbst hat. Ein solcher Mensch fühlt sich nicht einsam.

Einsamkeit ist für die meisten Menschen schwerer zu ertragen als Krankheit oder Armut. Wenn man gemeinsam nicht viel Geld hat oder miteinander eine Krankheit trägt, kann auch eine weniger schicksalsbegünstigte Lage zu innerem Frieden, ja selbst zum Glück führen.

Ein erfülltes Gewinner-Leben bedeutet, seine/ihre Individualität herausgearbeitet zu haben.

Ich erinnere mich an ein Ehepaar, das vor vielen Jahren einige Beratungsgespräche mit mir geführt hatte. Zu Beginn der Gespräche beklagte sich die Ehefrau viel über ihren Mann, der nicht so war, wie sie sich das vorstellte. Nach einigen Monaten wurde er schwer krank. Plötzlich änderten sich ihre Gefühle für ihn. Sie sah ihn von einem anderen Standpunkt aus, erkannte Werte an ihm, die sie vorher nicht beachtet hatte, und es stellte sich eine liebende, tief innige Beziehung zwischen den beiden ein. Sie waren glücklich miteinander, obwohl er todkrank war. Vielleicht aufgrund der neuen befriedigenden Beziehung überwand der Mann, zum Erstaunen seiner Ärzte, die schwere Erkrankung, und das Paar lebt seitdem ein erfülltes Leben.

In der analytischen Psychologie nach C. G. Jung liegt das Hauptaugenmerk der Psychotherapie und der Analyse der Persönlichkeit auf der Individuation, die etwa ab der Lebensmitte in Betracht gezogen werden sollte. Hier wäre die Definition eines erfüllten Gewinner-Lebens: einen hohen Individuationsgrad erreicht, also seine/ihre Einzigartigkeit herausgearbeitet zu haben. So wie der Juwelier aus einem Rohdiamanten einen wunderschönen Brillanten formt und ihn mit einer artgerechten, also kunstvollen (im Englischen heißt »Kunst« = »art«) Fassung umgibt. Insofern ist Leben eine Kunst, heißt Individuation: ein Kunstwerk schaffen, ein Schmuckstück gestalten.

Zusammenfassung

In diesem Kapitel haben wir uns vor allem damit befasst, wie man ein Skript erkennen kann und wie ein Verlierer-Skript entsteht. Drei Punkte sind hier hervorzuheben.

1. Es gibt einige sichere Merkmale, die erkennen lassen, ob jemand in einem Skript befangen ist:
   a) allzu viel Routine, das Leben ist langweilig und eintönig,
   b) Situationen, die immer wieder ganz ähnlich ablaufen.
2. Die Entscheidung für ein bestimmtes Lebensmuster ist ein kreativer Akt jeden Kindes im Alter von vier bis fünf Jahren.
   Ausschlaggebend dafür sind:
   a) die Art und Weise der Zuwendung, die es bekommt,
   b) die Einschärfungen (»Injunctions«), die ihm vom ersten Tag seines Lebens an vermittelt werden.
3. Ob sich jemand in einem Gewinner- oder Verlierer-Skript befindet, richtet sich nach der angestrebten Endauszahlung:

a) Strebt jemand Einsamkeit an, lebt er/sie ein Verlierer-Skript.
b) Pflegt jemand gute Beziehungen, lebt er/sie ein Gewinner-Skript.

Check · Übung · Tipp

▶ Check

Persönliche Prioritätenliste

Ob jemand im Leben gewinnt oder verliert, hängt also davon ab, welche Werte er/sie als bedeutungsvoll erachtet.

Überprüfen Sie hier, welche persönlichen Werte Sie für Ihr Leben in sich tragen.

Im Folgenden finden Sie einige Wertbegriffe, die Sie noch nach Belieben ergänzen können. Setzen Sie diese Werte in die Reihenfolge, die für Sie persönlich stimmt.

Auch hier gilt wieder: Es gibt kein Richtig oder Falsch. Jeder Mensch verfügt über ein anderes Wertesystem, das allerdings nicht unabhängig von den Wertvorstellungen der Gesellschaft, in der er/sie lebt, und natürlich auch nicht unbeeinflusst von der Familie, aus der er/sie stammt, sein kann. Das spielt jedoch bei dieser Aufgabe keine Rolle.

Stellen Sie einfach die Reihenfolge zusammen, zu der Sie spontan aus Ihrem Inneren heraus Ja sagen können:

Gesundheit – innerer Friede – Geld – Fröhlichkeit – Anerkennung (Prestige) – Gemeinschaft – Liebe – Offenheit – Bequemlichkeit – Beziehungen – Leichtigkeit – Wahrhaftigkeit – Frömmigkeit – Ordnung – Freiheit – Zuverlässigkeit – Beständigkeit – Pünktlichkeit – ...

Schauen Sie sich dann Ihre Liste an und entscheiden Sie, ob diese so für Sie stimmt. Legen Sie sie einige Tage beiseite und nehmen Sie sie dann noch einmal vor. Vielleicht finden Sie jetzt aus der Distanz, dass sie doch noch nicht ganz zutreffend ist.

Spielen Sie so lange mit dieser Liste, bis Sie ganz genau wissen: Jetzt stimmt sie.

Auf diese Weise schaffen Sie sich ein Bewusstsein für das, was Ihnen wert und wichtig ist. Dieses Bewusstsein wird Ihnen helfen, ein mögliches Verlierer-Skript in ein Gewinner-Skript umzuwandeln.

▶ Übung

Was wird auf Ihrem Grabstein stehen?
Eine beliebte Übung in der Arbeit mit Transaktionsanalyse, die sehr viel zur Bewusstheit über das eigene Leben, vor allem über den angestrebten »Pay-off« beiträgt, ist die Aufforderung, die eigene Grabrede zu schreiben bzw. auf der inneren Bühne folgende Szene abspielen zu lassen:

- Es findet Ihre eigene Beerdigung statt. Stellen Sie sich die Situation vor. Wer geht im Trauerzug mit, an welcher Stelle, also wer geht direkt hinter dem Sarg, wer irgendwo in der Mitte, wer bildet den Schluss? Was bewegt die einzelnen Menschen, die da zur Grabstätte unterwegs sind? Wer wird eine Rede halten, und was wird er/sie über Sie (als die/den Verstorbene/n) sagen?
- Später wird dann ein Grabstein aufgestellt. Was steht darauf?

Scheuen Sie sich nicht, diese Szenen in allen Einzelheiten aufzuschreiben.

Wenn ich diese Übung in Seminaren anbiete, gibt es immer wieder Seminarteilnehmer/innen, die sich am liebsten davor drücken wollen. Sie haben Angst, sich mit der Begrenztheit des eigenen Lebens zu konfrontieren, sich damit auseinander zu setzen.

Doch solange man diese Auseinandersetzung scheut, kann man nicht frei werden für die ganz eigene, individuelle Lebensgestaltung. Die Angst vor der Begrenztheit, vor dem Ende lähmt die Kreativität, die wir brauchen, um unsere Persönlichkeit zur Einmaligkeit zu führen.

Tipp

Schreiben Sie sich wieder einige Affirmationskärtchen, die Sie gut sichtbar irgendwo hinlegen oder vervielfältigt in Ihrer Wohnung verteilen und mit denen Sie ab und zu eine Art Patience legen:

- Achtung: Routine!
Nur da anwenden, wo sie wirklich sinnvoll ist!
- Ich lasse mich ein auf andere Menschen.
- Es ist schön, mit anderen zusammen zu sein.
- Jede/r braucht Beziehungen.
- Ich bin ein Kunstwerk der Evolution!
- Ich bin ein Schmuckstück Gottes!

Kapitel 4

Die Phasen der seelischen Entwicklung und die entsprechenden Lebensaufgaben

Wissen Sie noch, wie Sie als »Prinzessin«/als »Prinz« ausgesehen haben? Jedes Kind, so sagen wir Transaktionsanalytiker/innen, wird mit einem kleinen imaginären Krönchen auf dem Kopf geboren, und viele Eltern geben ihren Neugeborenen schnell entsprechende liebevolle Kosenamen. Väter nennen ihr kleines Mädchen »Prinzessin«, und Mütter sind stolz auf ihren kleinen »Prinzen«. In den ersten Lebensjahren des Kindes scheint die Welt für die Eltern und die Kleinen noch in Ordnung zu sein. Denn wie wir im vorangegangenen Kapitel gesehen haben, werden die einschränkenden Einschärfungen den Kindern unbewusst vermittelt. Zunächst sind Vater und Mutter erst einmal glücklich über ihren kleinen »Schatz«.

Die Antreiber

Schwierigkeiten in der Eltern-Kind-Beziehung treten meist später auf. Oft erst, wenn das Kind in den Kindergarten oder in die Schule geht, dort Gleichaltrige erlebt und die Erfahrung macht, dass man sich anders verhalten kann, als es ihm zu Hause beigebracht wurde. Oder den Eltern fällt auf, dass die anderen Kinder sich »besser« verhalten als ihr Kind.

Dann beginnt oft ein zermürbender Kleinkrieg zwischen Eltern und Kindern, in dem die Kinder mit verschiedenen

»Antreibern« zum gewünschten Verhalten gedrängt werden. Dieses Antreiben lässt zuerst die Eltern in eine »imaginäre Froschgestalt« schlüpfen. Sie nörgeln mehr oder weniger ständig an den Kindern herum, »quaken« sie an.

So wird ein eher introvertiert-verträumtes Kind mit den Worten getrieben:

»*Beeil dich!* Mach nicht immer so langsam! Das dauert ja ewig, bis du deine Schuhbänder zugebunden hast. Ich hab nicht so viel Zeit, auf dich zu warten!«

Ein lebhaftes, schnelles Kind, das seine kleinen Aufgaben eher oberflächlich (»schusselig«) erledigt, bekommt zu hören:

»*Sei perfekt!* So geht das nicht, dass du immer alles nur schlampig machst! Und wie dein Schrank wieder aussieht! Räum doch richtig auf! Alles an seinen Platz!«

Ein Kind, das aufgrund sehr gut entwickelter Koordinationsfähigkeit ein kleines Organisationsgenie ist, bei dem alles, was es tut, mit einer beneidenswerten Leichtigkeit läuft, wird ermahnt:

»*Streng dich an!* Gib dir mehr Mühe! So leicht ist das Leben nicht, wie du es dir machst. Ich muss mich auch anstrengen, wenn ich etwas gut machen will.«

Die meisten Kinder verlieren schon im Vorschulalter ihren familiären Status als »Prinz« oder »Prinzessin«.

Ein weiterer Antreiber, der Kindern gegeben wird, die recht sensibel und empfindsam, leicht einzuschüchtern und zu kränken sind, die »nahe am Wasser gebaut haben«:

»*Sei stark!* Du bist doch schon ein großes Mädchen/ein großer Junge! Stell dich nicht so an, man weint nicht gleich bei jeder Kleinigkeit.« (»Ein Indianer kennt keinen Schmerz!«)

Von unsicheren, ängstlichen Eltern, die selbst keinen festen Stand im Leben gefunden haben, wird den Kindern beigebracht:

»*Sei immer lieb und nett!* Machs allen Leuten recht! (Vor allem mir!) Man kommt am besten durchs Leben, wenn man tut, was andere wollen, wenn man ihnen die Wünsche von den Augen abliest.«

Kinder, die täglich immer wieder auf dieselbe Weise angetrieben werden, die sich nicht einfach nach ihrem eigenen Tempo und ihrem eigenen Temperament zu ihrer Eigenart entwickeln dürfen, verlieren rasch den Glanz der Prinzessin und des Prinzen. Sie degenerieren ihrerseits innerlich zu einem »quakenden Frosch«, werden quengelig und unzufrieden, passen sich den Forderungen der Eltern übermäßig an oder aber rebellieren dagegen und werden so auch für ihre Umgebung unleidlich. Das wiederum verstärkt das Antreiben durch die Eltern, »damit unsere Kinder einmal vernünftige Erwachsene werden«.

Die Antreiber rufen Unsicherheit im Kind hervor, was die Eltern erneut zum Antreiben veranlasst.

Worum es beim Antreiberverhalten geht, verdeutlicht das folgende Beispiel aus meiner Praxis:

Die Stärke in scheinbarer Schwäche

Eine Klientin, Ruth, ist allein erziehende Mutter und gibt sich von daher sehr große Mühe mit ihrer Tochter. Ruth klagt darüber, dass ihre Kleine zu sanftmütig sei, dass sie sich nicht wehre, wenn andere Kinder ihr etwas wegnehmen, dass sie die anderen bestimmen lasse, was gespielt wird, dass sie in der Schule meist alleine in den Pausen dastehe und ihr Brot esse, während die Klassenkameraden irgendwie beieinander seien und herumtobten.

Immer wieder schubste Ruth bei Kindergeburtstagen ihre Kleine an, sie solle mit allen anderen mitspielen. Sie ermahnte sie, nicht so viel allein herumzustehen, und schimpfte mit ihr, wenn sie den (harmlosen) Angriff eines anderen Kindes nicht abwehrte.

Inzwischen wollte Lydia gar nicht mehr auf andere Kinder zugehen, weinte oft, wenn die Mutter sie ins Bett brachte, und sagte, sie sei traurig, dass Mama mit ihr nicht zufrieden sei. Dies schmerzte Ruth sehr.

Ich ermutigte meine Klientin, Lydia einfach zu lassen, so wie sie ist. Und eine Zeit lang gelang ihr das auch, doch bald plagten sie wieder Zweifel, ob Lydia dann nicht zu einem lebensuntüchtigen Menschen heranwachse.

Im Laufe der Zeit – ich ließ mir viele kleine Begebenheiten aus Lydias Alltag erzählen – stellte sich heraus, dass Lydia mit einem sehr feinen Gefühl für andere und für Gerechtigkeit ausgestattet ist. Sie erkennt offenbar, dass die anderen Kinder es mehr brauchen, im Mittelpunkt zu stehen, als es ihr selbst wichtig ist. Sie spürt, dass die anderen sich oft so egoistisch verhalten, weil sie eigentlich »nicht genug Mama haben«, wie sie sagt.

Endlich begriff meine Klientin, dass ihre kleine »Prinzessin« eine »Prinzessin« bleiben, dass sie ihre hohen Werte und ihre feinen sozialen Fähigkeiten nicht einem laut quakenden »Froschdasein« opfern möchte. Und obwohl sie noch Sorge im Herzen trägt, ob ihr kleines Mädchen sich zu einer lebenstüchtigen Frau entfalten wird, kann Ruth ihre Lydia nun mehr und mehr lassen.

Darüber bin ich froh, weil ich meine, dass unsere Welt Menschen wie Lydia dringend braucht.

Die natürliche Würde des Menschen

Leider ist es so, dass sehr viele Menschen auf ihre »königliche Würde« verzichten und als »Frosch« durchs Leben hüpfen, statt den Adelstitel »Mensch« für sich in Anspruch zu nehmen. Das fängt schon bei der Körperhaltung und der Mimik an.

Allein die Körpersprache verrät viel über die Würde des Menschen.

Achten Sie doch einmal darauf, wenn Sie das nächste Mal an einer Fußgängerampel bei Rot anhalten, in welcher Haltung und mit welchem Gesichtsausdruck die meisten Menschen über die Kreuzung gehen. Wie viele »Königinnen« und »Könige« gibt es unter ihnen? Wie viele gehen wirklich aufrecht, im Bewusstsein des »Kunstwerks Gliederkette Wirbelsäule«, tragen ihren Kopf leicht beweglich auf lang gestrecktem Hals, stehen und gehen mit offenem Brustkorb und offenen Beinen? Die meisten wirken in sich zusammengefallen, halten den Nacken steif und verkürzt, den Kopf starr, und ihr Gesicht scheint traurig überschattet, ausdruckslos oder verkniffen. Viele Stimmen klingen dünn und zaghaft, klirrend hart oder gequetscht kläglich. Wo ist der volle, freie Klang des »Königs Mensch« zu hören (außer bei ausgebildeten Sängern/Sängerinnen)?

Viele Eltern tragen unbewusst zum Verlierer-Skript ihrer Kinder bei.

Es gibt ein ganz wunderbares – allerdings ziemlich teures – Buch mit dem Titel »Die zwölf Grade der Freiheit – Kunst und Wissenschaft menschlicher Bewegungskoordination« von Christian Larsen (1995).

Wer sich an den herrlichen, wirklich sehr aufschluss- und lehrreichen Bildern dieses Buches und am hochinformativen Text erfreuen möchte, gebe ruhig das Geld aus – es lohnt sich. Hier macht der Verfasser deutlich, welche Schönheit Menschen in ihren Bewegungen auszeichnet und wie hässlich sie oft wirken in ihrer Unbewusstheit.

Auch der Körpersprachen-Künstler und Pantomime Samy Molcho hat einige Bücher herausgegeben, die sehr anschaulich und erbaulich über dieses Thema berichten. Einen Bildband (Sonderausgabe 1994) widmet er seinen Eltern und seiner Frau mit den Zeilen:

An meine Eltern, die mich erzogen und mir freie Entfaltung ermöglicht haben, die ihren Willen nicht zu dem meinen gemacht und mich gelehrt haben, ein freier, für sich selbst verantwortlicher Mensch zu sein.

An meine Frau, deren Liebe mir nie eine Fessel ist und mir ermöglicht, wahre Gefühle zu zweit, frei vom eigenen Ego, zu erleben.

Ganz offensichtlich hat sich Samy Molcho vom »Prinzen«, als der er geboren wurde, zum »König Mensch« entwickelt, da er so glücklich ist, Eltern zu haben, die ihm kein »Frosch«-Dasein aufzwangen.

Was sind das aber für Eltern, die in erschreckender Weise dazu beitragen, dass ihre Kinder die natürliche Würde als freie, aufrechte Menschen, die offene Gesinnung und liebende Bereitschaft, mit den Eltern und mit anderen Menschen in Beziehung zu treten, verloren oder zumindest sehr stark zurückgedrängt haben? Sind es unfähige oder gar böswillige Eltern, die ihre Kinder nicht mögen? Keineswegs. Die meisten Eltern lieben ihre Kinder wirklich und wollen auch – auf der bewussten Ebene – alles Gute für sie, wünschen, dass sie später glückliche, erfolgreiche Menschen werden, also Gewinner.

Die Unbewusstheit der Eltern trägt dazu bei, dass sie ihre Kinder zu »Zwangswesen« antreiben.

Warum dann trotzdem diese Einschärfungen, Anweisungen, Zurechtweisungen und Antreiber, die eher ein Verlierer-Skript begünstigen? Diese Frage ist nicht so leicht zu beantworten. Sie hat eine lange Geschichte, die Geschichte unserer Kultur, unserer Gesellschaft. Bedeutet Kultur zwangsläufig ein Einknicken der äußeren und inneren Haltung? Kann Kultur nicht entstehen ohne Verschattung der Seele? Ich weiß es nicht. Doch ich meine, es müsste möglich sein.

Wenn wir uns Menschen in anderen Kulturkreisen anschauen, die noch natürlicher leben, als wir dies im Allgemeinen tun, die auf viel weniger Errungenschaften der Zivilisation blicken können, die ganz einfach, oft – in materieller Hinsicht – auch sehr ärmlich leben, finden wir erstaunlicherweise viele Frauen und Männer mit einer feinen, aufrechten Körperhaltung, mit freien, grazilen Bewegungen und offenen Gesichtern von verblüffender Schönheit. Solche Menschen haben mich z. B. in Indien bezaubert.

Das Lächeln der Engel

Einen kleinen Eindruck vom natürlichen Liebreiz der Menschen dort vermittelt ein Video mit dem Titel »Das Testament der Mutter Teresa«. Die Schwestern und Brüder, mit denen Mutter Teresa ihr bewundernswertes Werk der Menschenliebe und Barmherzigkeit aufgebaut hat, sind ganz einfache Frauen und Männer. Doch aus ihrer Haltung und ihren Gesichtern sprechen Liebe und Demut, die zu wahrer Beziehungsfähigkeit gehören. Demut in ihrer reinen Form hat nichts mit Unterwürfigkeit zu tun, und die aufrechte Haltung dieser Menschen ist auch nicht mit Stolz gleichzusetzen. Sie ist frei. Die Schwestern folgten Mutter Teresa aus freier Gesinnung, aus Liebe zu den Menschen, in denen sie Jesus Christus wiedererkennen, und nicht aus der Spekulation, dafür im »Jenseits« ein besseres Plätzchen zu ergattern.

Das Bemerkenswerteste an diesen Frauen und Männern jedoch ist: Obwohl sie die meiste Zeit des Tages in ganz naher Berührung mit Schwerkranken verbringen, mit Leprakranken, HIV- und Tuberkulose-Infizierten, um nur einige dieser schrecklichen Krankheiten zu erwähnen, stecken sie sich nicht an, werden sie nicht selbst krank. Dabei sind sie nicht geimpft und betreiben auch sonst keine chemische Prophylaxe. Das Einzige, worauf Mutter Teresa stets achtete: dass sie Sandalen tragen, wenn sie in die Slums zu den Ärmsten der Armen gehen.

Warum werden sie nicht krank und warum sind sie so schön in ihren einfachen Saris? Es liegt an ihrem Bewusstsein und an dem, was ihnen wertvoll ist im Leben. Ihr Leben hat einen Sinn.

Auf der Suche nach Sinn können wir von anderen Kulturen lernen.

Ich möchte hier nicht dazu auffordern, Mutter Teresa und die Menschen, die sich ihr angeschlossen haben, zu idealisieren. Ich möchte auch nicht den Eindruck erwecken, als ob ich gar die Armut, den Schmutz und den Lärm in Indien besser fände als die im Großen und Ganzen wohl geordneten Zustände hierzulande. Wir können nicht sein wie die Menschen in Indien; wir sind Europäer und müssen hier das finden, was uns hilft, das Leben nach eigenen Maßstäben zu gestalten. In Indien wie allgemein in ostasiatischen Kulturen hat die Individualität des Menschen sich nicht zu der Höhe entwickelt wie in Europa und Nordamerika. Darin liegt ein ganz entscheidender Unterschied zwischen der westlichen und östlichen Kultur. Und von daher können wir nicht die östliche Gesinnung noch können die Asiaten unsere Lebensgewohnheiten einfach übernehmen – was viele Menschen übersehen, die ihr Heil in östlichen Philosophien suchen.

Das wahre Heil kann nur im Inneren eines jeden Menschen gefunden werden. Doch der/die Einzelne lebt nicht irgendwo im luftleeren Raum, sondern gehört immer einer ganz bestimmten Kultur an, die ihn/sie schon in früher Kindheit prägte und auch später einen nicht geringen Einfluss ausübt.

Menschen der verschiedenen Kulturen können jedoch immer voneinander lernen. Denn jede Kultur weist andere Schwerpunkte auf, und in jeder Kultur wird wenigstens ein Gesichtspunkt mehr oder weniger vernachlässigt. Insofern sind wir alle füreinander wichtig. Wir können uns bei anderen anschauen, was wir selbst nicht genügend beachten.

Gefangen im kollektiven Bewusstsein

In unserer westlichen Kultur wurde und wird sehr viel Wert auf Wissen, Leistung und materiellen Wohlstand gelegt. Und jede/r weiß: Kinder, die lange in der Schule und zu Hause über den Hausaufgaben, Studenten, die Jahre ihres Lebens über Büchern sitzen, neigen dazu, leicht krumm, körperlich unbeweglich und letztlich mehr oder weniger verformt zu werden.

Im Leistungs-System unserer Gesellschaft steckt ein lebensfeindliches Virus.

Eltern, die wollen, dass ihre Kinder in der Gesellschaft mithalten, die wünschen, dass aus ihnen »einmal etwas wird«, vielleicht sogar »etwas Besseres als wir«, treiben sie zur Anpassung, zur Unterwerfung unter dieses System. Das führt zu Einengungen, zu Verkrampfungen, Verbiegungen, sogar oft zu einem Schrumpfen von Körper und Geist. Je mehr Zwang vonseiten der Eltern, Erzieher, Lehrer, Lehrherren, Arbeitgeber usw. ausgeübt wird – und dieser Zwang kommt manchmal auch ganz sanft daher –, desto weniger kann sich der damit konfrontierte Mensch zu seiner eigenen, einmaligen »königlichen Würde« entfalten. So springt in unserer Gesellschaft ein Heer von »Fröschen« durch Schulen, Universitäten, Büros, Fabriken, Supermärkte und Freizeitparks, bereit, sich gegenseitig konkurrierend zu übertrumpfen und wegzudrängen.

Das macht Angst. Es ist die Angst, die Eltern veranlasst, ihren Kindern vom ersten Tag an das »einzuschärfen«, was ihnen von ihren Eltern vermittelt wurde, die ihrerseits ebenfalls – vielleicht in einer anderen Variante – entsprechend geprägt wurden.

Auf eine ganz bestimmte Art sein zu sollen, sein zu müssen, ist das Resultat einer unerbittlichen Macht, die uns alle im Griff hält. In der analytischen Psychologie C. G. Jungs wird sie das »kollektive Bewusstsein« genannt, das sich anfühlt, als steckten wir alle von klein auf in einem luftundurchlässigen Ölanzug, der die freien, leichten Bewegungen behindert und der nicht so leicht abzustreifen ist.

Kulturelle Zwänge engen den Menschen ein und deformieren ihn.

Zum kollektiven Bewusstsein gehören die gesellschaftlichen Regeln, die unpersönlichen Maßstäbe, die Moral und das offizielle sowie das »ungeschriebene« Gesetz – überhaupt alles, was sich mit dem Wörtchen »man« verbinden lässt. *Man* tut dieses, jenes tut *man* nicht. *Man* verhält sich so und nur bei besonders ausgewiesenen Anlässen auch anders. *Man* muss beachten, was einem zu beachten vorgeschrieben wird, *man* erfüllt diese und jene Pflicht. *Man* wird schief angesehen, wenn *man* »aus der Reihe tanzt«, *man* erhält einen Rüffel, wenn *man* jener Anweisung nicht folgt. Wobei es unerheblich ist, ob *man* sie als sinnvoll oder als unsinnig betrachtet. Wo käme *man* da hin, wenn jeder einfach irgendwie handeln würde!

Das kollektive Bewusstsein ist an und für sich nichts Schlechtes, hat es sich doch herausgebildet aus den leid- und lustvollen Erfahrungen der Menschen, die gerade jeweils in der gleichen Zeit leben. Insofern ist es durchaus sinnvoll. Es schützt und hält die Menschen, die nicht – oder noch nicht – aus sich selbst die Erfahrungen gesammelt und die Stärke entwickelt haben, die sie brauchen, um individuell aus einer eigenen inneren Sicherheit heraus handeln zu können. Doch es wird zur Gefangenschaft, wenn man ein Leben lang blind daran kleben bleibt, wenn man nicht versteht, es angemessen im persönlichen Lebenszuschnitt umzusetzen.

Gerade in der analytischen Psychologie wird der Individuation, der Entfaltung der Einzigartigkeit des Einzelnen, dem Weg zu seiner/ihrer Ganzheit hohe Bedeutung zugemessen. Sie wird als die große Aufgabe der zweiten Lebenshälfte angesehen.

Sich selbst zu finden heißt, den kulturellen Rahmen auf die eigene Persönlichkeit abzustimmen.

Ganz zu sich selbst zu finden heißt jedoch nicht, alles über Bord zu werfen, was unsere Eltern uns auf den Lebensweg mitgegeben haben. Viele gesellschaftliche Regeln sind überaus sinnvoll, sie »regeln« auf gute Weise ein angenehmes Miteinander. Wichtig ist nur, dass wir als erwachsene Menschen nach und nach, mit steigendem Lebensalter mehr und mehr erkennen, was zu uns passt, was die eigene Persönlichkeit unterstreicht, ihr dient und was überholt ist, was uns hemmt und einengt. So wirkt es z. B. unangemessen, wenn eine ältere Frau noch einen Knicks zur Begrüßung macht, wie ihr das als kleines Mädchen beigebracht wurde, oder jemand sich in einer gemütlichen Runde mit Freunden durch Fingerheben bemerkbar macht, so wie er/sie es früher in der Schule bei Wortmeldungen gelernt hat.

Da das kollektive Bewusstsein sich aus der Norm des Kollektivs herausbildet, also aus dem, was die meisten Menschen eines Kulturkreises als »normal« ansehen, ist es so mächtig. Ihm zu entfliehen ist im Grunde unmöglich. Es muss auch gar nicht sein, mehr noch: es *kann* gar nicht sein. Wir können so wenig aus der »Menschenart des Menschen« heraus, wie wir auch nicht aus der Haut schlüpfen können, die uns umgibt. Und wir entkommen ebenso wenig dem Kulturkreis, in den wir hineingeboren wurden.

Doch was wir tun können und sollten, wenn uns Selbstentfaltung wichtig ist: das Band lockern, das uns als »man tut dies, man tut jenes nicht« umgibt, die Grenzen weiten, den Rahmen ersetzen, der uns einengt, so wie der Bezugsrahmen der Familie, aus der wir kommen, im Laufe des Erwachsenwerdens erneuert werden muss.

Wie dies in den verschiedenen Lebensaltern, die wir durchschreiten, natürlich, angemessen und nötig ist, hat der amerikanische Psychoanalytiker Erik Erikson, bei dem Eric Berne einen Teil seiner Lehranalyse absolvierte, in seinem Werk »Identität und Lebenszyklus« (1973) gut herausgearbeitet.

Die Stufen des Lebens

Wer kennt nicht das berühmte Gedicht von Hermann Hesse, »Stufen«, wo es darum geht, dass im Leben immer wieder Abschied genommen werden muss von Phasen, in denen wir uns heimisch eingerichtet haben. Weiterzugehen und Übergänge zu suchen mag einigen Menschen schwer fallen, doch es bleibt niemandem erspart, zumindest was die äußeren Lebensumstände anbelangt. Denn wir werden unerbittlich älter, und um uns herum ändert sich andauernd etwas. Doch *wie* wir älter werden und *wie* wir mit den naturbedingten Veränderungen umgehen, das ist die zentrale Frage.

Wollen wir unser »Froschdasein«, wenn wir unfreiwillig darin gelandet sind, beibehalten, oder wollen wir uns aufmachen zur Würde der »Prinzessin«/des »Prinzen«, spüren, wie »der Engel im Inneren« uns zu sich hin zieht, heraus aus der »Masse der Frösche« (siehe **Tipp** am Ende dieses Kapitels)?

Die Entwicklung im Menschenleben verläuft stufenweise.

Lassen wir uns »liften« von der inneren »himmlischen Stimme«, die uns ein wenig näher zum Göttlichen zieht, die uns liebevoll mahnt, uns doch zur Individualität zu bekennen, zur eigenen Ganzheit zu weiten. Der Weg dahin ist lang. Gott sei Dank, denn sonst wäre das Leben recht kurz. Und er ist in verschiedenen, interessanten Stufen angelegt, die von Erik Erikson folgendermaßen beschrieben wurden:

1. Stufe

Sie beginnt mit den ersten Lebenserfahrungen des Säuglings. Nachdem das Kind den leid- und schmerzvollen Prozess der Trennung aus der Geborgenheit des Mutterleibes überstanden hat, geht es darum, wie es auf dieser Welt empfangen, auf welche Art und Weise es angenommen wird von Mutter, Vater, Geschwistern, Großeltern, Verwandten und sonstigen Menschen, die zur Familie gehören. Es wird recht bald die Erfahrung machen, ob es dieser Welt vertrauen kann oder ob es eher angebracht ist, Misstrauen zu entwickeln.

Wenn es liebevoll und behutsam angefasst wird, wenn Mutters Stimme weich und zärtlich an seinem Ohr klingt, Vater ihm mit Achtsamkeit begegnet; wenn es zu trinken bekommt, weil es Hunger hat und nicht, weil es Zeit ist; wenn es in Ruhe schlafen und in Ruhe wach sein darf; wenn es erlebt, dass es grundsätzlich nicht allein, sondern geborgen und geschützt ist, dann wird sich das Grundgefühl *Vertrauen* in ihm ausbreiten und es hat einen guten Start ins Leben.

Andernfalls wird es sich ängstlich und *misstrauisch* von der Welt zurückziehen; sich vorsichtig abwartend verhalten; versuchen, zu anderen auf Distanz zu bleiben; wird darauf achten, sich selbst zu sichern, sich in sich selbst zurückzuziehen; wird möglicherweise sogar autistisch werden.

Unnötig zu sagen, dass ein Kind, das an dieser ersten Stufe schon stolpert, das den ersten Kontakt mit der Welt als unangenehm und ängstigend erlebt, die weiteren Stufen nicht störungsfrei im Vollbesitz seiner Möglichkeiten erklimmen kann.

2. Stufe

Die nächste Stufe ist erreicht, wenn das natürliche Bedürfnis erwacht, sich aufzurichten, sich auf seine zwei Beinchen zu stellen. Das Kind wird auch jetzt noch alles umklammern, was es in seine Hände bekommt, und wenn Vater, Mutter oder ein älteres Geschwister ihm helfen, sich hinzustellen und die ersten zaghaften Schrit-

Aus dem Vertrauen, das es zu Beginn erlebt, kann das Kind zur Autonomie aufstehen.

te zu tun, so hält es sich ganz fest an der Hand, die es führt. Doch auf dieser Stufe wird es wichtig, diese Sicherheit auch loslassen zu können, selbst stehen und gehen zu lernen. Es gilt, *Autonomie* zu üben, selbstständig zu werden – natürlich erst einmal nur in dem Rahmen, der dem Kleinkind gesteckt ist.

Das grundsätzliche Erleben, eigenständig zu sein, löst ein starkes Glücksgefühl im Kind aus. Deshalb ist es hier Aufgabe der Eltern, ihm dieses Erleben zu ermöglichen, es zu ermutigen und sich mit ihrem Kind zu freuen, stolz zu sein, wenn ihm die ersten kleinen Schritte in die Autonomie gelingen.

Wenn das den Eltern nicht möglich ist, wenn sie es übervorsichtig und ängstlich hemmen oder diese erste Ablösung selbst als schmerzhaft empfinden, kommen Zweifel im Kind auf, und es schämt sich für sein Unvermögen.

Die Ablösung des Kindes vollzieht sich zunächst mehr auf der körperlichen, später auch auf der psychischen Ebene.

Es stehen sich also auf dieser zweiten Lebensstufe *Autonomie* und *Zweifel* und *Scham* gegenüber. Kann die Autonomie nicht in ausreichendem Maße vom Kind erfahren werden, wird es vor der nächsten Stufe erst einmal zögernd stehen bleiben, sie von vornherein nur mit Zweifeln angehen.

3. Stufe

Im dritten Abschnitt hat das Kind größere Bewegungsfreiheit erlangt; es lernt zu sprechen und spürt den inneren Drang, vermehrt die *Initiative* zu ergreifen, zu tun und »so zu tun, als ob«, also zu spielen. Auch hierzu braucht es das Einverständnis der Eltern. Sie müssen ihm vermitteln: »Es ist in Ordnung, dass du neugierig bist und allerlei ausprobierst, dass du die Welt untersuchst und kennen lernst, dass du dich von uns entfernst und wieder zurückkommst.«

Wird das Kind hierbei zu stark eingeschränkt, entstehen *Schuldgefühle* in ihm, denn dies ist auch die Phase, in der das Gewissen und damit das Gefühl für Recht und Unrecht in ihm erwachen. »Ich bin nicht so, wie Mama mich haben möchte; ich kann es Papa nicht recht machen ...« Solche Erfahrungen wirken als großer Hemmschuh, die Initiative des Kindes wird gebremst und seine weitere Entwicklung eingeschränkt und verzögert. Da sich auf dieser Lebensstufe die feine Unterscheidung bildet zwischen dem, was als »gut« und als »böse« empfunden wird, ist es hier von besonderer Bedeutung, dass die Eltern das Wertgefühl des Kindes nicht beeinträchtigen, dass sie es also nicht abwerten, auslachen, demütigen, dass sie keine Ironie verwenden, wenn sie mit dem Kind reden, es nicht herabsetzen oder ihm sonstwie das Gefühl vermitteln, nicht »recht« zu sein. Menschen, die als Kinder solche Erfahrungen machen mussten, reagieren meist ein Leben lang äußerst empfindlich auf Herabsetzungen jedweder Art.

4. Stufe

Die vierte Lebensstufe betrifft das Grundschulalter. Hier ist es wichtig, dass das Kind lernen kann, was nicht heißt, dass es nur in der Schule gerne lernt. Es möchte immer und überall lernend die Welt erforschen, mit Lerninhalten spielerisch umgehen, vor allem auch gemeinsam mit Gleichaltrigen.

Lernen muss Kindern Spaß machen!

Erikson nennt dieses Interesse des Kindes *»Werksinn«*. Diesem steht das *Minderwertigkeitsgefühl* gegenüber. Wenn dem Kind beispielsweise in der Schule Aufgaben gestellt werden, die es überfordern, wenn Lehrkräfte nicht angemessen auf die Fähigkeiten und das Temperament des Kindes eingehen, wenn ungeduldige Eltern bei Haus- oder Gartenarbeiten das Kind bevormunden, die Sache lieber (weil schneller) selber erledigen, ihm also das Gefühl geben »Du kannst das nicht, du bist zu dumm dazu!«, kann die natürliche Lernfreude des Kindes umschlagen in Lust- und Mutlosigkeit, in Ängstlichkeit, Trägheit oder »Faulheit«. »Faulheit« in Anführungszeichen, weil es eigentlich keine Faulheit gibt. Ein Mensch, der »faul« genannt wird, ist in aller Regel ein resignierter Mensch, einer, dem durch Herabsetzung seiner Fähigkeiten der Mut und die Freude an der Arbeit genommen wurde.

5. Stufe

Der fünfte Lebensabschnitt ist ein besonders einschneidender und umfassender. Hier geht es um das Verlassen der Kindheit und den Eintritt ins Erwachsenenalter.

Jeder weiß, dass die Pubertät dem Rauswurf aus dem Paradies (der Kindheit) gleichkommt. Wie es schon in einer Ursprungsgeschichte der Menschheit beschrieben ist: Adam und Eva aßen den Apfel vom Baum der Erkenntnis, wurden »sehend«, d. h. »bewusst«. So wird auch heute jedes Mädchen, jeder Junge mit der Geschlechtsreife »sehend«, »bewusst« – wissend um das Geschlecht, dem sie/er angehört. Er/sie muss sich von daher mit seiner/ihrer *Identität* auseinander setzen.

Das ist für die meisten Heranwachsenden ein schwieriger Prozess. Die Fragen »Wer bin ich?« und »Wie bin ich?« stellen eine große Herausforderung für die Jugendlichen dar. Oft genug löst diese Phase, die aus lauter Fragezeichen zu bestehen scheint, eine schwer zu ertragende Unsicherheit aus, die nicht selten zu heftigen Aggressionen und einem Verhalten führt, auf das die Menschen in der Umgebung mit Ärger, Hilflosigkeit oder Ablehnung reagieren – was wiederum das Gefühl der *Identitätskonfusion* oder gar der Identitätslosigkeit beim Heranwachsenden nährt.

Auf dieser Lebensstufe werden die Weichen gestellt für ein gelingendes oder ein misslingendes Leben überhaupt. Hier wird auch deutlich, ob und wo es auf den vier ersten Stufen der Entwicklung Hemmungen oder Verzögerungen gegeben hat. In der Pubertät können diese, wenn der/die Betreffende Glück und verständnisvolle Menschen um sich hat, aufgefangen, geglättet und in sensible Fähigkeiten übersetzt werden. Gerade in der Pubertät erscheint die Chance, aus den Schwächen, die geblieben sind aufgrund von in der frühen Kindheit erlebten Einschränkungen, nun Stärken zu machen: aus Schüchternheit beispielsweise wache Zurückhaltung und das feine Gefühl für taktvollen Umgang mit anderen.

Die Lebensphase der Pubertät scheint aus lauter Fragezeichen zu bestehen.

Die Frage nach dem eigenen Platz in der Gesellschaft gehört ebenfalls zu den bedeutungsvollen Auseinandersetzungen in diesem Lebensalter. »Wo gehöre ich hin? Wo ist mein Platz?« Deshalb ist die »Peergroup« für die meisten Teenager so wichtig. In ihr wird erfahren, wie man in der Gemeinschaft wirkt, »ankommt«, wer mit wem befreundet ist, welchen Rang man einnimmt.

Neben dem »Ich in der Gemeinschaft« geht es jetzt aber auch um die Ablösung aus dem Elternhaus, die ebenfalls nicht ganz einfach ist. Denn die Regeln und Wertmaßstäbe, die im Elternhaus gelten, sind nicht unbedingt die, welche das Mädchen/der Junge nun für sich in der neuen, der eigenen Erwachsenenwelt in Anspruch nehmen möchte. So vieles muss verändert werden. Dazu gehören Mut und Kraft. Diese Kraft erscheint oft in Form von Aggressionen, denn in Affekten stecken starke Energien. In diesem Alter ist es ganz normal und natürlich, »dagegen« zu sein, weil dies die nötige Abstoßkraft liefert, ähnlich wie auch beim Start einer Rakete in den Weltraum eine ganz massive Rückstoßkraft eingesetzt werden muss. Das Elternhaus und die elterlichen Maßstäbe zu verlassen ist für die Pubertierenden ebenso schwierig wie für eine Rakete, die Erdanziehung zu überwinden.

6. Stufe

Nach dieser meist nicht einfachen und nicht allzu rosigen Lebensphase – auch wenn die »schöne Jugendzeit« oft romantisch verklärt wird – beginnt sich für viele junge Leute »der Himmel zu öffnen«. Es ist die Zeit, in der *Intimität*, sowohl als sexuelle wie auch als seelische Nähe, allmählich eine Hauptrolle spielt. Jetzt gibt es natürlicherweise ein starkes Bedürfnis, mit einem bestimmten Menschen ganz nah, ganz intim zu sein.

Die Phase der Bindungsbereitschaft hat sich in jüngster Zeit gewandelt.

Aber nicht nur das. Es entsteht auch der Wunsch nach Treue, nach Bindung, die als verpflichtend erlebt wird. Was sehr sinnvoll ist, denn es beginnt die Phase des »Nestbaus«, sowohl was Berufsausbildung als auch das Einrichten einer eigenen Wohnung und die Familienplanung betrifft.

Der Gegenpol auf dieser Stufe heißt *Isolierung,* also das Vermeiden bindender Beziehungen oder die Beschränkung auf oberflächliche, unverbindliche Kontakte.

Hier taucht nun eine interessante Frage auf. Da es heute fast mehr Singles als Paare gibt, könnte man sich überlegen, ob die Sichtweise Erik Eriksons, die der Mitte dieses Jahrhunderts angehört, inzwischen überholt ist, oder ob die vielen Menschen, die heute alleine leben, den natürlichen Lebensabschnitt der Intimität scheuen.

In unserer Zeit ist vieles im Umbruch, vieles wandelt sich und ist schon längst nicht mehr mit dem, was unsere Eltern oder gar Großeltern für angemessen und richtig hielten, vergleichbar. Da sich so vieles erneuert, fehlen uns zu einigen Zusammenhängen noch Erfahrungswerte. Uns bleibt nichts anderes übrig, als abzuwarten, zu beobachten – Informationen zu gewinnen – und dann eines Tages ein neues Ergebnis zu registrieren.

In einer Zeit des Umbruchs, in der wir gerade leben, gibt es viele neue Beobachtungen und entsprechend viele Fragen.

7. Stufe

Die siebte Stufe kennzeichnet Erikson mit den Begriffen *»Generativität«* auf der einen Seite und *»Selbstabsorption«* auf der anderen Seite.

»Generativität«, die zeugende Fähigkeit, kann die Zeugung und Erziehung eigener Kinder betreffen, sich aber auch auf andere Bereiche erstrecken. Auf dieser Lebensstufe geht es um »schaffen« und »versorgen«, darum, sich auch um andere und anderes zu kümmern, sich nicht nur um sich selbst zu drehen, aus dem Bedürfnis heraus, ein »nützliches Mitglied der Gesellschaft« zu sein.

Wo das in dieser Phase nicht geleistet wird, tritt eine Regression, ein Zurückfallen ein »von der Generativität auf ein quälendes Bedürfnis nach Pseudointimität, oft verbunden mit einem übermäßigen Gefühl von Stillstand und Verarmung in den zwischenmenschlichen Beziehungen«.

Etwas sonderlich wirkende ältere Junggesellen und Junggesellinnen sind Ausdruck hierfür.

8. Stufe

Die letzte Stufe ist unter dem Begriff »Midlife-Crisis« zu einiger Berühmtheit gelangt. Wer über 40 Jahre alt ist, kann leicht in diese »Krise der Lebensmitte« geraten. C. G. Jung betrachtete sie als sehr bedeutsam und sinnvoll, da sie den Blick öffnet für »das Eigentliche, das Wesentliche«. Hier stellt sich dem betreffenden Menschen erneut die Frage, die schon in der Pubertät zentral war: »Wer bin ich?« Doch jetzt erweitert sie sich zu: »Was gehört wesentlich zu mir? Was betrifft mein ganz eigenes Wesen?« Und: »Wo gehe ich hin?«

Das Ich des Betreffenden, das im Durchschreiten der einzelnen Lebensstufen sicher und stark geworden sein sollte, wendet sich nun nicht mehr nur dem Leben und seinen Neuerungen zu, sondern auch dem Tod, dem Ende dieses Daseins. Das kann zunächst einmal erschreckend sein, daher die Krise. Doch wer die Augen vor der letzten Frage, »Wo gehe ich hin?«, verschließt, gerät in *Verzweiflung*, und dieser Lebensabschnitt wird zur Qual.

Wer alles in seine Persönlichkeit integriert hat, was das Leben ihm bescherte, kann sich auch dem Ende zuwenden.

Es geht auf dieser Stufe also um *Integrität*. Jetzt soll alles das in die Persönlichkeit hineingenommen werden, was noch offen geblieben ist. Defizite sind aufzufüllen, ungeliebte Teile der Persönlichkeit anzuschauen, zu bejahen und zu integrieren.

Ich beende dieses Kapitel mit den letzten Zeilen aus Hermann Hesses Gedicht »Stufen«:

Es wird vielleicht auch noch die Todesstunde
uns neuen Räumen jung entgegensenden,
des Lebens Ruf an uns wird niemals enden ...
wohlan denn, Herz, nimm Abschied und gesunde.

Zusammenfassung

In diesem Kapitel ging es um die stufenweise Entwicklung des Menschen, um günstige und ungünstige Bedingungen.

- Jedes Kind wird als »Prinz« oder »Prinzessin« geboren. Doch leider ist dies den meisten Eltern nicht bewusst. Sie verwehren ihrem Kind die Möglichkeit einer »königlichen Erziehung«. Über die nonverbalen Einschärfungen und aufgrund mangelnder Zuwendung verwandeln sich der »Prinz« oder die »Prinzessin« in kurzer Zeit in einen kleinen »Frosch«. Das schürt in den Eltern die Angst, aus ihrem Kind könnte nichts werden, und sie schicken schnell entsprechende »Antreiber« hinterher, die das Kind schöner, schneller, besser, angepasster machen sollen. Die Antreiber bewirken aber das Gegenteil von dem, was die Eltern wollen. Statt die Einschärfungen aufzuheben, verstärken sie diese.

- Nicht nur über die Erkenntnis, was in der Kindheit schief gelaufen ist, besteht die Möglichkeit zur Veränderung der Persönlichkeit. Sie kann auch über das Einüben eines anderen Verhaltens geschehen. Ich habe die besten Erfahrungen mit »Zweigleisigkeit« gemacht: erkennen *und* neues Verhalten lernen. Hier geht es auch darum, die ursprünglich »königliche« Haltung *einzuüben.*

- Unsere körperliche und seelische Entwicklung durchläuft etwa acht Stufen. Der Säugling entfaltet sich zum spielenden, lernenden, immer selbstständiger werdenden Kleinkind, zum Schulkind, zum Pubertierenden und zum jungen Erwachsenen. Für diesen werden dann die Generativität und schließlich die Integrität wichtige Zielpunkte. Mit jeder neuen Stufe sind auch neue Lebensaufgaben verbunden.

Check · Übung · Tipp

▶ Check

Entdeckungsreise in die Kindheit

Wenn Sie Fotos von sich selbst als kleines Kind besitzen, suchen Sie doch einige aus Ihrer Vorschulzeit und frühen Schulzeit heraus.

Schauen Sie, ob Sie in dem/der Zwei- bis Dreijährigen die »kleine Prinzessin«/den »kleinen Prinzen« entdecken und vielleicht auch, wann aus Ihrem Gesicht der Glanz des Königlichen gewichen ist.

Fragen Sie sich:

Wie sehe ich aus, mit zwei, mit drei, mit vier Jahren?
Bin ich eher klein, groß, dünn, pummelig?
Bin ich eher still, laut, zurückhaltend, draufgängerisch?
Bin ich eher fröhlich, traurig, ängstlich, mutig?
Was haben mir meine Eltern gesagt in diesem Alter?
Was wollten sie von mir?
Welche Botschaften gaben sie mir?
Welche Zuschreibungen?
Bekam ich eher Erlaubnisse oder Verbote?

Vergleichen Sie die Fotos der verschiedenen Lebensalter.

Gab oder gibt es möglicherweise noch ein »Frosch-Lebensgefühl« in Ihnen?

Verteilen Sie die Fotos aus Ihrer Kinderzeit eine Zeit lang in Ihrer Wohnung. Nehmen Sie möglichst oft Kontakt auf mit diesem kleinen Jungen/diesem kleinen Mädchen, der/das Sie einst waren und das immer noch (Ihr ganzes Leben lang) in Ihrem Inneren lebendig ist.

Tun Sie so, als gäbe es dieses Kind auch äußerlich noch. Lassen Sie es neben sich sein, sprechen Sie mit ihm, nehmen es mit zur Arbeit, setzen es dort unter Ihren Schreib- oder Verkaufstisch.

Das ist nicht verrückt. Und Selbstgespräche zu führen ist nicht nur für alte Menschen gut. Auf diese Weise kann man mit sich selbst besser Kontakt aufnehmen und sich selbst besser kennen lernen.

Also: keine Angst vor kleinen Kindern, vor allem nicht vor »Ihrem eigenen«!

Übung

Zeichnen Sie Ihre Lebenskurve

Um sich ein Bild Ihrer persönlichen Lebensstufen zu machen, können Sie sich ein Blatt Papier nehmen – DIN A4.

- Im unteren Drittel des Blattes, das quer vor Ihnen liegt, schreiben Sie an den linken Rand eine Null. Das ist der Zeitpunkt Ihrer Geburt. Dann ziehen Sie von da aus eine Linie quer über das Blatt bis zum rechten Rand und schreiben dort, also der Null gegenüberliegend, die Zahl des Alters, das Sie inzwischen erreicht haben, beispielsweise 45.

- Nun teilen Sie die Linie zuerst einmal in der Hälfte mit einem kleinen Strich, dann die jeweils beiden Hälften auch wieder mit einem kleinen Strich (nur ein winziger Markierungsstrich), diese Hälften wiederum, bis Sie lauter kleine Abschnitte erhalten, die Ihr Leben in Ein- oder Zwei-Jahres-Abschnitte einteilen.

- Und nun setzen Sie sich ganz entspannt hin und lassen vor Ihrem inneren Auge Ihr bisheriges Leben ablaufen – vom ersten Tag bis heute. Tragen Sie dann auf das vor Ihnen liegende Blatt die Höhepunkte und die Tiefpunkte Ihres Lebens ein, sodass Sie eine Kurve mit Bergen und Tälern bekommen, gleich einer Fieberkurve.

- Tragen Sie die Höhen und Tiefen auch für die ersten Jahre Ihres Lebens ein, selbst wenn Sie sich daran nicht erinnern können. Tragen Sie ein, was Ihnen *intuitiv* in den Sinn kommt. Denken Sie, wenn Sie diese Kurve zeichnen, nicht lange nach, lassen Sie Ihre *Intuition* walten.

- Schreiben Sie dann ein Stichwort über jede Höhe und Tiefe (die Tiefpunkte dürfen nicht unterhalb der durchgezogenen Linie liegen, die ja Ihre Lebenslinie symbolisiert).

- Wenn Sie damit fertig sind, drehen Sie das Blatt herum und ziehen wieder eine Linie quer. Jetzt schreiben Sie an den linken Rand Ihr heutiges Alter und an den rechten Rand das Alter, das Sie erreichen werden, also das in Ihrer Todesstunde.

Erschrecken Sie nicht und sagen Sie nicht: »Ich weiß doch nicht, wann ich sterben werde.« Doch – Sie wissen es oder Sie können es wissen. Lassen Sie sich einfach von Ihrer Intuition leiten.

Dann teilen Sie die Linie wieder in einzelne Abschnitte und tragen (auch *intuitiv)* die Höhen und Tiefen ein, die Ihr weiteres Leben voraussichtlich bestimmen werden.

Gerade mit dem zweiten Teil dieser Kurve gewinnen Sie, wenn Sie sich nicht scheuen, sie zu zeichnen, eine hervorragende Möglichkeit, Ihr eventuell noch vorhandenes Skript zu verändern.

Vielleicht hatten Sie sich als Kind aus irgendwelchen, damals für den kleinen Jungen/das kleine Mädchen einleuchtenden Gründen entschieden, nicht älter zu werden als Mama oder Papa, weil Sie dachten: »So ist das halt bei uns!« Oder Sie hegten damals die Überzeugung, Alter sei leidvoll und beschwerlich, weil Sie dies bei einem alten Menschen, der Großmutter oder dem Großvater beispielsweise, so erlebt hatten.

Jetzt haben Sie die Chance, diese alten Vorstellungen aufzugeben und *sich neu zu entscheiden* für ein Leben, wie Sie es leben wollen.

▶ Tipp

Arbeiten Sie eine Zeit lang intensiv mit einem möglichst großen Spiegel. Stellen und setzen Sie sich vor den Spiegel. Zuerst einfach so, wie Sie immer stehen und sitzen, und schauen Sie sich an – sehr genau und unerbittlich. Dann verändern Sie Ihre Haltung und Ihre Mimik in der von Ihnen gewünschten Weise. Proben Sie. Spielen Sie. Wie ein Schauspieler/eine Schauspielerin die »große Rolle« mit dem eigenen Lieblingshelden/der Lieblingsheldin einübt. Lernen Sie perfekt Ihre Lieblingsrolle: Sie selbst zu sein. Hier ist »Sei perfekt!« ein guter Antreiber, denn er soll zum Ziel führen.

Sagen Sie nicht: »Wenn ich das einübe, ist es doch unnatürlich. Ich will keine ›Rolle spielen‹, ich will ganz natürlich sein.« Doch wir alle spielen viele Rollen im Laufe eines Lebens. Meistens die, welche andere von uns erwarten. Nur leider spielen wir sehr selten oder gar nicht, wesentlich zu sein. Wir spielen nicht, das eigene Wesen ganz zu zeigen.

»Natürlich« ist unsere Schönheit in der entspannt aufmerksamen Haltung. Ein krummer Rücken, eine eingefallene Brust, hochgezogene Schultern, ein schiefer Kopf und ein missmutiges oder gar verbissenes Gesicht sind weder schön noch natürlich.

Seien Sie der König/die Königin, zu dem/der Sie geboren wurden.

Dabei ist es wichtig, die »Königin«/den »König« nicht als eine steife, arrogante Person zu sehen, die mit starrem Gesicht die Nase in die Höhe reckt. Die Nase bleibt unten, der Nacken lang und gestreckt, nicht abgeknickt, der Kopf sitzt locker und beweglich auf dem obersten Halswirbel, der Mund ist zu einem freundlichen Lächeln leicht geöffnet, und auch die Augen sind offen statt zusammengekniffen. Stellen Sie sich vor, ganz oben, am höchsten Punkt Ihres Kopfes wäre ein feines Band befestigt, an dem ein Engel, der auf einem Stern sitzt, Sie zärtlich ein wenig zu sich in die Höhe zieht. Nehmen Sie innerlich Verbindung auf zu diesem Engel, lächeln Sie ihm zu und bedanken Sie sich bei ihm, dass er Sie ermutigt, die aufrechte Haltung Ihrer natürlichen Würde zu zeigen.

Stellen Sie sich einen kleinen Spiegel dorthin, wo Sie telefonieren. Schauen Sie sich unerbittlich zu, während Sie sprechen. Lauschen Sie auch Ihrer Stimme. Ist sie klein wie die eines ängstlichen Kindes, hoch und schrill wie bei einer

Marktfrau, die ihre Kartoffeln anpreist? Ist sie so leise und undeutlich, dass der/die andere Sie kaum verstehen kann und genötigt ist, oft nachzufragen? – Dann ändern Sie Ihre Stimme. Üben Sie auch hier. Die Stimme eines natürlich schönen Menschen ist voll, warm und angenehm tönend.

Üben Sie!
Üben Sie!
Üben Sie!

Kapitel 5

Lebensgestaltung und der Faktor »Zeit«

Unser Ich ist leider ein bisschen beschränkt. Es lernt, was man ihm beibringt, aber ansonsten sieht es nicht weit über den Tellerrand hinaus. Diese begrenzte Sicht macht es unsicher und ängstlich. Die meisten Kinder, die mit dem Eintritt in den Kindergarten die Uhr lesen lernen, folgen ihr so blind wie die Graugänse dem Verhaltensforscher Konrad Lorenz als ihrer »Leitgans«. Letzteres geschah allein deshalb, weil sie in ihrer frühen Gänsekindheit nur ihn als »Bezugs-Gans« hatten.

Unser Bezug ist die Uhr, die außerhäuslich von jedem Rathaus läutet, von jedem Kirchturm schlägt und von den Nachrichtensprechern viele Male am Tag erwähnt wird. Das ist auch gut so, denn wir müssen pünktlich am Bahnhof, in der Firma, der Schule und auch wieder zu Hause sein.

Warten auf den Weihnachtsmann

Wir haben gelernt zu warten. Der Säugling wartet darauf, endlich gestillt zu werden; das Kleinkind will schnell wieder vom Töpfchen herunter; dann warten wir auf das Schulende; später warten wir auf das Wochenende, und manch alter Mensch wartet auf den Tod.

Einige warten auch ihr Leben lang auf den Weihnachtsmann. So nannte Eric Berne das Skript von Menschen, die es nicht schaffen, ihrem Leben einen erfüllenden Inhalt zu geben. Sie warten einfach passiv, dass etwas von außen kommt, das ihrem Leben Sinn verleiht. Der Märchenprinz vielleicht oder die schöne Prinzessin, die erlöst werden will. Oder eben der Weihnachtsmann, der einen großen Sack geheimnisvoller Geschenke vor ihnen ausschüttet.

Die meisten Menschen verbringen ihr Leben damit zu warten.

Doch der kommt nicht. Oft nicht einmal an Weihnachten. Und so vergeht das Leben, Tag für Tag, ohne dass das große Wunder geschieht. Keine Traumhochzeit, kein Lottogewinn, kein tosender Applaus auf der Bühne des Lebens. Das wars dann also? Da bleiben nur die Träume, Fantasien, Vorstellungen ... »Ach, es wäre so schön ...«

Lohnt sich dieses Warten? Gibt es Erfüllung, dieses ständige Auf-die-Uhr-Schauen? Oder schauen Sie nicht ständig auf die Uhr, weil Sie warten, sondern weil sie keine Zeit haben? Wären Sie schon glücklich, wenn Sie mal Zeit zum Warten hätten und zum Träumen?

Warum haben Sie die Zeit nicht? Weil es so viel zu tun gibt? Weshalb aber tun Sie so viel? Weil es eben getan werden muss? Von Ihnen? Warum ausgerechnet von Ihnen? Weil es Ihrem Leben Inhalt gibt? Haben Sie sich deshalb so viele Aufgaben geschaffen, um Ihrem Leben einen Sinn zu geben? Ist es also der Sinn Ihres Lebens, ständig auf die Uhr zu schauen, weil Sie keine Zeit haben?

Und ruck, zuck ist das Leben verronnen. Wo sind nur die vielen Jahre hin? Ihnen ist, als sei es gestern, dass Sie mit großen Kinderaugen in das Leben geblickt und sich vorgestellt haben: »Wenn ich einmal groß bin, dann werde ich ...« Ja – was? Was haben Sie davon verwirklicht? Nicht so viel oder gar nichts, weil es so viel anderes zu tun gab? Wer hat Sie beauftragt, dieses andere zu tun statt Ihr Eigenes? Niemand außer Ihnen selbst? Dann haben Sie es auch selbst gewählt, das ständige Auf-die-Uhr-Schauen, Keine-Zeit-Haben, Ihre Visionen dem Himmel zu überlassen?

Und – ist das gut so? Wenn ja, prima. Wenn nein, warum ändern Sie es dann nicht? Weil Sie keine Zeit haben? Oder weil Sie Ihre Zeit immer noch mit Warten zubringen? Weil

Sie so verstrickt sind in die Maschen Ihres bisherigen Lebensmusters, dass Sie gar nicht wissen, wo Sie anfangen können, es aufzuribbeln?

Wie viel Zeit haben Sie denn noch? Hoffentlich viel, doch Sie fürchten, es könnte zu wenig sein? Sie wissen es nicht? Nicht, weil man es nicht wissen kann, wie oft behauptet wird, sondern weil Sie es nicht wissen wollen. Was haben Sie in der Lebenskurve (Übung zum Kapitel 4) als Ihr Sterbejahr angegeben? Wie sind Sie darauf gekommen?

Zeit ist zeitlos

Sie, wir alle, wissen genau, wie es um uns steht. Im Grunde wissen wir sehr gut, was wir wollen und brauchen und wie viel Zeit wir uns dafür geben. Wir trauen uns nur nicht, dieses Wissen an die Oberfläche unseres Bewusstseins zu holen und zu verwirklichen. Wir glauben es auch nicht, wenn wir von modernen Physikern hören, dass es Zeit als unveränderliche Größe gar nicht gibt. Und wir tun uns schwer, die Aussage C. G. Jungs anzunehmen, dass das Unbewusste zeitlos sei, dass dort Vergangenheit, Gegenwart und Zukunft nicht getrennt sind und nicht in dieser Reihenfolge ablaufen.

Ein Leben ohne Uhr ist in unserer Gesellschaft undenkbar.

Diese Aussage ist allerdings in den nächtlichen Träumen leicht zu überprüfen. Da erleben Sie sich sowohl als Kind wie gleichzeitig als erwachsene Person, und es kann etwas erscheinen, das erst künftig in Ihr äußeres Leben treten wird. Das ist gar nicht geheimnisvoll, sondern nur natürlich. Unnatürlich ist das Leben mit der Uhr – doch inzwischen leider unerlässlich.

Der Uhrenzwang ist deshalb so fatal, weil er oft genug verhindert, dass wir unser Leben als erfüllend betrachten. Denn meistens schieben wir das Eigentliche auf, das, was unserem Leben Sinn verleihen könnte. »Wenn ich einmal groß bin …« – »Wenn ich erst verheiratet bin …« – »Wenn die Kinder aus dem Haus sind …« – »Wenn ich pensioniert bin, dann … werde ich reisen ...« Doch wenn es so weit ist, tun die Beine weh, mit den Rückenschmerzen schläft man am liebsten im eigenen gewohnten Bett, und im Grunde interessieren einen die Sehenswürdigkeiten ferner Länder gar nicht mehr so sehr. Kam ja alles schon im Fernsehen! »Ach«, tröstet man sich dann, »es ist doch ganz gut, dass im Alter die Interessen nachlassen. Das Leben wird dadurch beschaulicher, und außerdem spart man eine Menge Geld.« Aber wofür? Um es zu vererben? Um die Sicherheit zu haben, eines Tages in einem guten Altenheim unterzukommen, sich die besten Pfleger und Ärzte leisten zu können. Ist das also das Lebensziel – das beste Pflegeheim? Man kann ja nie wissen ...

Und doch, man könnte wissen. Sie und ich und alle können wir wissen, was wir wollen in und mit diesem Leben. Das Pflegeheim muss nicht unbedingt dazugehören. Es bietet uns lediglich einen geschützten Raum, in dem wir ungestört auf den Tod warten können.

Die wertvolle Lebenszeit wird oft sinnlos vergeudet.

Und die Alternativen? Hier sind einige nicht so empfehlenswerte. Berne hat den verschiedenen Arten, wie Menschen ihre Zeit verbringen, einige Geschichten um die Götter des griechischen Olymps zugeordnet.

Zeit-Mythen der unglücklichen Art

»Das schaffe ich *nie!*« – »Das werde ich *nie* verstehen« – »Ich werde *nie* den richtigen Partner für mich finden«, so sagen beispielsweise manche Menschen und folgen damit dem »Vorbild« des Tantalos, der zur Strafe *niemals* mehr essen und trinken durfte, obwohl er von den schönsten Früchten und klarsten Wassern umgeben war. Doch reichten diese nur so weit, dass er sie gerade nicht fassen konnte, denn er war festgebunden. Er litt die berühmten »Tantalosqualen«.

»Immer« – Skripts dagegen berichten von Arachne, die die Göttin Athene mit kunstvollen Webereien herausforderte. Zur Strafe (es gab viele Strafen auf dem Olymp, so wie in den Kinderzimmern heute) wurde sie in eine Spinne verwandelt,

die den Rest ihres Lebens *immer* nur Netze spinnen musste. Solche Skripts können von Eltern kommen, die ihren Kindern sagen: »Wenn es das ist, was du willst, kannst du es ja dein Leben lang so weitermachen.« Das heißt im Klartext: »Bleib immer bei einer einmal getroffenen Entscheidung – auch wenn sich diese als nicht besonders glücklich erweist.«

Oft prägen ständige Negativerwartungen das Denken und Handeln.

Wer erinnert sich aus seiner Schulzeit nicht an Damokles, dem es zunächst vergönnt war, sich seiner Königsherrschaft zu erfreuen, der aber *danach* ein an einem Pferdehaar hängendes Schwert über sich ertragen musste. »Das dicke Ende kommt nach ...«, so warnen Eltern ihre Kinder. Oder sie verkünden: »Den Vogel, der am Morgen singt, holt am Abend die Katz.« Und »Warte nur, bis du einmal verheiratest bist ...« klingt auch nicht weniger unheilverkündend.

Bekannt geworden ist auch Sisyphos, der dazu verdammt war, einen schweren Stein einen Berg hinaufzurollen, ihn jedoch kurz vor seinem Ziel losließ, sodass er wieder hinunterrollte. Daraufhin musste Sisyphos ihn wieder hinaufwälzen und hinunterkollern lassen. *Immer wieder.* »Beinahe hätte ich es geschafft ...« Oder: »*Immer wieder* passiert mir so etwas ...« Oder: »Ich war schon so nahe am Ziel – jetzt hat sich alles wieder zerschlagen ...«

Gibt es auch einen weniger tragischen Umgang mit der Zeit? Herakles hatte es vergleichsweise besser getroffen: Er musste zwar zwölf schwere Arbeiten verrichten, doch *dann* durfte er als König glücklich leben. »Erst die Arbeit, *dann* das Vergnügen«, so heißt es in vielen Familien. Oder die Mutter sagt zur Tochter: »Erst musst du zwei Kinder großziehen, *dann* darfst du machen, was du willst.«

In diesem »Bis-« oder »Erst-dann«-Skript steckt eine Lösung. Doch welche bessere Lösung für ein erfüllendes Leben gibt es?

Niemand hat Zeit

Wenn Sie das nächste Mal zu jemandem sagen: »Ich habe keine Zeit«, nehmen Sie doch bitte diesen Satz ganz wörtlich. Oder wenn jemand zu Ihnen sagt: »Ich habe keine Zeit«, dann antworten Sie: »Richtig. Niemand *hat* Zeit.«

Die Zeit ist weder ein Haus, das man erwerben kann, noch ein Auto, in dem man umherfährt. Sie ist weder »ein kostbares Gut«, wie sie gern poetisch verklärt wird, noch der »knöcherne Schnitter« im schwarzen Mantel, der mit seiner Sense das blühende Menschenleben dahinrafft.

Zeit kann man nicht *haben,* man kann sie allenfalls erleben oder auch nicht, kann in ihr verweilen oder mit ihr dahineilen. Zeit bezeichnet ein subjektives Gewahrsein, das der Mensch im Laufe seines sich wandelnden Bewusstseins immer wieder anders erfährt. Zeit ist also – ebenso wie Geld – völlig irrational. Sie kennen das sicher selbst: Manchmal vergeht Ihnen die Zeit »wie im Flug«, manchmal »zieht sie sich endlos dahin«, manchmal erwarten Sie sehnlichst einen bestimmten Zeitpunkt, und manchmal wünschen Sie, dass er noch lange auf sich warten ließe. Die Zeit, bis man den Liebsten/die Liebste trifft, mag »schier nicht vergehen«, und wenn man sich dann in den Armen liegt, »verfliegen Stunden wie Sekunden«. Warum? Es liegt daran, wie intensiv man in der Gegenwart ist. In den Armen des/der Geliebten vergisst man Vergangenheit und Zukunft, da zählt nur der Augenblick.

»Zeit« ist ein relativer und subjektiver Begriff.

So beschrieb auch Friedrich Schiller die »Gunst des Augenblicks«:

Aus den Wolken muss es fallen,
aus der Götter Schoß das Glück,
und der herrlichste von allen
Herrschern ist der Augenblick.

Das Glück finden im »Flow«

Ganz im Augenblick sein zu können und die Welt um sich herum zu vergessen, ist in der Tat der einzige Zugang zu wahrem Glück. Der ungarisch-amerikanische Psychologe Mihaly Csikszentmihalyi (1999) hat in jahrelangen, groß angelegten Untersuchungen zum Glücksgefühl, das er »Flow« nennt, herausgefunden, dass Menschen diesen Fließzustand, der sie glücklich macht, nur in der Konzentration und Aufmerksamkeit auf eine ganz bestimmte Tätigkeit erleben.

Herausforderungen zu meistern schenkt ein tiefes Glücksgefühl.

Sie befinden sich vollkommen im Augenblick, sind versunken in eine Aufgabe, die sie fordert, sind hingegeben an eine Betätigung, die ihnen Spaß macht. Was nicht heißt, dass dieses Tun unbedingt leicht sein muss. Und auch nicht, dass es sich um etwas aus dem Freizeitbereich handelt. Im Gegenteil, gerade bei einer Aufgabe, die schwierig ist, bei einer Tätigkeit, die den Geist fordert, stellt sich das »Flow«-Gefühl am leichtesten ein. Eine Arbeit, die als Herausforderung erlebt wird, in die man sein ganzes Können einbringen kann, erzeugt eher ein Glücksgefühl als ein Tun, das allzu einfach ist. Viele Menschen sind z.B. begeisterte – da arbeitet ihr Geist – Rätsellöser. Je kniffliger das Rätsel ist, desto mehr freuen sie sich, die Lösung endlich gefunden zu haben. Es darf allerdings nicht zu kompliziert oder gar unlösbar sein. Das würde sie entmutigen und ihnen die Freude daran rauben.

In der vierten Lebensstufe hat Erik Erikson diese Problematik dargelegt: Im »Werksinn« beschreibt er das Bedürfnis des Kindes, sich zu beweisen, das eigene Dasein positiv in sinnvollem Tun zu erleben. Ist die Aufgabe jedoch seinem Alter bzw. seinem Können nicht angemessen, überfordert sie das Kind, dann führt sie zu Minderwertigkeitsgefühlen und wird zur Qual.

Wenn wir unerfüllt sind, wenn wir uns langweilen bei dem, was wir tun müssen, oder wenn uns der Stress beinahe »auffrisst«, sind wir entweder Gefangene einer unbefriedigenden Vergangenheit oder einer drohenden Zukunft. »Es passiert nichts in meinem Leben«, dieser Seufzer ergibt sich aus einer Vergangenheit, die nicht so war, wie ich sie mir vorgestellt hatte, und »Um Gottes willen, es ist schon wieder viel zu spät!«, dieser Ausruf lässt eine Zukunft erwarten, die nichts Gutes bringt. »Entspann dich erst mal«, rät ein netter Partner, eine liebe Freundin. Und in Ihnen wird die Empfindung wach: »Oh nein, wie langweilig, da passiert doch wieder nichts!« Und deshalb fällt sie aus, die viel gepriesene Entspannung, denn sie lässt die innere Leere noch deutlicher werden.

Und was soll passieren?! Das Glück natürlich, das »Flow«-Gefühl. Das Fließen der Energie aus dem Zentrum heraus, das wir Seligkeit nennen. Aber wie ist das zu erreichen?

Grundbedürfnisse

Um das herauszufinden, müssen wir etwas von den Grundbedürfnissen des Menschen verstehen, die schon das Neugeborene mit auf die Welt bringt.

Von Geburt an hat der Mensch bestimmte Grundbedürfnisse.

Neben dem Verlangen nach körperlicher Versorgung (füttern und reinigen) erwachen schon bald drei weitere Bedürfnisse:

1. Es braucht *Zuwendung.* Es möchte gestreichelt und gekost werden, möchte in Mamas oder Papas Armen gekuschelt liegen.
2. Es braucht *Stimulation.* Es möchte unterhalten werden, wartet darauf, dass mit ihm etwas gemacht wird, das es freut.
3. Es braucht *Zeitstruktur.* Es möchte, dass sich Zeiträume in ihm aufbauen, an denen es sich orientieren, an die es sich innerlich halten kann.

Später im Erwachsenenleben sehen diese Bedürfnisse so aus:

1. Wir wollen gesehen und freundlich angelächelt werden, wollen, dass jemand mit uns spricht, fragt, wie es uns

geht, besorgt ist, wenn wir krank sind, sich mit uns freut, wenn es etwas zum Freuen gibt. Wir brauchen immer wieder Bestätigung von anderen, aber inzwischen auch durch uns selbst, uns ein bisschen auf die Schulter zu klopfen: »Gut hast du das gemacht, schau, was dir alles gelingt!«

2. Wir wollen Anregung, Unterhaltung. Wir sind begierig, immer wieder etwas Neues zu lernen; wollen etwas sehen, hören, riechen, tasten, was unseren Geist anregt. Wir brauchen Unterhaltung, die Spannung erzeugt (das »Flow«, die Fließenergie) oder uns herzhaft zum Lachen bringt. Nur ja keine Langeweile!
3. Wir wollen, dass unsere Tage, Monate, Jahre strukturiert sind. Dass es Abschnitte in der Zeit gibt, die uns zu verschiedenen Aktivitäten auffordern. Deshalb ist für manche Menschen der Urlaub problematisch, weil sie da nichts »müssen«. Langeweile droht sie einzuholen. Manche beugen vor, indem sie sich ein »volles Programm« schaffen. Nichtstrukturierte Zeit ist vor allem für Arbeitslose ein großes Problem.

Wie man seine Zeit verbringt

Eric Berne hat sechs verschiedene Möglichkeiten aufgezeigt, die Menschen benutzen, um ihre Zeit zu strukturieren.

Je nachdem, wie kommunikationsfreudig sie gerade oder generell sind, wählen sie, sobald sie mit anderen Menschen zusammentreffen, unter folgenden Formen:

Im Kontaktverhalten gibt es prinzipiell sechs Möglichkeiten.

1. Sie *kapseln sich ab,* sehen die/den andere/n nicht an, grüßen nicht, schauen weg, hängen ihren eigenen Gedanken nach oder entfernen sich wortlos. Auf der Straße, im Kaufhaus, in der U- oder Straßenbahn, im Zug, an der Tankstelle, im Supermarkt, aber auch auf großen Empfängen und langweiligen Partys lässt sich dies beobachten. Da ist es auch ziemlich normal. Wenn aber Mutter oder Vater aus Strafe mit dem Kind nicht sprechen oder wenn der

Partner/die Partnerin hartnäckig beleidigt schweigt, dann ist dieser Zustand für die Betroffenen höchst unangenehm und erzeugt Magen- oder Herzschmerzen und ein Gefühl von Einsamkeit. Nicht beachtet, »totgeschwiegen« zu werden, kann auf längere Zeit tatsächlich tödlich enden.

Unverbindliche freundliche Nettigkeiten heitern den grauen Alltag auf.

2. Sie setzen *Rituale, Floskeln* zur Kommunikation ein: »Guten Tag«, »Auf Wiedersehen«, »Schönes Wetter heute«, »Wie geht es Ihnen/dir?« (wobei man sich nicht wirklich für das Wohlergehen des/der anderen interessiert), »Ach, Sie sind auch da!«, »Mahlzeit!«, »Guten Appetit«, »Schönes Wochenende«, »Frohe Weihnachten« usw. Diese in unserem Kulturkreis eingebürgerten Rituale ermöglichen, auf schnelle und unkomplizierte Weise mit dem anderen Kontakt aufzunehmen und trotzdem in der Unverbindlichkeit zu bleiben. Menschen, die diese Rituale nicht »draufhaben«, werden entweder als unfreundlich und unhöflich betrachtet, oder sie fallen lästig, wenn sie statt des flüchtigen Grußes gleich eine lange Unterhaltung beginnen wollen.
3. Sie geben sich unverbindlichem *Zeitvertreib* hin – entweder alleine oder mit anderen. Dazu gehören Unterhaltungsspiele, Sport, Hobbys, man geht ins Kino, ins Konzert, ins Theater, setzt sich vor den Fernseher, liest ein Buch, geht in ein Restaurant, zum Einkaufen, auf den Fußballplatz usw. Bei all diesen Tätigkeiten gibt es mehr oder weniger intensive Kommunikationsmöglichkeiten. Wir sind relativ frei, ein Gespräch zu beginnen oder nicht, können uns einmischen oder heraushalten, ganz nach jeweiliger Stimmung. Auch hier bleiben die Kontakte unverbindlich.
4. Sie widmen sich bestimmten *Aktivitäten* oder *Arbeiten*. Hier wird es schon verbindlicher. Die täglichen acht Stunden im Job lassen Anonymität nicht zu, und auch wenn wir einige Stunden allein am Schreibtisch sitzen, im Garten Unkraut zupfen oder im Hobbykeller einen Drachen für die Kids basteln, zwingt uns das Produkt unserer Arbeit irgendwann, davon Zeugnis abzulegen. Wir lassen uns ger-

ne für die Zupf-Ausdauer loben, möchten, dass der Drache Jubelschreie erzeugt und das im Beruf verdiente Geld uns Anerkennung bringt. Diese Aktivitäten sollen also das Selbstwertgefühl erhöhen, und dafür braucht man die anderen, ihre Bestätigung oder gar Bewunderung.

5. Sie spielen ihre *Lieblings-Psychospiele.* In dieser Kategorie wird es eindeutig verbindlich. Mit dieser »Technik«, die wir alle in der Kindheit gut gelernt haben, kann man anderen auf den Pelz rücken und sich trotzdem gefühlsmäßig heraushalten. Diese Spiele bieten ein hohes Maß an Interaktion, verhindern jedoch, dass wir die wirkliche, echte Nähe erleben, nach der wir uns alle sehnen und die wir gleichzeitig fürchten. Im nächsten Kapitel komme ich ausführlicher zu dieser so beliebten Art, wertvolle Lebenszeit zu strukturieren.
6. Sie stellen *echte Nähe* her. Damit ist man bei der höchsten und schönsten Art des Kontakts angelangt. Sie wird auch als *Innigkeit* oder *Intimität* bezeichnet. Wenn wir das Wort »Intimität« hören, denken wir meist gleich an Sex. Doch Intimität oder Innigkeit brauchen überhaupt nichts Sexuelles zu beinhalten. Sex kann man, auch ohne wirkliche Nähe zu erleben, praktizieren. Sex kann so unverbindlich sein wie der unter 3. beschriebene Zeitvertreib. Wenn Sex aber mit wirklicher Intimität verbunden ist und somit »scham-los« wird, kann er höchste Erfüllung bedeuten.

Scham und Freude

Scham ist in der Tat ein großes Hindernis für das Sich-ganz-Einlassen, das Intimität bedeutet. Wenn wir mit einem Menschen wirklich intim sind, können wir uns zeigen, wie wir in Wahrheit sind. Dann sind wir ganz geöffnet, schauen dem/der anderen offen in die Augen und brauchen nichts zu verbergen (ohne alles sagen zu müssen). Dann sind wir natürlich und spontan, dann kommen unsere Worte und Gesten von Herzen und nicht vom Verstand.

Scham ist das größte Hindernis auf dem Weg zur Erfüllung.

Gerade deshalb meinen manche Menschen, wenn sie ganz natürlich, spontan sind, würden sie für dumm gehalten: weil der Verstand dann nicht korrigierend eingreift, weil sie sich nicht kontrollieren können. Spontaneität hat nichts mit Kontrolle zu tun, doch sehr viel mit Selbstwertgefühl. Nur wenn das stimmt, können wir uns loslassen, uns zeigen, wie wir wirklich sind, müssen nicht eine bestimmte Rolle spielen oder uns verstellen und verbergen.

Das ist unsere größte Angst und zugleich unsere größte Sehnsucht: erkannt zu werden.

Denn da ist die Scham. Sie hemmt die Erfüllung dieser Sehnsucht. Sie macht, dass wir uns schmerzvoll in uns selbst zurückziehen (siehe unter 1., »sich abkapseln«) und traurig den anderen zusehen, die sich scheinbar ungezwungen geben. Und wenn wir sie gar nicht mehr aushalten, die Zurückgezogenheit, die Einsamkeit, dann inszenieren wir ein Psychospiel, das uns anderen nur so weit zu erkennen gibt, wie wir es uns vorgenommen haben.

Wir schämen uns, zu sein, wie wir sind, weil wir die Erfahrung gemacht haben, dass wir so, wie wir sind, nicht recht sind – schon sündig auf die Welt gekommen und dann auf Schritt und Tritt Schuld auf uns geladen. »Wer bist du schon! Ein Niemand! Glaub ja nicht, dass du was Besonderes bist! Schau, was du wieder angerichtet hast! Kannst du nicht aufpassen! Entschuldige dich! Das musst du wieder gutmachen!«

Liebe ist die Basis für echte, tiefe Freude.

Verängstigt, verschreckt ziehen wir uns in uns selbst zurück wie die Schnecke in ihr Haus, sobald man ihre Fühler, diese zarten Antennen für den Selbstschutz, berührt.

Sich wirklich zu erkennen zu geben gelingt nur, wenn man sich geliebt weiß, wenn man in dieser Gewissheit lebt und sich ganz in diese Geborgenheit hineinfallen lassen kann. Wem das vergönnt ist, dem gelingt das Leben. Mit oder ohne Plan.

Lassen wir noch einmal Friedrich Schiller zu Wort kommen. In der Ode »An die Freude«, die Beethoven in seiner 9. Sinfonie so wunderbar zum Klingen gebracht hat, heißt es:

Wem der große Wurf gelungen
eines Freundes Freund zu sein,
wer ein holdes Weib errungen
mische seinen Jubel ein.
Ja, wer auch nur eine Seele
sein nennt auf dem Erdenrund.
Und wer's nie gekonnt, der stehle
weinend sich aus diesem Bund.

Ein hartes Urteil. Wer nicht in der Liebe ist, hat sie höchstwahrscheinlich nie wirklich erlebt. Ist er/sie als Sünder in diese Welt gekommen, ohne Absolution zu erfahren? Oder ist er/sie doch als »Prinz«/»Prinzessin« geboren und nur in der Geburtsurkunde steht: »Frosch: Schäm dich!« Und das soll ein Leben lang gelten?! Schließlich kann man seine Geburtsurkunde nicht ändern!

In der eigenen Seele schlummert alles, was man braucht. Auch die Liebe.

In Therapien erlebe ich es immer wieder, dass jemand sagt: »Ich kann nicht lieben, weil ich die Liebe nie erfahren habe.« Diese Menschen gehen irrtümlich davon aus, dass man nur das kann, was man von außen erhalten hat. Doch so stimmt es nicht. Jeder Mensch kommt ganzheitlich auf die Welt, ist also mit allem ausgestattet, was er/sie für dieses Leben braucht – auch mit Liebe. Es ist natürlich schön, wenn er/sie bei Eltern aufwächst, die es verstehen, diese Gefühlsqualität im Kind aufzurufen, indem sie es mit ihrer Liebe umgeben. Doch wenn Eltern dies – aus welchen Gründen auch immer – nicht tun, muss das Kind und der spätere Erwachsene darüber nicht verzweifeln. Er/sie muss nicht ein Leben lang an diesem Mangel darben – wenn es auch traurig genug ist, dass es ihn gibt.

Er/sie kann in sich die Liebe aufrufen, die als Ressource in seiner/ihrer Seele schlummert und nur darauf wartet, geweckt zu werden. Mithilfe eines anderen Menschen ist das natürlich einfacher. Zur Not geht es aber auch alleine – indem man den inneren Helfern sein Leid klagt und sie bittet, das zu senden, wonach man sich sehnt. Wie das geht, können Sie in Kapitel 10 nachlesen.

Zusammenfassung

In diesem Kapitel drehte sich alles um unseren Umgang mit Zeit und wie wir sie nutzen.

- Manche Menschen warten ihr Leben lang auf den »Weihnachtsmann«, oder sie hasten durchs Leben, als sei der Teufel hinter ihnen her. In beiden Fällen versäumen sie ihr Leben und finden nicht die Erfüllung, nach der wir alle uns sehnen.

- Eric Berne hat anhand einiger griechischer Mythen unterschiedliche Arten der Zeitstrukturierung herausgearbeitet. Die Kenntnis dieser Mythengestalten macht uns vertraut mit den Arten von Skripts, in denen Menschen sich einrichten, um nicht wirklich ganz sie selbst sein zu müssen, weil dies zu große Angst auslöst.

Noch einmal zur Erinnerung:

Tantalos darf *nie* von den guten Früchten (des Lebens) essen.

Arachne muss *immer* nur das machen, wofür sie sich einmal entschieden hat.

Damokles darf es erst gut gehen, doch *danach* wartet das Unheil auf ihn.

Sisyphos muss seinen Stein *immer wieder* den Berg hinaufrollen.

Herakles muss *erst* seine Arbeiten verrichten, dann darf er glücklich sein.

- Der Mensch braucht außer der Befriedigung seiner körperlichen Bedürfnisse die Beachtung von drei weiteren Grundbedürfnissen:

  - Zuwendung
  - Stimulierung
  - Zeitstrukturierung

Man kann seine Zeit auf sechs verschiedene Arten verbringen:

1. sich abkapseln
2. Rituale pflegen
3. sich irgendwie die Zeit vertreiben
4. Aktivitäten, Arbeiten nachgehen
5. Psychospiele inszenieren
6. echte Nähe, Innigkeit zulassen

Sich so zu zeigen, wie man wirklich ist, löst Scham und Angst aus und wird daher häufig vermieden.

Check · Übung · Tipp

▶ Check

In welchem Mythos sind Sie gefangen?
Achten Sie doch einmal bewusst auf Ihre Sprache: Verwenden Sie häufig eines dieser Worte?

nie
immer
danach
immer wieder
erst – dann

Stellen Sie fest, bei welchem Mythos Sie sich spontan erkannt haben, und notieren Sie die Situationen, die der Struktur dieses Mythos ähnlich sind. Wahrscheinlich gibt es viele wichtige Begebenheiten in Ihrem Leben, die stets nach demselben Muster, in diesem Fall derselben Zeitstrukturierung, abgelaufen sind. Schreiben Sie diese Erlebnisse auf. Versuchen Sie herauszufinden, wann Sie zum ersten Mal in Ihrem Leben, also schon in der Kindheit, mit dieser Zeitvorstellung in Kontakt geraten sind.

Erinnern Sie sich an bestimmte Sprüche, die in Ihrer Herkunftsfamilie häufig zitiert wurden, z. B. »Morgenstund hat Gold im Mund« oder »Erst die Arbeit, dann das Vergnügen«? In diesem Fall haben Sie vielleicht ein »Erst – dann«-Skript entwickelt. Oder wurde oft ein Unheil prophezeit (Damokles-Skript)?

Bestanden Ihre Eltern darauf, dass Sie das, was Sie einmal angefangen haben, unbedingt zu Ende bringen (Arachne-Skript)?

Gab es Redewendungen wie »Du wirst nie ... eine ordentliche Hausfrau, eine gute Mutter, ein tüchtiger Geschäftsmann, ein erfolgreicher Sportler!« (Tantalos-Skript)?

Oder gab es Klagen wie »Wir werden uns immer wieder abmühen müssen«, »Immer wieder passiert uns so etwas!« (Sisyphos-Skript)?

Und wenn Sie die Art der Zeitstrukturierung, für die Sie sich einst entschieden, herausgefunden haben, achten Sie auf Ihre Sprache. Denn Sprache drückt das dahinter liegende Denken bzw. die Überzeugungen aus, die wir zu den unseren gemacht haben. Und dieses Denken beeinflusst unser Handeln und unser Wohlgefühl. Wir können also auch bei der Sprache beginnen, wenn wir unser Skript verändern bzw. wenn wir es auflösen wollen.

▶ Übung

»Auge in Auge«

Für diese Übung brauchen Sie einen Partner/eine Partnerin. Das muss kein Ihnen nahe stehender Mensch sein. Sie können auch einen netten Arbeitskollegen/eine gute Bekannte bitten, diese Übung mit Ihnen zu machen. Er oder sie wird auch viel davon profitieren.

- Setzen Sie sich auf zwei Stühle einander gegenüber, so nahe, dass Sie sich gerade nicht mehr mit den Knien berühren. Stellen Sie eine Stoppuhr auf zwei Minuten.

- In diesen zwei Minuten schauen Sie sich unentwegt in die Augen. Sprechen Sie nicht miteinander. Schauen Sie sich nur an – nicht irgendwohin, sondern direkt in die Augen.

Wenn Ihnen dies zwei Minuten lang keine Schwierigkeit bereitet, dann ist auch wirkliche Nähe für Sie kein Problem. Merken Sie hingegen, dass Ihnen warm bis heiß wird, Sie unruhig werden und Gedanken wie ein Feuerwerk durch Ihren Kopf sausen, z. B.: »Was denkt er/sie jetzt bloß über mich?« – »Das ist ja schrecklich, mich so zu zeigen!« – »Wann sind die zwei Minuten denn endlich um?«, dann sind Sie nicht gewohnt, Innigkeit »scham-los« zuzulassen.

Wenn Sie die zwei Minuten nicht durchhalten und die Übung nach kurzer Zeit abbrechen oder anfangen zu sprechen, ist viel Angst in Ihnen, sich so zu zeigen, wie Sie wirklich sind. In diesem Fall brauchen Sie ganz dringend gute innere Helfer. Lesen Sie das Kapitel 10.

Tipp

Schreiben Sie sich wieder einige Affirmationskärtchen. Zum Beispiel:

- *»... und der herrlichste von allen Herrschern ist der Augenblick.«*
- *Ich bin ganz aufmerksam bei dem, was ich gerade tue.*
- *Konzentration auf den Augenblick macht mein Leben reich.*
- *Hingabe ist das Glück des Lebens.*
- *Ich gebe mich dem Leben hin, bin ganz bei dem, was ich gerade tue.*
- *Ich beglücke mich mit »Flow«, indem ich ganz im Hier und Jetzt bin.*
- *Ich darf »scham-los« sein, weil ich so, wie ich bin, in Ordnung bin!*
- *Ich bin liebenswert. Ich kann mich zeigen!*

Scheuen Sie sich nicht, all diese Sätze aufzuschreiben und immer wieder laut vor sich hin zu sagen. Überwinden Sie die Scham vor sich selbst! Sie sind wirklich liebenswert und ganz o.k.

Kapitel 6

»Spiele der Erwachsenen« und die Rolle der Lebenspläne

Im vorigen Kapitel wurden sie schon angesprochen als eine Möglichkeit, seine Zeit zu verbringen: die »Psychospiele«, die im Alltag so beliebten wie unbewussten »Spiele der Erwachsenen« (Eric Berne hat ein Buch mit gleich lautendem Titel darüber geschrieben), die dazu dienen, andere zu manipulieren, Macht auszuüben, sich in Abhängigkeiten zu verstricken und das einmal gewählte Skript aufrechtzuerhalten. Es handelt sich hierbei nicht etwa um harmlose Gesellschaftsspiele in der Art von »Mensch ärgere dich nicht«, »Skat« oder »Monopoly«. Es sind menschliche Kommunikationsformen, die ihren Ursprung in alten Denk-, Fühl- und Verhaltensmustern haben. Erwachsene benehmen sich dabei untereinander so, wie sie es als Kinder in ihrer Familie, ihrer Umgebung gelernt haben.

Ein Beispiel aus meiner Praxis soll Ihnen deutlich machen, worum es hier geht. Dieses Spiel ist jedoch nicht nur in Therapiesitzungen sehr beliebt. Auch in anderen Zusammenhängen – am Arbeitsplatz oder unter Freunden – wird es häufig gespielt.

»Shortcut« einer Gruppensitzung

Stellen Sie sich einen Raum vor, in dem 13 Stühle zu einem Kreis formiert sind. Darauf sitzen 12 Menschen, 8 Frauen und 4 Männer, auf dem 13. Stuhl nimmt gerade die Psychotherapeutin Platz. (Sie können sie auch durch einen Therapeuten ersetzen.)

Sie befinden sich in einer psychotherapeutischen Gruppensitzung.

Die »Psychospiele« der Erwachsenen dienen dazu, andere zu manipulieren und sich stark zu fühlen.

Zunächst herrscht beklommenes Schweigen. Die meisten Gruppenteilnehmer halten ihren Blick zu Boden gesenkt, einige studieren auch die Zimmerdecke, als gäbe es dort etwas Besonderes zu beobachten. Für diese Teilnehmer ist es erst die zweite Therapiesitzung, sie kennen sich noch nicht so gut, die Therapeutin kennt sie auch noch nicht, niemand weiß also so recht, was nun geschehen wird. (Wenn Sie diese Gruppe nach einem halben oder einem ganzen Jahr wiedersehen würden, wären Sie über das fröhliche, angeregte Geplauder zu Beginn der Sitzung erstaunt.)

In dieses anfängliche Schweigen hinein fragt die Therapeutin:

»Wer möchte beginnen?«

Schweigen.

Doch jetzt richtet sich – ganz mutig – einer der Männer (er heißt Oskar) in seinem Stuhl auf, räuspert sich und sagt:

»Ich hab da ein Problem.«

(Was eigentlich heißt: *»Bemühe dich um mich!«*)

Die anderen acht Personen schauen Oskar hilflos an. Doch die Therapeutin ahnt, wie es weitergehen wird.

Da beißt auch schon eine der Frauen (sie heißt Hilde) auf den von Oskar ausgelegten Köder an und sagt:

»Lass mal hören.«

(Was wiederum eigentlich meint: *»**Ich** kann dir helfen.«*)

Oskar guckt sie einen Moment lang verdutzt an, dann antwortet er:

»Ich komme mit einem Kollegen nicht zurecht – der unterdrückt mich …«

(Was bedeutet: *»Sieh mal zu, ob du eine Lösung findest, die ich nicht aus irgendeinem Grund ablehnen kann.«*)

Hilde, keck und selbstbewusst:

»Du könntest doch mal mit ihm darüber sprechen.«

(Und meint damit: *»Bin ich nicht toll, das Problem direkt anzugehen?!«)*

»Ja, aber ...!«

Oskar, ohne Gemütsregung:
»**Ja,** das hab ich schon probiert – **aber** es nützt nichts.«
(Darunter liegt: *»So toll bist du auch wieder nicht.«)*

Hilde, mit entschlossenem Stirnrunzeln, gibt ihm den nächsten guten Ratschlag:
»Dann hau doch mal mit der Faust auf den Tisch!«
(Und meint damit: *»**Ich** hätte den Mut dazu!«)*

Oskar, seufzt: »**Ja,** das wär toll, **aber** es geht nicht, sie würden mich rausschmeißen.«
(Womit er eigentlich sagt: *»Komm dir doch nicht so großartig vor.«)*

Hildes Stimme wird ein bisschen leiser, aber noch gibt sie nicht auf:
»Dann beschwer dich doch bei deinem Vorgesetzten.«
(Untergründig wird sie ein wenig ärgerlich: *»Stell dich nicht so an, tu endlich was!«)*

Oskar legt eine kleine Pause ein – wie ein guter Erzähler, um die Spannung noch zu erhöhen. Dann sagt er, und es klingt triumphierend:

In den »Psychospielen« kommt das innere Kind des Betreffenden zum Vorschein.

»**Ja** ... (Pause) ..., das hab ich mir auch schon überlegt ... (Pause) ..., aber die beiden sind befreundet.«
(Ein kleines Lächeln erscheint auf seinem Gesicht, weil er denkt: *»Jetzt steigst du wohl von deinem hohen Ross herunter!«)*

Hilde fällt ein wenig in sich zusammen, holt tief Luft und setzt zu einem letzten Rettungsversuch an:
»Dann kündige!«
(Innerlich seufzt sie kleinlaut: *»Gibs auf!«)*

Was macht Oskar? Er sitzt jetzt kerzengerade, hoch aufgerichtet auf seinem Stuhl, schaut wie ein Olympiasieger triumphierend in die Runde und spielt seinen Joker aus:
»Bei der heutigen Arbeitsmarktlage? Du spinnst wohl!«

(Und sein inneres Kind streicht den Skriptgewinn ein: *»Da siehst du's wieder, die kann dir auch nicht helfen.«*)

Spiele bringen kurzfristig scheinbar Gewinne.

Oskar nickt zufrieden und bringt sogar ein wenig Mitleid für Hilde auf, die ganz erschöpft und geknickt in ihrem Stuhl zu einem Häuflein Elend zusammengesunken ist.

Nun mischt sich die Therapeutin ein:
»Wie geht es dir jetzt, Hilde?«

Die Angesprochene rafft sich auf, ein wenig erstaunt darüber, dass sich jemand für sie interessiert, und antwortet: »Schlecht.«

Therapeutin: »Wieso schlecht?«

Hilde: »Na, weil ich ihm doch helfen wollte, und er ließ sich nicht helfen.«

Therapeutin: »Woher weißt du denn, dass Oskar Hilfe wollte?«

Hilde: »Na, er hat das doch gesagt, er hat doch um Hilfe gebeten.«

Therapeutin: »So? Davon hab ich nichts gehört.«

Hilde schaut sie mit großen Augen an:
»Nicht? Hat er das nicht gesagt?«

Therapeutin: »Nein, das hat er nicht gesagt.«
Und zu Oskar gewandt: »Weißt du noch, wie du dieses Gespräch eingeleitet hast?«

Oskar: »Nein, äh …, ich, ich hab gesagt …, nein, ich weiß nicht mehr.«

»Ich weiß es«, sagt einer der anderen Männer. »Er hat gesagt: ›Ich hab da ein Problem.‹«

»Ja, genau«, bestätigt die Therapeutin, »er hat also lediglich eine Feststellung getroffen.«

»Aber das weiß doch jeder, dass hinter so einer Aussage eine Bitte nach Hilfe steht«, mischt sich jetzt eine andere Gruppenteilnehmerin ein.

»Ja, es stimmt«, bestätigt die Therapeutin, »dass diese Art der Kommunikation gesellschaftlich weit verbreitet ist. Doch ihr seht, wo man damit landet – nämlich mitten im Kind-Ich, das sich hilflos gibt, damit jemand anderer die Initiative ergreift und damit auch die Verantwortung übernimmt.«

»Das heißt«, fragt Oskar, »dass ich nicht selbst für die Lösung meines Problems verantwortlich sein möchte?«

Therapeutin: »Ja, das heißt es. Wenn du jedoch noch genauer hinschauen willst, dann stell mal fest, **ob** du wirklich ein Problem gelöst haben wolltest.«

Oskar überlegt eine Weile und meint dann, ein wenig kleinlaut, aber auch erleichtert:
»Nun, eigentlich ist dies gar nicht mein Problem ..., äh ... beziehungsweise nicht eins, was sehr wichtig ist ...«

»Was ist dann wichtig?«, fragt die Therapeutin.

Jetzt wird Oskar ein bisschen rot. Er sieht richtig verlegen aus, aber auch ganz liebenswert. Alle können plötzlich den kleinen Jungen sehen, der er einmal war: ein wenig schüchtern, ein wenig pfiffig, so ein richtiger kleiner Dreikäsehoch mit großen blauen Augen, Sommersprossen und rötlichen Haaren, die ihm vom Kopf abstehen.

Alle Gruppenteilnehmer beginnen zu lächeln, sehen auf einmal offen aus, und eine Atmosphäre liebevoller Zuwendung erfüllt den Raum.

»Na«, ermuntert die Therapeutin Oskar.

Wer echte Offenheit zulassen kann, braucht keine Psychospiele.

»Ich ..., ich ..., ich wollte eigentlich nur gestreichelt werden. Also, ich wollte eigentlich nur, dass ihr euch mir zuwendet, dass ihr euch für mich interessiert, dass ihr nett zu mir seid.«
Alle lachen und strahlen Oskar an.

Jemand sagt: »Ich mag dich.«

Es klingt echt, und Oskar strahlt zurück.

»Okay«, meint die Therapeutin, »das ist in Ordnung. Und das nächste Mal, Oskar – oder wer auch immer –, sagst du gleich, was du wirklich willst. Hier in der Gruppe kannst du lernen, ganz offen zu sagen, was du möchtest. Hier braucht ihr eure Spiele nicht. Es sei denn, um aus ihnen zu lernen, um zu erkennen, warum ihr sie spielt beziehungsweise welches Bedürfnis sich dahinter versteckt.«

»Wenn die anderen sehen, wie ich wirklich bin ...«

Bei den »Spielen der Erwachsenen«, ebenso wie bei dem beliebten Kinderspiel »Verstecken«, geht es um das Gefundenwerden. »Ich verstecke mich, damit du mich finden kannst«, dies ist sozusagen der Slogan, der beide Spiele, das der Erwachsenen und das der Kinder, überschreibt. Auch in jedem Erwachsenen gibt es ein Kind, das Kind, das er/sie einst gewesen ist. Zwar haben wir auf unsere Vergangenheit keinen Einfluss mehr, dennoch lebt sie in uns weiter. Schließlich waren wir alle einmal Kinder, selbst wenn wir daran nicht mehr denken oder mit unserer Vergangenheit nichts mehr zu tun haben wollen.

Wenn nun dieses Kind, das er/sie einst gewesen ist, nicht in der Art und Weise gesehen wurde, wie er/sie es gebraucht hätte – nämlich voll und ganz und mit Liebe, Anerkennung und Respekt, und das sehr oft –, wird dieser Mensch in seinem späteren Leben immer wieder versuchen, das so nötige Gesehen-Werden zu erreichen. Unbewusst wird er/sie sich alles Mögliche einfallen lassen, um die Aufmerksamkeit anderer zu erregen. Er/sie wird sich so verhalten, dass die anderen in eine Beziehung hineingelockt werden, jedoch aufgrund des einstigen Mangels nicht in eine wirklich gute, enge Beziehung, sondern in eine, die »ungefährlich« ist, die stets ein Hintertürchen offen lässt, durch das er/sie, wenn allzu viel Angst machende Nähe droht, wieder entwischen kann.

»Psychospiele« verhindern echte und innige Beziehungen.

»Wenn die anderen sehen, wie ich wirklich bin«, wird oft fantasiert, »dann sehen sie ja auch all meine Fehler, meine Schwächen, meine Hässlichkeit und Unzulänglichkeit. Dann sehen sie, dass ich nicht viel wert bin. Und dann sind sie enttäuscht von mir und wenden sich ab. Oder sie lachen über mich.« Solche Selbsteinschätzungen sind überhaupt nicht übertrieben, sie sind – leider! – gang und gäbe.

Woraus resultieren sie? Aus der mangelnden Beachtung und Bestätigung für das Kind damals. Zum Aufbau eines gesunden, stabilen Selbstbewusstseins gehört, dass nicht nur das Baby, sondern auch noch das ältere Kind wie ein kostbarer Schatz behandelt wird. Es muss das Gefühl vermittelt bekommen, das Allerwichtigste auf der ganzen Welt, ja – zumindest für Vater und Mutter – der Mittelpunkt dieser Welt zu sein.

Es ist also einerseits das mangelnde Selbstwertgefühl, andererseits die Sehnsucht nach Angenommen- und Geachtetsein, die diesen Spielen der Erwachsenen, den »Psychospielen«, zugrunde liegen. Anders gesagt: Ein Mensch, der nicht sehr viel von sich selbst hält, leidet – ob bewusst oder unbewusst – unter dem Sich-unwert-Fühlen, und es tritt – bewusst oder unbewusst – das Bedürfnis nach Zuwendung auf. Er/sie versucht deshalb, die ersehnte Zuwendung auf *versteckte* Art zu erhalten. Er/sie traut sich nicht zu sagen: »Wende dich mir bitte zu. Ich möchte so gerne, dass du mich in den Arm nimmst oder mir einen Tee kochst oder einfach nur sagst: ›Ich mag dich‹.«

»Psychospiele« werden häufig unbewusst inszeniert und unbewusst mitgemacht.

Weil er/sie sich unwert fühlt, kann er/sie dieses Bedürfnis nicht aussprechen. Doch nicht nur das, es ist ihm/ihr meist gar nicht bewusst. Es herrscht da nur so ein diffuses Gefühl von Unzufriedenheit, Missmut oder Traurigkeit. Und aus diesem Gefühl heraus wird dann – wieder unbewusst – ein »Spiel« inszeniert. Potenzielle Mitspieler gibt es genug – leider viel mehr als Spielverweigerer.

Seelisch gesunde Menschen, d. h. solche, die über ein stabiles Selbstwertgefühl verfügen, aufgrund dessen sie autonom und spontan handeln, fallen auf so genannte Spielangebote nicht herein. Sie spüren meist ganz schnell, dass etwas nicht stimmt – auch wenn sie nicht sofort sagen könnten: »Da soll ich in ein Spiel verwickelt werden.« Ihr gutes Gefühl warnt sie einfach. Das gute Gefühl ist situationsangemessen. Es signalisiert ihnen die Abwertung, die in jedem »Spielangebot« steckt.

Darüber mehr in der nächsten Szene.

Szene einer Ehe

Ein Ehepaar, Clara und Max, kommt von einem Abendspaziergang zurück. Sie sind beide recht fröhlich, lachen miteinander, necken sich ein wenig. Sie zündet einige Kerzen an, er schenkt zwei Gläser Wein ein, legt eine Schallplatte auf. Leise, verträumte Musik erklingt. Er setzt sich auf das Sofa, sie kuschelt sich an ihn, nippt an ihrem Glas.

Er beginnt das Thema

Er: »Darf ich dir noch was erzählen?«
Sie: »Oh ja, natürlich!«
Er: »Hm.«
Sie, erwartungsvoll: »Na, was ist es denn? Du machst es ja richtig spannend.«
Er: »Ach, es ist ein Traum, den ich heute Nacht hatte. Ich weiß nicht so recht, ob er dich überhaupt interessiert.«
Sie, erstaunt: »Aber du weißt doch, mein Schatz, dass Träume mich sehr interessieren – deine ganz besonders.«
Er: »Ja, ich weiß, du interessierst dich für Träume. Aber, äh …«
Sie: »Ja?«
Er: »Ja, also, der Traum ist ein bisschen pikant.«
Sie kuschelt sich noch näher an ihn, ihre Augen leuchten: »Oh, das ist ja toll, das mag ich.«
Er, hüstelt: »Also …, ich hab geträumt …, ich hatte mit einer Kollegin, Frau B., du kennst sie ja vom letzten Betriebsausflug, weißt du noch, sie saß beim Abendessen mit an unserem Tisch …«
Sie: »Ja, ja, ich weiß, die etwas Pummelige mit den blonden Locken.«
Er: »Genau, die wars.«
Sie: »Und was war da, was hast du von der geträumt?«
Er: »Nun, ich hab geträumt …, äh …, ja, ich weiß auch nicht, warum …, das ist schon komisch …«

Ihre Stimme wird drängender, als sie ihn nochmals ermuntert, nun endlich seinen Traum zu erzählen.
Während er dann spricht, hält er seinen Blick fest auf sie gerichtet, schaut sie prüfend an und sagt:
»Ich hatte ein Intimerlebnis mit ihr ..., ich ... hab mit ihr geschlafen ...«
Sie rückt merklich von ihm ab, aber ihre Stimme ist noch wohlwollend, Verständnis übend, fast ein wenig therapeutisch, als sie meint:
»Also, Träume haben ja wohl in erster Linie etwas mit dem Innenleben des Träumers zu tun.«
Er nickt versonnen.
Jetzt richtet sie sich zu ihrer vollen Größe auf, schaut ihm direkt mit klarem Blick in die Augen und fragt:
»Wie stehst du denn real zu dieser Frau?«
Er, immer noch versonnen, lächelnd:
»Ich finde sie schon attraktiv ...«
Seine Worte klingen, als verlören sie sich in weiter Ferne.
Sie schweigt, mit zusammengepressten Lippen. Nur ihr nervös wippender rechter Fuß zeigt, dass sie innerlich nicht so ruhig ist, wie es äußerlich den Anschein hat.
Er schweigt auch, mit verklärtem Gesichtsausdruck.
Sie, nach einer Weile: »Ich warte.«
Er: »Worauf? Willst du, dass ich dir den Traum im Einzelnen erzähle?«

Da steht sie abrupt auf, rauscht aus dem Zimmer und knallt die Tür hinter sich zu. Ein entspanntes Lächeln macht sich auf seinem Gesicht breit, er greift nach dem Weinglas und trinkt genüsslich einen großen Schluck.

Das Nachspiel

Sie liegt im Bett und schluchzt. Ziemlich lange. Endlich kommt er, leise vor sich hin pfeifend. Sie sieht aus, als koche sie vor Wut. Er nimmt davon keine Notiz, sondern zieht sich in aller Seelenruhe aus, immer noch pfeifend. Sie schluchzt lauter. Sein Pfeifen verstummt. Scheinheilig fragt er: »Warum weinst du?«

Sie wirft sich auf die andere Seite. Er besteht nicht auf einer Erklärung, geht ins Bett. Nach kurzer Zeit schnarcht er selig.

Spiele laufen ziemlich stereotyp ab, da gibt es wenig Individuelles.

Das ist zu viel für sie. Empört setzt sie sich auf, schaltet die Nachttischlampe wieder ein und beginnt, ihm Vorwürfe zu machen. Da er nicht reagiert, rüttelt sie ihn wach. Er reibt sich verschlafen die Augen und fragt sie erstaunt, was denn los sei. Diese Frage gibt ihr den Rest, sie packt ihr Bettzeug und verlässt den Raum.

Das Ergebnis
Der Morgen danach. Beide sitzen am Frühstückstisch, sie mit verheulten Augen, er gut ausgeschlafen.

Er beendet das Thema

Er, wieder ein bisschen scheinheilig:
»Was war denn eigentlich gestern Abend?«
Sie, mit trauriger Stimme (da die Wut inzwischen verraucht ist):
»Ich weiß es auch nicht. Alles hatte doch so schön angefangen. Erst der Spaziergang bei Vollmond, dann der Wein und die Musik ... Ich hatte mich schon so auf eine Liebesnacht mit dir gefreut. Und dann erzählst du mir diese schreckliche Geschichte.«
Er, erstaunt: »Welche schreckliche Geschichte?«
Sie: »Na, dass du was mit dieser Frau hast.«
Er, konternd: »Erstens hab ich nichts mit dieser Frau, ich hab nur von ihr geträumt, und zweitens hast du doch ganz deutlich gesagt, ich solle dir den Traum erzählen.«

Verwirrt und traurig sitzen die beiden am Tisch und wissen nicht weiter. Sie wissen deshalb nicht weiter, weil sie nicht gewohnt sind, ihre inneren, versteckten Motive zu reflektieren. Woher auch? Man kann zwar alle möglichen Techniken im Leben erlernen, doch über Selbstreflexion und verdeckte Kommunikation gibt es nur wenig Kurse.

Spielthema »Sex«

Schauen wir uns das Spiel von Clara und Max aus transaktionsanalytischer Sicht an:

Es geht um Sex. Der Spielverlauf ist so, dass die Situation des Abends – beiden geht es offenbar gut – zur aktiv gelebten Sexualität einlädt. Das spüren sie, auch wenn sie es sich wahrscheinlich nicht bewusst machen. Nun gibt es aber gerade in diesem Bereich Schwierigkeiten. Beide haben Ängste, sich hinzugeben, sich voll dem anderen zu überlassen, ganz in ihre Lust einzutauchen. Diese Ängste haben Clara und Max sich allerdings nicht bewusst gemacht; sie verdrängen sie.

Schließlich sind sie ein modernes Paar, das offen über Sexualität spricht, so wie man das heute tut. Zeitschriften, Bücher, Kino- und Fernsehfilme legen sich auch kein Tabu mehr auf, wenn es um die Darstellung des Geschlechtsakts geht. Also, wer wird denn noch so altmodisch sein und Angst vorm ... Fliegen – oder wie immer man es umschreiben mag – haben?

Beispielsweise Clara und Max. Das können sie sich aber nicht eingestehen, weder dem anderen noch sich selbst. Sie befinden sich also im Konflikt:

Einerseits möchten sie ihre Sexualität leben, andererseits gibt es tief in ihnen große Ängste vor totaler Hingabe, die ihnen fast wie ein Aufgelöst- oder Ausgelöscht-Werden erscheint.

»Psychospiele« bieten Scheinlösungen für Probleme an.

Was bietet sich als »Lösung« für diesen Konflikt an? Ein »Psychospiel«. Die Sexualität wird aus der gefürchteten Körperlichkeit in die Fantasiewelt bzw. in eine zunächst lustvolle Inszenierung des Abends übertragen. Genau wie beim körperlichen Geschlechtsverkehr werden Erregung und Spannung aufgebaut ... »Nun, ich hab geträumt ..., äh ..., ja, ich weiß auch nicht, warum ..., das ist schon komisch ...« Und sie drängt ihn, endlich »zu kommen« ... – und es kommt zur Lösung bzw. zum Orgasmus-*Ersatz:* bei ihr im hemmungslosen Schluchzen, bei ihm im versonnenen Lächeln und scheinheiligen Pfeifen.

Das Psychospiel bietet einen schalen Ersatz für die ersehnte Intimität.

Weil es sich dabei aber nicht um ein wirklich befriedigendes sexuelles Erlebnis handelt, folgt auch der »Kater« am nächsten Morgen so sicher, wie er nach jedem Psychospiel auftritt. Denn der »Switch« – das ist die Stelle im Spiel, an der offensichtlich wird, dass ein Spiel gelaufen ist – beschert nur einen kurzen Moment lang das Gefühl der Erlösung, Befreiung. Das »schöne schlechte« Gefühl macht schnell der darunter verborgenen Verzweiflung Platz.

Die kann natürlich auch nicht allzu lange bestehen bleiben, sie wird bald unerträglich, und der Betroffene verschafft sich schnell einen neuen »Kick«, immer in der Hoffnung, endlich das ersehnte Glücksgefühl erleben und darin bleiben zu dürfen. Er/sie hält nach einem neuen Spielpartner/einer neuen Spielpartnerin Ausschau.

Die Spiele-Dramaturgie

Die Dynamik der Psychospiele entspricht also der des Suchtverhaltens:

Aus dem Empfinden von Unbefriedigtsein, Glück-, Freud- und Lieblosigkeit, das eng mit Energielosigkeit verbunden ist, wird ein Medium zur »Erlösung« aus diesem Zustand gesucht, eben ein geeigneter Spielpartner. Da es diese – ich habe es schon erwähnt – wie Sand am Meer gibt (denn wer ist schon wirklich zufrieden und glücklich, liebt und wird geliebt?), beißt rasch jemand auf den ausgelegten Köder an, und das Drama beginnt.

Tatsächlich läuft jedes Psychospiel nach den Regeln des klassischen Dramas ab:

Ein Drama beginnt mit der »Exposition«, dem Ausgangspunkt bzw. -ort. Im Beispiel der Geschichte von Adam und Eva liegt die Exposition im Paradies.

Das Spiel beginnt *immer* mit einer Abwertung – in der beschriebenen Eheszene mit der Verleugnung des Bedürfnisses nach befriedigender Sexualität. Die sexuelle Lust wird also abgewertet.

»Psychospiele« laufen nach den Regeln des klassischen Dramas ab.

Dann folgt beim Drama die zur Verwicklung führende Handlung. Im Paradies erscheint die Schlange. Eva, die vielleicht ziemlich gelangweilt mit ihrem unwissenden und wahrscheinlich impotenten Adam im Garten Eden hockt, gerät in freudige Erregung.

Beim diesem Ehe-Spiel ist es die Interaktion, welche Spannung – also Energie – aufbaut.

Dann beißt Eva erkenntnisbegierig in den Apfel ...

Clara sagt: »Erzähl doch endlich deinen Traum ...«

Es kommt zum »Switch«, zum Höhepunkt der Handlung, und darauf folgt die Lösung, die in der klassischen Dramaturgie »Lysis« heißt. Dies muss keine Lösung im guten Sinne sein. Im Gegenteil, Dramen enden immer dramatisch. Beim Psychospiel werden mit dem »Switch« die unedlen Motive erkennbar.

Eva hat jetzt zwar einen potenten Ehemann und wird alsbald schwanger, doch Adam kann nur noch vom Paradies träumen, in dem er die Unbewusstheit so sorglos genossen hat.

Clara kann sich ihrem »Lieblingsgefühl«, dem Schmerz der Ungeliebten, hingeben. Sie und Max haben es wieder einmal verstanden, ihre Abwehr gegen das Bewusstwerden innerer Defizite aufrechtzuerhalten.

Wie bei jedem Drama gibt es auch im Psychospiel drei unverzichtbare Rollen:

Die des Verfolgers, des Opfers und des Retters.

Die Schlange nimmt zuerst die Rolle des Retters ein – sie will Eva zur Erkenntnis verhelfen. Doch bald stellt es sich heraus, dass sie auch die Position des Verfolgers innehat, denn Adam und Eva müssen das Paradies verlassen und werden darauf – als arme Opfer – die Verfolger der Schlange, die jetzt das Opfer ist.

Im Ehe-Spiel ist Clara zunächst das Opfer, Max der Verfolger. Kurzzeitig rettet sie ihn, wenn sie meint, dass Träume das Innenleben der Träumer beschreiben, um dann in die Rolle des Verfolgers zu gehen und schließlich ihm als Opfer Vorwürfe zu machen.

Das Drama-Dreieck

An einer kurzen, eindrücklichen Spielsequenz (sie stammt von Eric Berne), die sich in Variationen nicht nur zwischen Arzt und Patienten, sondern auch in anderen – gesellschaftlichen wie geschäftlichen – Beziehungen abspielt, lässt sich die Dynamik des Drama-Dreiecks gut verdeutlichen:

Tatsächlicher Gesprächsablauf

Patientin: »Herr Doktor, meinen Sie, es wird mir je wieder besser gehen?«
(Nur scheinbar kommt diese Frage aus ihrem Erwachsenen-Ich, *eigentlich* stellt sie das innere, ängstliche Kind.)
Arzt: »Natürlich wird es Ihnen wieder besser gehen.«
(Auch hier antwortet nur scheinbar sein Erwachsenen-Ich, *in Wirklichkeit* das joviale, väterliche Eltern-Ich.)
Patientin, spitz: »Wieso glauben Sie eigentlich, Sie könnten alles wissen?«

Sie ist von ihrem Kind-Ich zum nörglerischen Eltern-Ich gewechselt.

Dafür fühlt er sich nach einem kurzen Moment der Verblüffung hilflos in seinem Kind-Ich.

Möglicher Gesprächsverlauf
Aus dem Drama-Dreieck heraus betrachtet, beginnt die Patientin ihr (unbewusstes) Spiel aus der Opfer-Position, der Arzt nimmt die Retter-Rolle ein; dann wechselt die Patientin in die Verfolger-Position, und er sitzt in der Opfer-Falle.

Das Spiel könnte noch weitergehen, wenn beispielsweise die Frau ihn einlenkend, vielleicht auch ein wenig kokett, mit den Worten tröstet:
»Aber, Herr Doktor, so hab ich das doch nicht gemeint.«
Oder:
»Hab ich Sie etwa gekränkt – das wollte ich doch nicht.«

Damit würde sie in die Retter-Rolle schlüpfen, und er könnte sich überlegen, ob er sie nun verfolgen oder seinerseits erneut retten soll.

Im Drama-Dreieck kann man sich unbegrenzt lange aufhalten, es bietet immer neue Möglichkeiten,

- sich selbst, den anderen, die Situation abzuwerten,
- sich selbst, den anderen, die Situation anzuklagen,
- sich selbst, den anderen, die Situation »zu retten« –

um erneut im nächsten Tief zu landen und so fort.

Ein Spiel wäre erst gar nicht gelaufen, wenn die Patientin den Arzt aus ihrem klaren Erwachsenen-Ich um Informationen zum Heilungsprozess gebeten hätte. Oder wenn er ihre Selbstabwertung, nicht für ihre Genesung mitverantwortlich sein zu wollen, erkannt hätte. Eine mögliche Antwort seinerseits wäre dann gewesen:

Psychospiele kann man vermeiden, wenn man bereit ist, die Verantwortung für sich selbst zu übernehmen.

»Es kommt darauf an, inwieweit Sie bereit sind, an Ihrer Gesundung mitzuarbeiten.«

Warum ist er nicht darauf gekommen? Weil sein wunder Punkt, seine schwache Stelle der Wunsch nach Macht ist. Verständlich, denn dieser Wunsch hat ihn einst veranlasst, einen helfenden Beruf zu ergreifen. Viele Menschen, die einen solchen Beruf ausüben, sind in Gefahr, die realistische Helfer-Position mit der unrealistischen, d. h. spielträchtigen Retter-Rolle zu verwechseln.

Spielgewinn und Nutzeffekte

Das ist ziemlich vertrackt, oder? An dieser Stelle drängt sich die Frage auf, warum so viele Menschen, wir alle, immer wieder »Drama spielen«? Was haben wir davon?

Eine ganze Menge. Denn jedes Spiel bringt eine Reihe von Nutzeffekten, den so genannten Spielgewinn:

1. Das psychische System wird stabilisiert oder wieder hergestellt (z. B.: »Da sieht man's ja wieder: Ich werde einfach nicht verstanden ...«).
2. Es bestätigt die einst getroffene Skript-Entscheidung (z. B.: »Es stimmt also, dass ich nicht wichtig bin ...«).
3. Es ermöglicht, das vorherrschende »Lieblings«-Lebensgefühl zu erzeugen (z. B. Traurigkeit, Gekränktsein, Wut).
4. Man kann sich mit anderen Menschen austauschen, ohne echte – weil Angst erzeugende – Nähe herzustellen.
5. Die existenzielle Position wird gefestigt (»Ich bin nicht o. k., du bist o. k.« – oder: »Ich bin o. k., du bist nicht o. k.« – oder: »Ich bin nicht o. k., du bist nicht o. k.«).
6. Es ermöglicht, seine Zeit zu strukturieren (man hat etwas, worüber man mit anderen reden kann, z. B. bei dem Spiel »Ist es nicht schrecklich ...?«: »... die Ehe der A.s, die Kinder von B., die Affären von C. und überhaupt war zu meiner Zeit alles noch ganz anders und besser ...«).

In der Menschheit scheint es also ohne Dramen – auf der Bühne und im Leben – nicht zu gehen. Wir alle sind geradezu süchtig nach einem »dramatischen« Leben.

Menschen sind süchtig nach dramatischen Effekten.

Wir spielen solche Dramen allüberall:

In der *Ehe* beispielsweise mit dem Spiel **»Wenn du nicht wärst ..., dann** hätte ich Karriere machen können ...,« »könnte ich abends weggehen, ohne zu sagen, wohin ..., würde ich mir ein Häuschen an der Costa Rica kaufen ...«

In der *Familie* spielen wir gerne **»Tumult«**. Das geht so: Samstagabend. Die 15-jährige Tochter ist auf einer Party.

Vater bleibt auf und wartet, bis sie heimkommt. Zwar hätte sie spätestens um 23 Uhr zu Hause sein sollen, aber natürlich – das ist ja *immer* so! – kommt sie erst gegen ein Uhr. Vater tobt, die Tochter brüllt zurück, schlägt die Tür ihres Zimmers so geräuschvoll zu, dass die anderen Familienmitglieder aufwachen und sich mehr oder weniger lautstark an der Auseinandersetzung beteiligen – bis schließlich alle, Türen knallend, wieder in den verschiedenen Zimmern verschwinden. Es herrscht Tumult. Warum? Weil alle ihre geheimen erotischen Fantasien nicht wahrnehmen wollen/dürfen und diese mit dem »Tumult« erfolgreich unterdrücken.

Nicht zugelassene erotische Fantasien führen zu Tumult.

Am *Arbeitsplatz* ist das Spiel **»Kick me!«** oder **»Jetzt hab ich dich endlich, du Schweinehund!«** ziemlich beliebt. Der/die »Kick-me«-Spieler/in legt es darauf an, hinausgeworfen zu werden; der/die »Jetzt hab ich dich endlich«-Spieler/in schaut, ob er/sie jemandem eine Missetat anhängen kann. Beide gehören zusammen.

Im *Freundeskreis* hat sich **»Schlemihl«** bewährt. Das ist einer, dem immer irgendein Malheur passiert, für das er sich zerknirscht entschuldigt, sodass ihm niemand wirklich böse sein kann – und wenn er das neue Sofa ruiniert hat. »Schlemihl« braucht für sein seelisches Gleichgewicht die Entschuldigung. Sonst fühlt er sich im Leben ständig für irgendetwas schuldig. Dabei hat er nie jemandem wirklich etwas getan. Da seine »Schuldgefühle« eigentlich verleugnete Aggressionen sind, wird er sie auch nicht los.

Menschen, denen *nichts so recht gelingen* will, sind ausgezeichnete **»Holzbein«**-Spieler. Sie begründen ihre Misserfolge so: »Was kann man schon von jemandem mit einem Holzbein erwarten ...?«, also beispielsweise jemandem, der eine üble Kindheit, die Schwiegermutter im Haus oder streitsüchtige Nachbarn hat.

Wer keine »Holzbein«-Erklärung für sein *Unglück* findet, dem bleibt entweder das **»Dumm«**-Spiel: »Ich kann ja nichts dafür, ich bin halt zu dumm zu allem ...« oder das **»Häufchen**

Elend«-Spiel: »Warum muss immer mir das passieren ...?« Er/sie beklagt resigniert sein/ihr hartes Schicksal, hält dabei aber zugleich wachsam Ausschau, ob nicht jemand kommt, der »Ach, du Arme/r« sagt und ihm/ihr damit vollends die Gewissheit gibt, dass er/sie selbst keineswegs für die missliche Situation verantwortlich ist.

Zum Trost für alle, die Psychospiele noch nicht lassen können oder wollen, bildet den Schluss dieses Kapitels eine hübsche Indianer-Geschichte, die ich bei M.-L. v. Franz (1987) fand:

Nicht nur die Menschen – auch die Götter spielen.

Die Navahos bauten einst einem ihrer bedeutenden Häuptlinge ein Haus, in dem er verborgen lebte, denn er besaß alle Perlen des Stammes. Der Sonnengott wurde auf ihn und den »großen Türkis« eifersüchtig, obwohl er selber den »vollendeten Türkis« besaß. So zeugte er geheim mit einer Frau, der »Felsenfrau«, einen Sohn und erzog diesen zu einem derart vollendeten Spieler, dass er in allen Glücksspielen immer gewann. Dann ließ der Sonnengott diesen Sohn dem Häuptling alle seine Schätze im Spiel abnehmen, auch den »großen Türkis«, den er selbst so begehrte. Als der Spieler ihn aber hatte, weigerte er sich, ihn dem Sonnengott weiterzugeben. Da wurde Letzterer zornig und erschuf einen zweiten Spieler, der genau wie der erste aussah, er lehrte ihn zu spielen und mithilfe zahlreicher Tiere so gut zu betrügen, dass er den ersten Spieler besiegen und ihm allen Gewinn abnehmen konnte. Darauf zog sich der erste Spieler ins himmlische Jenseits zurück. Der zweite Spieler aber opferte den »großen Türkis«, den er gewonnen hatte, dem Sonnengott, der ihm dafür zu einem neuen Land verhalf.

Wir werden wohl so lange unsere Lieblings-Psychospiele inszenieren, bis wir bereit sind, das *wirkliche* Opfer zu bringen, das in der Geschichte durch den Türkis symbolisiert wird. Wie in unserem Fall dieses »echte Opfer« aussieht, erfahren Sie im nächsten Kapitel.

Zusammenfassung

In diesem Kapitel haben wir uns mit »Psychospielen« befasst, ihren Ursachen, ihren Mustern und Wirkungsweisen.

- Menschen, die in einem Skript gefangen sind, also ihr Leben nach einem ganz bestimmten Schema gestalten, *müssen* »Psychospiele« inszenieren. Denn diese Spiele stellen ihr seelisches Gleichgewicht immer wieder her. Dies geht zwischendurch verloren, weil es den Betreffenden nicht möglich ist, unmittelbar anderen nahe zu sein. Ihre Angst, sich zu zeigen, wie sie sind, ist zu groß. So versuchen sie, einen Teil von sich selbst zu verbergen, nämlich die Seiten, die sie an sich nicht mögen. Trotzdem sehnen sie sich nach Nähe. Daher sind sie bestrebt, diese Nähe herzustellen, ohne sich ganz öffnen und zeigen zu müssen. »Psychospiele« bieten ihnen dazu die Möglichkeit, weil sie auf verdeckten Transaktionen beruhen.

- Das innere Kind traut sich nicht, einfach zu sagen: »Bitte, nimm mich doch in deine Arme.« Oder: »Schau mal, wie gut ich das gemacht habe.« Oder einfach: »Ich hab dich lieb.« Stattdessen sagt das nörglerische Eltern-Ich: »Warum kommst du wieder so spät nach Hause!?«, und zwar in der heimlichen Hoffnung, dass der/die Partner/in antwortet: »Es tut mir so Leid. Ich wollte auch früher bei dir sein. Ich hab dich lieb.« Aber der/die andere sagt ärgerlich: »Wäre ich doch nur noch länger weggeblieben, dann müsste ich mir jetzt nicht dein Genörgel anhören.« So kann sich der/die Spielbeginner/in erneut bestätigen, was er/sie meinte, schon immer zu wissen: »Da hab ich's wieder: Ich bin halt nicht liebenswert, niemand liebt mich wirklich.«

- »Psychospiele« entstehen immer aus mangelndem Selbstwertgefühl, und das resultiert aus mangelnder Selbstliebe. Wer sich selbst nicht lieben, sich nicht annehmen kann, wie er/sie wirklich ist, kann auch nicht andere wirklich lieben und diese annehmen, wie sie sind – mit ihren Fehlern und Schwächen.

Check · Übung · Tipp

▶ Check

Füllen Sie den folgenden Fragebogen aus.

Setzen Sie bitte jene Satzteile ein, die Ihr Erleben am besten widerspiegeln:

1) Eigentlich immer …
2) Im Großen und Ganzen …
3) Ab und zu …
4) Eigentlich nie …

… [1–4] begrüße ich morgens den Tag voller Freude.
… hänge ich eher pessimistischen Gedanken nach.
… und mache mir Sorgen um die Zukunft.
… ärgere ich mich [5–10] …

5) über meine Mitmenschen.
6) über mich selbst.
7) über meine Dummheit.
8) über meine Gutmütigkeit.
9) über mein Misstrauen.
10) über mein grenzenloses Vertrauen.

… [1–4] freue ich mich [11–15] …
11) über meine Mitmenschen.
12) über mich selbst.
13) über meine Gutmütigkeit.
14) über mein gesundes Misstrauen.
15) über mein bedenkenloses Vertrauen.

… [1–4] spüre ich ziemlich viel Angst [16–21] …
16) vor Kritik.
17) vor Ablehnung.
18) vor Strafe.
19) vor Nähe, Zärtlichkeit, Intimität.

20) vor Sexualität.
21) vor einer äußeren Katastrophe (Krieg, Treibhauseffekt etc.).

… [1–4] fühle ich mich ziemlich wütend [22–26] …
22) über mich selbst.
23) über die Arroganz anderer.
24) über die Dummheit anderer.
25) über die Faulheit anderer.
26) über die Leichtsinnigkeit anderer.

… [1–4] spüre ich viel Liebe [27–30] …
27) für mich selbst.
28) für meine Angehörigen.
29) für meine Mitmenschen.
30) für die Natur.

… [1–4] bin ich traurig [31–33] …
31) über mich selbst.
32) über meine Mitmenschen.
33) über die Welt, so wie sie ist.

… [1–4] glaube ich [34–36] …
34) an mich selbst.
35) an die anderen.
36) an Schicksal/Gott/Vorsehung.

… [1–4] bin ich überzeugt [34–36] …
37) von dem, was ich tue.
38) was die anderen tun.
39) dass letztlich alles gut geht.
40) dass die Welt ein böses Ende nimmt.

Die Auswertung finden Sie im **Check** des nächsten Kapitels.

Übung

Komplimente, bitte!
Für diese Übung benötigen Sie eine zweite Person. Es muss nicht der Partner/die Partnerin, es kann auch ein/e Freund/in, ein Kollege/eine Kollegin, Sohn/Tochter oder sonst jemand sein.

- Setzen Sie sich auf zwei Stühle gegenüber, wie schon bei der »Zwei Minuten Auge in Auge«-Übung. Sie fangen an und bitten Ihr Gegenüber:
  »Bitte sage mir/sagen Sie mir, was dir/Ihnen an mir gefällt.«

- Dann schweigen Sie und schauen Ihr Gegenüber unentwegt an. Die andere Person soll sich so viel wie möglich einfallen lassen, was ihr an Ihnen gefällt und es Ihnen sagen.

- Nach einigen Minuten wechseln Sie, und jetzt sind Sie dran, Ihrem Gegenüber so viel wie möglich aufzuzählen, was Ihnen an ihm/ihr gefällt.

- Wenn Sie damit fertig sind, fangen Sie wieder an und bitten Ihr Gegenüber:
  »Bitte sage mir/sagen Sie mir noch einmal, was dir/Ihnen an mir gefällt.«

- Und wieder soll die Person so viel wie möglich aufzählen, was ihr an Ihnen gefällt, und Sie tun nach einer gewissen Zeit dasselbe.

Fällt Ihnen und/oder der anderen Person diese Übung schwer? Dann sind Sie nicht gewohnt, sich positive Feedbacks zu holen. Üben Sie dies künftig immer mal wieder mit wechselnden Personen.

Fragen Sie Ihr Gegenüber *nicht* danach, was ihm/ihr *nicht* an Ihnen gefällt. Das Negative sehen Sie bestimmt

selbst in aller Deutlichkeit. Negative Aussagen würden Sie nicht aufbauen, sondern Sie ziemlich geknickt zurücklassen.

Viel Spaß!

▶ Tipp

Ich bin sicher, Sie kennen die Aussage: »Eigenlob stinkt!« Streichen Sie sie aus Ihrem Wortschatz. Für immer! Und beginnen Sie gleich mit dem Gegenteil:

- *Loben Sie sich selbst!*

Stellen Sie anerkennend fest, was Ihnen heute alles gut oder gar hervorragend gelungen ist. Finden Sie so viel wie möglich. Schreiben Sie es auf.

Und dann erzählen Sie dies so vielen Menschen wie möglich: Ihrem Partner/der Partnerin, Ihren Kinder (sehr wichtig, damit diese das auch lernen), Freunden, Kollegen usw.

- *Loben Sie andere!*

Finden Sie heraus, was anderen heute gut oder gar hervorragend gelungen ist und sagen Sie es ihnen: dem Partner/der Partnerin, den Kindern, Freunden, Kollegen, auch der Schwiegermutter und anderen Verwandten. Sprechen Sie nur echtes Lob aus. Machen Sie keine »falschen« Komplimente.

- *Weisen Sie »Plastik«-Lob zurück!*

Wenn Ihnen jemand sagt, Sie sähen in dem Mantel »reizend« aus, der wie ein Sack an Ihnen hängt und Sie eher plump und dicklich wirken lässt, dann weisen Sie dies zurück, z. B. mit den Worten: »Das stimmt nicht, der Mantel steht mir nicht.« (Und geben Sie den Mantel in die Kleidersammlung.)

Oder wenn Ihr Käsekuchen einmal zusammengefallen ist und jemand sagt: »Dein Kuchen ist heute so wunderbar fein und luftig«, dann antworten Sie, dies sei leider nicht der Fall und Sie möchten kein falsches Lob.

Bitten Sie um Lob!
Holen Sie sich frische Energie für Ihr seelisches Wohlbefinden, indem Sie andere Menschen bitten, Sie doch wieder einmal zu loben, das anzuerkennen, was Sie gut und hervorragend gemacht haben, das bestätigend zu erwähnen, was schön, charmant und liebenswert an Ihnen ist.

Sagen Sie nicht: »Das tut man nicht, das gehört sich nicht, das ist unfein.«

Streichen Sie all diese krank und hässlich machenden Moralmief-Grundsätze aus Ihrem Kopf. Unerbittlich und für immer!

Kapitel 7

Wie kann ich meinen Lebensplan ändern?

Konnte ich Sie bis zu diesem Kapitel locken? Dann hoffe ich, dass Sie mir weiterhin treu bleiben. Auch wenn Sie jetzt lesen, dass es *so* einfach nicht ist mit dem Verändern des Lebensplans, für den Sie sich einst – bewusst oder unbewusst – entschieden haben. Die entscheidende Frage, die jeder Änderung vorausgeht, ist:

Wollen Sie Ihren Lebensplan *wirklich* verändern?

Vielleicht sagen Sie jetzt: »Natürlich. Sonst würde ich doch dieses Buch gar nicht lesen!« Doch so einfach ist es nicht. Die meisten Klienten/Klientinnen, die in eine psychotherapeutische Praxis kommen, wollen einiges, vieles oder gar alles in ihrem Leben verändern. Wenn man dann aber genauer hinhört und vor allem hinsieht, was sie tun, muss man feststellen, dass sie eher kommen, um mit therapeutischer Hilfe zu lernen, sich in ihrem Skript besser einzurichten, damit das Leben angenehmer wird. Sie leiden also unter der Lebensgestaltung, mit der sie sich eingerichtet haben, jedoch nicht genug, um wirklich eine Veränderung vornehmen zu wollen. Sie sind zwar unzufrieden, aber nicht unzufrieden genug. Sie empfinden Schmerz, aber nicht so stark, dass es zur Veränderung reicht.

»Muss man denn erst ganz unten ankommen, muss es einem erst fürchterlich schlecht gehen, muss man schwer erkranken, um bereit zu sein, den alten Lebensplan durch einen neuen zu ersetzen?«, fragen Sie jetzt möglicherweise. Diese Frage stelle ich mir und meinen Klienten/Klientinnen auch immer wieder. Ich meine nein. Man braucht es nicht so weit kommen zu lassen, dass man erst von einem »Schicksalsschlag« getroffen werden muss, um seinem Leben eine gesunde, erfüllende Wende zu geben. Man kann dies durchaus vorher tun, bzw. der Schicksalsschlag wird ausbleiben, wenn man erfüllt, wozu man in dieses Leben getreten ist.

Glauben Sie nicht daran, dass leben Leid bedeuten muss!

Also lautet die Frage, die vor einer Veränderung steht: Was ist der Auftrag, der mir für dieses Leben gegeben wurde, den ich mir für dieses Leben gestellt habe (siehe Fragebogen im **Check** des 2. Kapitels unter 2.)?

Sobald Sie diese Frage beantwortet haben, würde ich an Ihrer Stelle mit der entsprechenden Veränderung beginnen. Unverzüglich. Ich würde nicht warten, bis das Schicksal mich mahnt oder mich in einem möglichen weiteren Leben vor dieselbe Aufgabe stellt. Wozu kostbare Zeit verschenken? Wer hat etwas davon, wenn Sie sich bis ans Ende Ihrer Tage quälen und dann traurig oder verbittert feststellen, dass Sie aus diesem Leben nicht das gemacht haben, was Sie hätten machen können? Oder meinen Sie, es gäbe jemanden, der sich darüber freut, wenn Sie das Ziel Ihres Lebens verfehlt haben? Sind Sie vielleicht der Ansicht, immer noch Ihren Eltern folgen zu müssen die ein anderes Leben geführt haben als das, was Ihrer Wunschvorstellung entspricht? Ich an Ihrer Stelle würde mich in diesem Fall für den Ungehorsam und damit für die eigene Bestimmung entscheiden. Oder ängstigt Sie dieser Gedanke? Dann überlegen Sie einmal, wem Sie gehorchen wollen – und sollen: Ihren Eltern oder Ihrem Schicksal – Ihren Eltern oder Gott?

Ihre Eltern sind Ihr Schicksal, sagen Sie jetzt? Ja, sicher. Sie sind Ihr Schicksal – für den Anfang. Unsere Eltern sind sozusagen die Startrampe, von der aus wir den Flug in ein eigenes Leben wagen sollten. Doch dazu muss man, müssen Sie natürlich wissen, welche Art von »Flugkörper« Sie darstellen und zu welcher Bahn die Abschussrampe Sie einlädt. Wenn Sie – symbolisch gesehen – in einem Adlerhorst geboren sind, müssen Sie sich, um Ihre Bestimmung zu leben, hoch in die Berglüfte schwingen. Stammen Sie dagegen aus einem Katzenbau, werden Sie mehr oder weniger »wild« durch die Prärie schweifen wollen. Und sind Sie ein »Eulenkind«, dann ist die Dunkelheit der Nacht Ihre beste Freundin.

Ich bin sicher, während Sie diese Zeilen gelesen haben, ist Ihnen ein Tier eingefallen, mit dessen Eigenschaften Sie sich vergleichen können. Machen Sie sich dieses Tier doch zu einem inneren Begleiter und Ratgeber. In vielen Märchen gibt es derartige hilfreiche Tiere. Sie symbolisieren die naturnahe Seite des Menschen, seinen Instinkt, der ihm/ihr oft besser vermitteln kann als der nachdenkende Verstand, was gerade gut für ihn ist.

Lernen Sie Ihr inneres hilfreiches Tier kennen.

Doch bevor wir uns die Ressourcen anschauen, die verborgenen Schätze, die in jedem von uns auf ihren Einsatz warten, will ich Sie noch vor dem warnen, was alle mühevollen Anstrengungen zur Veränderung Ihres Lebensplans zunichte machen könnte.

Der Dämon

Ich zitiere hierzu einen wichtigen Abschnitt aus dem Buch »Was sagen Sie, nachdem Sie Guten Tag gesagt haben?« von Eric Berne:

Der Dämon ist gewissermaßen der Spottvogel im menschlichen Leben und der Joker in der Psychotherapie. Wie auch immer jeder *seine Pläne anlegen mag, im kritischen Augenblick kann stets der Dämon kommen und sie alle wieder zunichte machen – meist geschieht das mit einem schadenfrohen Lächeln und dem unvermeidlichen »haha«. Wie sorgfältig auch immer der Therapeut seine Maßnahmen plant, der Pa-*

tient behält stets die Oberhand. In dem Augenblick, in dem er glaubt, er habe vier Asse in der Hand, spielt jeder *seinen Joker aus, und sein Dämon gewinnt den Jackpot. Dann macht er sich fröhlich und leichtfüßig von dannen, und der Doktor bleibt nachdenklich zurück und studiert noch einmal das Blatt, um nachzurechnen, was schief gelaufen ist.*

…

Der Dämon tritt zum ersten Mal im hohen Kinderstuhl auf, wenn jeder *– mit einem Schimmer von Schadenfreude in den Augen – sein Essen auf den Fußboden fallen lässt und gespannt abwartet, was seine Eltern dazu sagen werden. Wenn sie das gelassen hinnehmen, versucht* jeder *später weiteres Unheil anzurichten und spielt ihnen dann vielleicht verschiedene Streiche. Wenn die Eltern das sofort unterbinden, dann lauert der Dämon mürrisch im Hintergrund, stets bereit, in einem unbedachten Augenblick aus seinem Versteck herauszuspringen und nunmehr das Leben des Kindes genauso in Unordnung zu bringen, wie es das ursprünglich einmal mit seinem Essen getan hatte.*

Der Dämon ist also die zerstörerische Kraft in der Welt. Die meisten Menschen wissen um diese Kraft, doch sie glauben, dass Dämonen gewöhnlich in finsteren Höhlen hausen und nur in der Dunkelheit der Nacht erscheinen, um harmlose Menschen zu erschrecken. Diese Überzeugung ist höchst gefährlich. Denn die dämonische, zerstörerische Kraft liegt in **Jedem** bereit und kann sehr viel Unheil anrichten – beispielsweise einen schönen Lebensplan zerstören.

Achtung! Zerstörerische Kräfte erschweren das Gelingen des Lebensplanes.

Immer wieder hört man von erfolgreichen Männern, die alles erreicht haben, was sie sich im Leben vorgenommen hatten: ein schickes Haus, ein großes Auto, eine Hütte in den Schweizer Alpen und sonst noch allerlei Annehmlichkeiten. Meist hat eine liebevolle, attraktive Frau dafür gesorgt, dass sie ganz in ihrem Beruf aufgehen und bedenkenlos Karriere machen konnten. Die Kinder sind wohlgeraten und stolz auf ihren Vater, und alle freuen sich auf die Zeit seines relativ frühen Ruhestands – etwa mit 50 oder 55 Jahren –, um endlich gemütlich den Wohlstand genießen zu können. Und dann kommt der Dämon. Er schlägt mit einem Herzinfarkt oder Magenkrebs zu oder begräbt den scheinbaren »Glückspilz« beim Skifahren unter einer Lawine. Aus und vorbei ist es mit dem schönen Lebensplan, der doch darauf angelegt war, einst mit den Enkelkindern friedlich um den Weihnachtsbaum zu sitzen.

Negative Anteile stecken in jedem Menschen. Da heißt es: wachsam sein.

Der Dämon hat viele Gesichter: schwere Erkrankungen und Depressionen, er kann Menschen zu kriminellen Handlungen und zu Selbstmord verleiten. Und – ich will dies ganz stark betonen – es ist äußerst gefährlich, diese Macht, an der wir alle Anteil haben, zu missachten oder auch nur gering zu schätzen. Dämonische Kräfte lauern nicht irgendwo außen oder bei anderen Menschen. In mir können sie genauso zerstörerisch wirken wie in Ihnen, in uns allen. Niemand ist davor gefeit, niemand genießt einen Sonderstatus.

Niemand ist *nur* gut und kann darauf vertrauen, dass *nur* Gutes in ihm/ihr zur Wirkung gelangt. Dieses Wissen ist absolut notwendig, wenn man sein Leben *realistisch* befriedigend und erfüllend gestalten möchte. Wir müssen uns des Dämons bewusst sein, mit seinem Auftreten rechnen. So wie man damit rechnen sollte, dass das Auto aufgebrochen werden kann oder Einbrecher während der Urlaubsreise die Wohnung ausräumen.

Wie kann man nun vorsorgen, dass dies nicht geschieht? Wie Sie Ihr Auto und Ihre Wohnung sichern, wissen Sie. Wie aber sichern Sie Ihren Lebensplan?

Gewiss: Absolute Sicherheit gibt es nicht. Wenn es von Ihrem Schicksal unerbittlich so vorgesehen sein sollte, dass Sie aufgrund einer schweren Erkrankung sterben oder ein tödlicher Unfall Sie ereilt, dann wird das wohl eintreten. Schon aus dieser Überlegung heraus ist es sinnvoll, jeden Tag, den Sie gesund und ohne allzu große Sorgen verbringen dürfen, zu genießen und dafür dankbar zu sein.

Und ansonsten? Was lässt sich tun, um den Lebensplan so anzulegen und wenigstens einigermaßen, so gut wie eben möglich, abzusichern?

Ich zitiere noch einmal Eric Berne aus dem o. g. Buch:

Das Heilmittel gegen Dämonen aller Art sind stets irgendwelche Zaubersprüche gewesen, und das trifft auch hier zu. Jeder Verlierer sollte einen solchen Zauberspruch gewissermaßen bei sich tragen, und immer wenn ein großer Erfolg in Sicht ist, dann sollte er aufpassen, denn genau das ist der gefährlichste Augenblick. Jetzt sollte er seinen Zauberspruch herausholen und ihn sich immer wieder laut vorlesen. Wenn dann der Dämon flüstert: »Strecke nur deinen Arm aus – und setze alles auf eine einzige letzte Nummer oder nimm noch einen letzten Drink oder jetzt ist der richtige Augenblick, das Messer zu ziehen, oder sie (bzw. ihn) an den Schultern zu packen und sie (bzw. ihn) an dich heranzuziehen«, dann sollte man seinen Zauberspruch laut und deutlich aussprechen: »Aber Mutter, ich möchte das lieber auf meine eigene Weise tun – und gewinnen!«

Das Wasser des Lebens

Jetzt wollen Sie vermutlich wissen, wie und wo Sie den Zauberspruch finden, um Ihren persönlichen Lebensplan auf gute Weise zu Ende zu führen.

Zaubersprüche gehören ins Reich der Märchen. Im wirklichen Leben heißen sie »das Schöpferische« oder moderner: »Kreativität«. Das Schöpferische ist die Kraft, die hervorbringen und verändern kann. Wer z. B. künstlerisch kreativ ist, »zaubert« aus einem Blatt Papier und Farben ein schönes, interessantes, aussagekräftiges Bild. Wer praktisch kreativ ist, »zaubert« aus einigen wenigen Zutaten ein delikates Essen. Wer beruflich kreativ ist, »zaubert« sich Erfolg. Und wer lebenskreativ ist, »zaubert« sich einen gelingenden Lebensplan.

Wasser ist ein Urbild für schöpferische Kraft, die auch in jedem Menschen schlummert.

Schöpferisch sein heißt, die vorhandenen Ressourcen anzuzapfen. Wer schöpferisch sein will, muss an die Quelle gehen, muss aus der Quelle in der Tiefe seiner Seele das »Wasser des Lebens« schöpfen. Wasser, aus dem heraus sich das Leben auf diesem Planeten entwickelt hat; Fruchtwasser, in dem ein

Kind den Tag seiner Geburt erwartet, hat hoch symbolische Bedeutung. Im Wasser steckt die Kraft der Erneuerung; so wird es beispielsweise bei der Taufe verwendet, die das Kind mit seinem eigenen Namen unter die Obhut Gottes stellt.

Wasser bedeutet auch Reinigung. Nicht nur die äußere Dusche nach einem anstrengenden Tag kann für Entspannung und Wohlbehagen sorgen. Auch eine innere Reinigung, z. B. durch ein Aussprechen der Sorgen und Belastungen, unter denen man leidet, bringt Erleichterung.

Die Klarheit des Wassers symbolisiert die Durchdringung scheinbar undurchdringlicher Sachverhalte. Wasser, das eine Turbine antreibt, erzeugt durch seine Kraft Wärme. Das Wasser, das jährlich die Nilufer überschwemmt, sorgt für Nahrung.

Der Dämon der Gewohnheit und Trägheit boykottiert das Gelingen des Lebensplans.

Wenn Wasser allerdings mit Gewalt hereinbricht und große Flüsse zu Hochwassern treibt, kann es auch gefährlich werden. Das heißt, auf das seelische Geschehen übertragen: Mit dem Material, das aus dem Unbewussten aufsteigt, muss sorgfältig umgegangen werden. Man darf es nicht einfach sich selbst überlassen, muss es nehmen und gestalten. Wer diese Quelle einmal angezapft hat, muss sie auch pflegen. Sonst versiegt sie entweder bald oder sie überschwemmt das Bewusstsein, sodass es zu seelischen Unruhezuständen oder geistigen Verwirrungen kommen kann.

Die seelisch-geistige Energie, die tief im Innern jedes Menschen sprudelt oder auch wie ein stiller, klarer See ruht, muss aufgenommen, geformt und gestaltet werden, wenn man sie zu seinen Gunsten verwenden will. Überlässt man das innere Wasser sich selbst, kann es unkontrolliert zu brodeln beginnen, in heißen Wutaffekten hervorschießen wie Geysire, »Dämonen« gebären und allerlei Unheil anrichten. Oder es zieht sich ganz zurück, es »versandet«, sodass der/die Betreffende sich energie-, lust-, kraftlos und leer erlebt.

Also Achtung! Überlassen Sie sich nicht den beiden großen Hemmnissen des Lebens: der Gewohnheit und der Trägheit.

Sicher kennen Sie das: Sie nehmen sich vor, täglich die hilfreichen gymnastischen Übungen gegen Ihre Rückenschmerzen durchzuführen, täglich eine halbe Stunde ein Musikinstrument zu üben oder Italienisch zu lernen, und nach ein, zwei oder drei Wochen erlahmen Ihre guten Vorsätze, und der alte Schlendrian stellt sich wieder ein. Der Dämon der Gewohnheit und Trägheit hat Sie wieder im Griff. So kommen Sie nicht weiter.

Nehmen Sie sich nicht vor, dieses oder jenes regelmäßig zu tun. Tun Sie es einfach, wenn es Ihnen Spaß macht.

Was ist demnach notwendig, um endlich, endgültig und ein für alle Mal den Durchbruch zu schaffen, den Sieg zu erringen und im Triumph über die Ziellinie zu laufen?

Der Durchbruch

Es ist wie beim Start einer Weltraumrakete. Sie muss nicht nur, um an ihr Ziel zu gelangen, die Schallmauer durchbrechen, so wie die »Concorde«, das Superflugzeug, das von Paris nach New York fliegt. Die Rakete muss die Anziehungskraft der Erde überwinden. Genauso müssen wir der Trägheit, die sich als Gewohnheit in uns breit macht, entkommen, um unserem Leben *wirklich* eine positive Richtung zu geben. Und so wie »Apollo« enorm viel Treibstoff benötigt, um die Rückstoßkraft aufzubringen, die das Überwinden der Gravitation ermöglicht, brauchen wir eine Menge seelisch-geistiger Energie für den Flug in die Skript-Freiheit. Doch woher nehmen wir diese Energie? Wer gibt uns die Power, die uns abheben lässt aus der Macht der Gewohnheit?

Sie haben sicher schon einmal im Flugzeug gesessen und gespürt, wie die Maschinen vibrieren, wenn sie vor dem Abheben auf Hochtouren gebracht werden. Für mich sind das immer wahrhaft »erhebende« Augenblicke, die starke Kraft der Turbinen zu erleben, das Kribbeln im Bauch zu empfinden, wenn die Maschine zum Start ansetzt, und dann beim Abheben etwas vom Glück der Schwerelosigkeit zu ahnen. Ich liebe Flugzeuge, ich bezeichne sie als meine Freunde und empfinde den Maschinen, ihren Erbauern und allen, die sie warten und fliegen, gegenüber Respekt und Dankbarkeit. Lassen sie uns doch Anteil nehmen an der Kraft, die im Verborgenen liegt, und an der Möglichkeit, uns aus der Macht des Festgehaltenseins in die Leichtigkeit der Freiheit zu lösen.

Für mich ist in diesen Augenblicken äußerlich zu erleben, wozu wir auch innerlich fähig sind: uns kraftvoll zu erheben in einen Bewusstseinsraum, der still, leer, friedlich und voller Schönheit ist. So schön wie die weißen Wattebauschwolken unter dem Flieger, die in der Sonne glänzen, oder wie das diamantene Schimmern der Sterne bei sichtklarem Nachtflug. So schön wie ein Flug über die Wüsten zwischen Dubai und Amsterdam oder Albuquerque/New Mexico und San Francisco sein kann – so schön und noch schöner ist die Befreiung von einem Seele und Geist einengenden Skript.

Der Durchbruch zu einem neuen Lebensplan kann nach oben, aber auch nach unten erfolgen.

Doch der Durchbruch erfolgt manchmal auch in eine andere Richtung. Statt nach oben kann es steil nach unten gehen. Dann geschieht der Aufbruch durch einen Einbruch oder Zusammenbruch.

Ob Erneuerung gelingt, ist keine Frage der Richtung, die sie zunächst einmal einschlägt. Es ist eine Frage der Stärke. Die Erschütterung muss stark genug sein, um das alte Skriptgehäuse zum Einsturz zu bringen. Was auch immer Sie veranlasst, Ihren Lebensplan zu erneuern, einen unbefriedigenden durch einen erfüllenden zu ersetzen: Sie brauchen sehr viel Energie dazu, gleichgültig ob die Energie Sie als Schubkraft nach oben aus dem Skript hinauskatapultiert oder nach unten durch einen Zusammenbruch hindurchschleust. Hinaus kommen Sie immer, wenn die nötige Kraft dazu vorhanden ist. Weder ist die eine Richtung gut noch die andere schlecht, denn Energie ist jenseits von Gut und Schlecht. Sie ist einfach nur Kraft. Lediglich ihre Wirkung kann unterschiedlich sein.

Wenn infolge einer schweren Krankheit körperlicher oder seelischer Art oder infolge eines schmerzhaften Verlustes Lebensfreude und Lebenssinn zusammenbrechen, wird dies als sehr unangenehm erlebt. Die Betroffenen können sogar das Gefühl haben, ihnen fehle jede Kraft zum Weiterleben. Doch wenn sie diesen Einbruch wirklich zulassen, sich hineinfallen lassen in das tiefe, schwarze Loch, das sich da vor ihnen auftut, werden sie nach einiger Zeit erkennen, dass sie wie durch einen dunklen Kanal ins Licht geschleust wurden.

Das dazu passende Märchen ist »Frau Holle«: Das Mädchen, dem die Spindel in den Brunnen gefallen ist, muss auf Geheiß der Stiefmutter hineinspringen, um die Spindel wieder heraufzuholen. Es hat schreckliche Angst und ist ganz verzweifelt, doch wagt es den Sprung – und gelangt auf eine schöne, blühende Wiese. Das Leben, ein neues Leben hat es wieder, das ihm gar einen Goldregen beschert. Hier ist die Angst vor der Stiefmutter die treibende Kraft. Mithilfe dieser Angst löst sich das Mädchen aus seinem stiefmütterlich geprägten Skript.

In eine andere Richtung geht es, wenn ein Mensch sich »unsterblich« verliebt. Diese Liebe macht ihn/sie insofern »unsterblich«, als dadurch eine drohende, zu einem frühen Tod führende Krankheit abgewendet werden kann und dieser Mensch sich öffnet für eine neue Sicht der Welt. Er/sie entscheidet sich dann für das Leben statt für den Tod.

Auch die Geburt eines Kindes, die Kreativität auf der körperlichen Ebene bedeutet, kann das Leben seiner Eltern mit neuer Freude und neuen Plänen erfüllen.

Oder ein Mensch »erwacht«, weil er/sie plötzlich mit aller Deutlichkeit sieht, wie viel Elend und Leid es auf der Welt gibt. Aus Mitgefühl entschließt er/sie sich, an irgendeiner Stelle zu helfen, dieses Leid zu verringern.

Die Kraft der Gefühle ist der Motor, der aus einem ungünstigen Skript hinaustreibt.

In allen Fällen ist es *die Kraft, die in den Gefühlen steckt,* welche uns hilft, ein einengendes Skript zu verlassen. Starke Emotionen sind also nötig, um den Durchbruch zu schaffen. Denn Emotion heißt Bewegung, und Bewegung ist Energie. Wenn wir unser Leben erneuern, einen neuen, besseren Lebensplan schreiben wollen, müssen wir uns wohl oder übel in Bewegung setzen. Das geht nicht gemütlich auf dem Sofa sitzend oder halbherzig mal hier, mal da in einen psychologischen Ratgeber schauend. Man muss sich schon aufraffen, wirklich den ersten Schritt zu tun.

Der vergessene Auftrag

Das folgende Beispiel aus meiner Praxis macht dies deutlich.

»Der Stein des Anstoßes«

Eine meiner Klientinnen, mit der ich schon viele Jahre lang arbeite, saß nicht auf dem Sofa und wartete, bis ihr die gebratenen Tauben des Skript-Schlaraffenlandes in den Mund flogen. Im Gegenteil: Viktoria plagte sich schon lange mit sich selbst und ihrem Leben herum, und zwar ohne eigentlich zu wissen, warum es ihr so quälend vorkam. Äußerlich ging es ihr gut, sie hatte alles, was man sich für ein befriedigendes Leben nur wünschen kann. Äußerlich. Doch innerlich erfuhr sie Schreckliches, Gedanken, die tiefe Verzweiflung in ihr hinterließen. Diese Gedanken kreisten stets darum, »dass ich es nicht schaffe«. – »Ja, was denn?« – »Alles.« – »Was heißt das, alles?« – Viktoria wusste es selbst nicht.

Auch körperlich ging es ihr schlecht, alle möglichen Beschwerden manövrierten sie an den Rand ihrer Kräfte. Ich bedauerte, dass diese Frau, die so viel für ihr »Endlich-ruhig-und-glücklich-Sein« tat, nach Phasen des Wohlgefühls immer wieder in verzweifelte Zustände geriet. Dann fühlte sie sich von anderen abgelehnt und von »abgrundtiefer Einsamkeit erfasst«.

Eines Tages jedoch – es ist noch nicht lange her – fiel Viktoria plötzlich ein, was sie sich als kleines Mädchen vorgenommen hatte: »Ich dachte, ich bin gekommen, um mit dem Leiden und Jammern, wie es schon seit Generationen in unserer Familie üblich war, Schluss zu machen.

Ich wollte diese ›Tradition‹ durchbrechen. Ich wollte Freude bringen, wollte zeigen, dass es doch so viel Schönes und Liebenswertes in der Welt gibt. Ich wollte ein ›Stein des Anstoßes‹ werden.«

Bis zu dieser Stunde hatte Viktoria ihre Idee vergessen, sie war tief in ihr Unbewusstes gesunken. Wahrscheinlich hatte sie schon als Kind Angst vor dieser großen Aufgabe, traute sie sich nicht so recht zu und übernahm so in natürlicher, kindlicher Anpassung zunächst die »Jammer-Tradition« der Familie.

Als Schulkind im Religionsunterricht kam ihr an der entsprechenden Stelle in den Sinn: »Ich will der Eckstein sein, den die Bauleute verworfen haben.«

Auch dieses Erlebnis hatte sie dann wieder vergessen.

Jetzt aber gab ihre Seele diese Erinnerungen frei. Beinahe ungläubig schaute sie mich mit ihren schönen blauen Augen an und konnte es kaum fassen, dass *sie* das war, die sich diese wunderbare, jedoch schwierige Aufgabe vorgenommen hatte.

Nun verstand Viktoria auch, warum sie immer wieder bei ihren Mitmenschen »in Ungnade fällt«: Weil sie durch das, was sie sagt und tut, tatsächlich ein »Stein des Anstoßes« ist.

Nachdem ihr dies alles klar geworden ist, vermag sie sich und ihre Handlungen anzunehmen, und selbst wenn die anderen gelegentlich irritiert und abweisend auf sie reagieren, taucht nicht mehr das schreckliche Einsamkeitsgefühl in ihr auf. Sie weiß, dass sie ihre Aufgabe erfüllt. Dieses Wissen gibt ihr jetzt die Kraft, die sie braucht, um ihr Leben neu und bewusst zu gestalten.

Wenn wir den Auftrag, den wir in dieser Welt haben, erkennen, ist alle Kraft da, das Leben zu bestehen und als beglückend zu erfahren.

Über die Grenze gehen

Auch die Geschichte einer anderen Klientin, Rita, passt in diesen Zusammenhang.

Den Aufbruch wagen

Rita erzählte mir neulich, dass sie sich als Achtjährige entschlossen hatte, ihr Elternhaus zu verlassen. »Ich war fertig mit denen«, berichtete sie und meinte ihre Eltern. Ihr Ziel war: »über die Grenze gehen.« (Sie lebte in einer grenznahen Stadt.) Sie packte einen Beutel mit den wichtigsten Utensilien. Da sie damals einen Kinderausweis hatte, suchte sie diesen. Aber sie fand ihn nicht. Sie suchte ihn viele Tage lang vergeblich und wurde ganz unglücklich. Schließlich gab sie ihr Vorhaben traurig auf.

Und jetzt war sie zu mir gekommen, weil sie wieder spürte, dass sie »über die Grenze gehen« müsse. Sie trennte sich von ihrem Ehemann und von ihrem noch kleinen Kind, obwohl sie keinen triftigen Grund dafür angeben konnte, weshalb sie dies tat. Sie spürte nur, dass sie es tun »müsse«. An ihrem Mann und seinem Verhalten ihr gegenüber ist – von außen gesehen – nichts auszusetzen. Er liebt sie, ist aufmerksam, er »tut alles für mich«. Trotzdem »muss ich gehen«. Es schmerzte Rita, ihm das Kind zu überlassen, das allerdings bei ihm sehr gut aufgehoben ist. Sie kann nur noch eine Wochenend-Mama sein, denn sie übt einen anspruchsvollen, den Tag übermäßig füllenden Beruf aus.

Sie hatte Angst zu gehen, und dennoch »musste« sie gehen. Deshalb kam Rita zu mir, damit ich sie »über die Grenze« begleite. »Dieses Mal habe ich meinen Pass dabei«, meinte sie. »Ich muss jetzt das tun, was ich damals nicht geschafft habe.«

Als Achtjährige wäre es auch viel zu früh gewesen. Da war es gut, dass die Seele des Kindes darauf bestanden hatte, nicht ohne Kinderausweis zu gehen. »Doch wenn ich jetzt nicht gehe, kann ich wahrscheinlich nie mehr gehen«, fügt Rita noch hinzu.

Ob dieser Schritt gut für sie ist, weiß ich bis heute nicht. Ich konnte nur da sein, sie begleiten und mit ihr zusammen die Botschaften aus ihrem Unbewussten dechiffrieren. Sie achtete auf ihre Träume und auf das, was sich in ihrem Leben ergibt, wo sich Türen öffnen, Wege versperren, wo es glatt geht und wo es Hindernisse gibt. So fanden wir zusammen heraus, wohin ihr Lebensweg sie führte.

In relativ kurzer Zeit gewann sie ein stärkeres Selbstbewusstsein und erlebte mehr Daseinsfreude, als es ihr bisher gegeben war. Der Weg über die Grenze schien der richtige für Rita gewesen zu sein. Doch mir ist bewusst, dass hinter jeder Ecke ein Dämon lauern kann, und ich passe gut auf, wo er sich möglicherweise bemerkbar macht …

Über die Grenze gehen heißt, ein neues Leben zu beginnen. Im Fall dieser Frau bedeutet es, ihr altes Skript abzulegen, das sie aufgrund dessen, was ihr in ihrem Elternhaus vermittelt wurde, in Konventionen eingesperrt hatte. Sie tut etwas Ungewöhnliches, indem sie »einen lieben Mann und ein kleines Kind« verlässt. Ihre Eltern reagieren verständnislos, und ihre Schwiegereltern sind böse mit ihr. Einige Freunde bleiben ihr, andere verliert sie. Es ist ein harter Gang, für den sie sich entschieden hat, und sie weiß nicht, wie es »drüben«, jenseits der Grenze, jenseits des Skripts aussieht. Doch sie weiß: Ohne diesen Mut und ohne dieses Wagnis einzugehen, würde sie ihren Lebensweg verfehlen, würde »ziellos dahinleben wie meine Eltern und meine Schwiegereltern, würde resigniert, vielleicht krank, in einem langweiligen, seichten Lebenshafen dümpeln. Nur das nicht! Ich will Mut und Stärke, Kraft und Ausdauer zeigen. Ich weiß, dass ich geführt werde«.

Ohne ein Wagnis einzugehen, kann man der Stimme des Schicksals nicht folgen.

Was braucht man, um über die Grenze zu gehen? Im schon erwähnten Buch von Paulo Coelho, »Der fünfte Berg«, heißt es:

»Man braucht Disziplin und Geduld, um es zu überwinden.«

»Und Hoffnung. Ohne sie gibt man den Kampf gegen das Unmögliche lieber gleich auf.«

»Es geht dabei nicht um die Hoffnung in die Zukunft. Es geht darum, die eigene Vergangenheit wieder zu erschaffen.«

Die Vergangenheit vergessen

Ich finde den Gedanken zur Veränderung des Lebensskripts, den Coelho in seinem Buch über den Propheten Elia beschreibt, so interessant, dass ich ihn hier wiedergeben möchte. Elia spricht mit einem Hirten:

»Ich habe das vorher nicht verstanden«, meinte Elia. »Was bedeutet, die eigene Vergangenheit wieder zu erschaffen?«

»Ich habe die Leute auf ihrem Weg nach Tyrus und Sidon hier vorbeikommen sehen. Einige klagten, sie hätten in Akbar nichts erreicht, und suchten nach einer anderen Zukunft.

Irgendwann kamen alle wieder hier vorbei. Sie hatten immer noch nichts erreicht, weil sie mit ihrem Gepäck auch das Gewicht ihrer vergangenen Niederlagen mitgeschleppt hatten. Der eine oder andere hatte einen Regierungsposten ergattert oder einen besseren Lehrer für seine Kinder – doch mehr war es nie. Denn ihr Leben in Akbar hatte sie ängstlich gemacht, und es fehlte ihnen an Selbstvertrauen, um sich hinauszuwagen.

Die Niederlagen der Vergangenheit blockieren Kräfte für eine bessere Zukunft.

Aber es sind hier auch viele erfüllte und begeisterte Menschen vorbeigezogen, die jede Minute in Akbar genutzt und das nötige Geld für die Reise gespart hatten, die sie machen wollten. Für diese Menschen war und ist das Leben ein ständiger Sieg. Und sie konnten wunderbare Geschichten erzählen. Sie hatten alles erreicht, was sie wollten, weil sie die vergangenen Niederlagen abgeworfen hatten.«

Die Worte des Hirten trafen Elia mitten ins Herz.

...

»Wenn ihr eine Vergangenheit habt, die euch nicht befriedigt, dann vergesst sie jetzt«, fuhr er fort. »Erfindet eine neue Geschichte für euer Leben und glaubt daran. Konzentriert euch nur auf die Augenblicke, in denen ihr erreicht habt, was ihr wolltet – und dann wird diese Kraft euch helfen zu erreichen, was ihr euch wünscht.«

Aufgewärmtes Leid macht die Seele sauer.

Der Hauptakzent des Vergessens liegt auf den Niederlagen. Wer seine Niederlagen mit sich herumschleppt, hat schwer zu tragen und wird den Grenzübergang nicht schaffen, weil sie ihm/ihr die dazu nötigen Kräfte rauben.

»Das kannst du nicht!« – »Das schaffst du nie!« – »Da hast du wieder Mist gebaut!« – »So dumm, wie du bist ...!« – »Du hast doch erlebt, dass es nicht geht!«

Solche Einflüsterungen, immer und immer wieder zu sich selbst gesagt, setzen das schönste Selbstbewusstsein schachmatt. Niemand kann etwas Neues schaffen, wenn er nicht an sich und die eigenen Kapazitäten glaubt. Daher arbeiten Transaktionsanalytiker/innen, wenn es um Skriptveränderung geht, mit den drei Ps. Sie heißen:

Potency – Permission – Protection
(Stärke) – (Erlaubnis) – (Schutz)

Das bedeutet: Ohne die entsprechende *Stärke*, die entsprechenden *Möglichkeiten* (die Ressourcen, die im Inneren bereitliegen, die innere Quelle), ohne die *Erlaubnis*, das Leben nach eigenen Vorstellungen zu gestalten und nicht nach denen der Eltern, und ohne den *Schutz*, die *Unterstützung* durch die liebevolle Ermutigung, die man sich selbst geben muss, die man sich aber auch von Freunden, Therapeuten, Lehrern und anderen wohlgesinnten Menschen holen kann, ist eine Skriptveränderung nicht zu schaffen.

Wollen Sie Ihr Skript also wirklich verändern?

Es kann sein, Sie sagen: »Nein danke. Denn nach allem, was ich bisher gelesen habe, finde ich mein Leben so, wie ich mich darin eingerichtet habe und es in Zukunft gestalten möchte, gut, schön, reich, befriedigend und erfüllend. Und jetzt lese ich, was ich zusätzlich in mein Leben hineinnehmen kann, damit es noch leichter und bunter wird. Das reicht mir. Verändern möchte ich nichts.«

Wenn es so ist, sind Sie zu beglückwünschen, und ich freue mich mit Ihnen, dass Sie dies für sich persönlich sagen können.

Wenn es jedoch nicht so ist und Sie finden, Sie wollen etwas in Ihrem Leben verändern, sollten Sie zunächst schauen, ob Sie nur ein wenig Veränderung, ein bisschen mehr Farbe und Leichtigkeit in Ihr Leben bringen möchten – im Sinne eines »Sich-besser-im-Skript-Einrichtens«, was vollkommen in Ordnung wäre. Spielen Sie also ruhig mit den Checks, Übungen und Tipps aus diesem Buch, lassen Sie sich anregen von ihnen, greifen Sie dies und jenes auf und freuen Sie sich, wenn das Schicksal Ihnen ein Leben beschert, das relativ einfach, ohne allzu große Komplikationen verläuft.

Vor jeder Veränderung steht eine bewusste Entscheidung.

Falls Sie aber finden, dass Sie Ihr Leben so wie bisher nicht weiterleben wollen, dass es zu langweilig, zu schwierig, zu anstrengend, zu schmerzhaft, zu ängstigend, zu einengend, zu grau, zu zäh oder gar unerträglich ist, dann nehmen Sie allen Mut, der in Ihnen ist, zusammen und fassen den festen, unwiderruflichen Entschluss, Ihrem Leben eine neue Richtung zu geben, es in Ihre eigenen Hände zu nehmen, es bewusst zu gestalten und laut und kräftig Ja zu sich selbst zu sagen, zu diesem einen Leben, das Sie heute und morgen erwartet.

Wozu? Um Ihrem inneren Kind die Heimat zu geben, nach der es sich sehnt.

Wie? Mit Ihrem Verstand und Ihrer ganzen Liebe zu sich selbst.
Wo? In Ihrem Kopf und Ihrem Herzen.
Wann? Jetzt gleich – sofort. – **Packen Sie's an!**

Zusammenfassung

In diesem Kapitel haben wir die Veränderung des Lebensplanes unter die Lupe genommen: welche Voraussetzungen es braucht, welche Hindernisse erschwerend wirken und wie der Durchbruch gelingen kann.

- Es ist gar nicht sicher, dass ein Mensch, der sich vornimmt, sein Leben zu verändern, wirkliche Veränderung anstrebt, die zunächst mit mancherlei Unbequemlichkeiten verbunden ist. Denn »der Mensch ist ein Gewohnheitstier« und schlägt unbewusst zunächst meist den gewohnten Weg ein, weil es am bequemsten ist. Dies entspricht – physikalisch gesehen – der Schwerkraft, die auf unserem Planeten herrscht. Deshalb suchen manche Menschen statt einer wirklichen Veränderung lediglich eine Möglichkeit, sich in ihrem Skript besser einzurichten.

- Auch Lebenspläne, die auf Erfolg »programmiert« sind, enden nicht unbedingt befriedigend. Gerade wenn alles gut zu laufen scheint, kann aus dem Hinterhalt der »Dämon« auftauchen, der all das mühsam Geschaffene mit einem schadenfrohen »Kick« und höhnischem Lachen zunichte macht. Da gilt es, vor allem in Zeiten des Aufstiegs und Erfolgs, »höllisch« aufzupassen. Die Geister aus der Schattenwelt, dem dunklen Reich des Unbewussten, lauern allüberall und treiben unentwegt irgendwo mit irgendjemandem ihr Unwesen. Gegen sie, so Eric Berne, kann man nur mit »Zaubersprüchen« vorgehen. Wer nicht beherzt ins Unbewusste hinabtaucht (siehe nächstes Kapitel) zu der Quelle seiner Ressourcen, also das »Wasser des Lebens« trinkt, bleibt den Gefahren der Unterweltsmächte ausgeliefert. Das Material, das aus dem Unbewussten ins Bewusstsein geholt wird, muss aktiv gestaltet, kreativ verarbeitet werden, um nicht wieder ungenutzt im Unbewussten zu versinken.

Zur Neugestaltung des Lebens gehört Power. Diese Kraft stellen uns die Emotionen zur Verfügung, die uns in starke Erregung versetzen können, das Herz erbeben oder erschüttern lassen, die Seele mit Angst und Schrecken, den Geist mit kalter Wut oder heißem Zorn erfüllen. Diese starken Gefühle, zu denen neben den gerade genannten auch die Liebe, die Freude und die Trauer gehören, haben die Aufgabe, den nächsten Bewusstseinsschritt zu bahnen. Sie schaffen den Ein-, Auf- und Durchbruch, öffnen die Schleusen zum »inneren Keller« oder sprengen den Weg in die nächsthöhere Etage.

Check · Übung · Tipp

Check

Auswertung des Fragebogens zu Kapitel 6

Im Fragebogen des vorigen Kapitels hatten Sie die Möglichkeit, die Gefühle einzuordnen, mit denen Sie Ihr Leben gestalten:

Je mehr Eintragungen Sie bei *Eigentlich immer* und *Eigentlich nie* gemacht haben, desto stärker ist Ihre emotionale Reaktion auf sich selbst, die anderen und die Welt. Sie sind ein Typ, dem Gefühle sehr wichtig sind.

Wenn Sie hingegen häufiger *Im Großen und Ganzen* oder *Ab und zu* angekreuzt haben, scheinen Sie nachdenklicher zu sein, stärker das Rationale mit einzubeziehen.

Beides ist in Ordnung. Es gibt keine bessere oder schlechtere Art, mit sich und anderen umzugehen – sie ist einfach unterschiedlich.

Sofern Sie eher zu den »Emotionalen« gehören, werden Sie – je stärker, desto mehr – Kraft zur Veränderung in sich spüren, während die Menschen im Mittelbereich sich eher ein wenig zögernd – gerade was Veränderungen anbelangt – verhalten.

Sollten Sie in allen vier Bereichen etwa gleich viele Nennungen haben, ist es wahrscheinlich, dass Sie ein sehr ausgewogener Mensch sind, der sowohl nachdenklich als auch emotional reagiert.

Im Allgemeinen sind wir gewohnt, bestimmte Gefühle – wie Freude und Liebe – als positiv, andere – wie Ärger, Angst, Wut, Trauer – dagegen als negativ zu bezeichnen. Diese Wertung unterliegt der in unserer Kultur herrschenden Moralvorstellung. Vor allem Kinder dürfen nicht wütend sein oder sich ärgern (obwohl Erwachsene ihren Ärger manchmal äußerst deutlich zeigen), und in manchen Familien werden Angst und Trauer nicht gerne gesehen. »Sei nicht traurig, lach lieber«, so wird dann dem Kind vermittelt. Oder: »Ein Indianer kennt keinen Schmerz.«

Mit welchen Gefühlen wir überwiegend oder sogar ausschließlich spontan auf die verschiedenen Bedingungen des Lebens reagieren, hängt oft nicht davon ab, ob diese der jeweiligen Situation angemessen sind, sondern ob es Gefühle waren, die Mutter und Vater favorisierten, während sie den Ausdruck anderer Gefühle ablehnten. Transaktionsanalytiker/innen sprechen hierbei von »Lieblings«- oder »Ersatz«-Gefühlen.

Anhand des Fragebogens in Kapitel 6 können Sie selbst herausfinden, zu welchen Gefühlen Sie neigen, welche Sie mehr und öfter leben als andere.

Falls Sie Ihr Skript verändern wollen, können Sie nun stets darauf achten, ob das Gefühl, das zuerst in Ihnen auftaucht, wirklich der Situation angemessen ist, oder ob Sie einer »Gefühlsmasche« nachhängen, d. h., ob Sie den »Lebenspullover« weiter stricken, den Ihre Eltern Ihnen einst übergezogen haben. Vielleicht wollen Sie ihn ja lieber aufribbeln und aus Ihrem Skript aussteigen, also künftig die Gefühle in Ihnen hochkommen lassen, die wirklich der jeweiligen Situation entsprechen.

▶ Übung

Der Schlüssel zum eigenen Skript

Mit der folgenden Übung können Sie das Thema Ihres persönlichen Skripts erkennen:

- Erinnern Sie sich an eine Geschichte oder ein Märchen, die/das in Ihrer Kindheit, in der Zeit, bevor Sie in die Schule gingen, eine wichtige Rolle für Sie gespielt hat. Welche Lieblingsgeschichte, welches Lieblingsmärchen hatte der kleine Junge/das kleine Mädchen, der/das Sie damals waren? Falls Ihnen gar keine Geschichte einfallen sollte, gibt es vielleicht ein Kinderlied, das Sie besonders beeindruckte.

  Nehmen Sie ein Blatt Papier und schreiben Sie eine kurze Zusammenfassung dieser Geschichte/des Märchens/des Liedes auf. Es sollen nur etwa sechs oder sieben Zeilen sein, allerhöchstens zehn, denn es geht um das Wesentliche.

  Lesen Sie die Geschichte vorher nicht nach, falls Sie noch das Buch dazu haben.

- Überlegen Sie, welche Geschichte, welches Buch, welches Theaterstück oder welcher Kinofilm Sie in der Zeit der Pubertät, also etwa im Alter zwischen 14 und 20, besonders beeindruckt hat.

  Schreiben Sie auch darüber eine kurze Inhaltsangabe.

- Als Drittes folgt eine Geschichte aus den vergangenen zwei bis drei Jahren. Es kann wieder ein Buch sein, ein Theaterstück, Kino- oder Fernsehfilm; eine Geschichte, die Sie bewegt, beeindruckt hat, die nicht spurlos an Ihnen vorübergegangen ist.

  Schreiben Sie bitte auch hier wieder eine kurze Zusammenfassung.

- Nun lassen Sie zunächst alle drei Geschichten in der jeweiligen Kurzfassung auf sich wirken. Und dann schauen Sie genauer hin: Gibt es Ähnlichkeiten – zwischen der 1. und der

3. Geschichte? Ähneln sich die handelnden Personen, vor allem die Hauptakteure? Was ist das Thema in beiden Geschichten? Gibt es Parallelen?

- Dann betrachten Sie die Geschichte aus der Pubertät näher. Gibt es auch hier Ähnlichkeiten zu den anderen beiden Geschichten? Oder geht es gerade um das *Gegenteil* des Themas der 1. und der 3. Geschichte?

  Wenn z.B. die Protagonisten der 1. und 3. Geschichte Frauen sind, kann in der Pubertätsgeschichte ein männlicher Held die Hauptrolle spielen – und umgekehrt. Oftmals liegt in der Pubertätsgeschichte die Ergänzung zum Thema der anderen beiden. Oft, jedoch nicht immer.

- Als Letztes fassen Sie das Thema der 1. und 3. Geschichte in *einem* Satz zusammen, das Thema der Pubertätsgeschichte ebenfalls.

- Und ganz zum Schluss können Sie noch diese beiden Sätze zu *einem einzigen* Satz zusammenziehen.

Damit haben Sie sich ein wichtiges Thema Ihres Lebens erarbeitet und können nun entscheiden, ob Sie dieses Thema weiterleben oder ob Sie es loslassen und sich für ein Leben entscheiden wollen, das frei ist von jeglichem Thema, das Sie einfach von Tag zu Tag, von jetzt zu gleich, in immer wieder neuer Entscheidung leben wollen.

▶ Tipp

Erfinden Sie »Zaubersprüche« gegen die Macht des »Dämons«.

Dazu überlegen Sie sich die wichtigsten Teilziele Ihres Lebens. Was möchten Sie in Ihrem Leben alles erreichen? In Bezug auf:

- Ihr Privatleben?
- Ihre berufliche Tätigkeit?

- Ihr Liebesleben?
- Ihre Herkunftsfamilie?
- Ihre eigene Familie, falls Sie eine haben?

Schreiben Sie sich diese Ziele auf, und zwar jeweils:

- für die nächsten sechs Monate,
- für das nächste Jahr,
- für die nächsten zwei Jahre,
- für die nächsten drei Jahre,
- für die nächsten fünf Jahre,
- für die nächsten zehn Jahre.

So könnten Sie beispielsweise auf jeweils einem Kärtchen notieren:

- *Für die nächsten sechs Monate möchte ich im Bereich meiner Familie folgendes Ziel erreichen:*

....

(z. B. den Haushalt so rationell gestalten, dass mir mehr Zeit für mich selbst bleibt)

Oder:

- *Für die nächsten zwei Jahre möchte ich im Bereich meiner beruflichen Tätigkeit folgendes Ziel erreichen:*

....

(z. B. meine bisherige Tätigkeit optimal nutzen, dazu noch einen Abendkurs in ... besuchen und dann in die nächsthöhere Position wechseln)

Wenn Sie das gemacht haben, überlegen Sie sich, was Ihnen alles einfallen könnte, um Ihr gesetztes (Teil-)Ziel *nicht* zu erreichen, wie Sie sich also selbst »ein Bein stellen« könnten (siehe dazu auch unter 1.3 im Fragebogen zum Lebensplan im 2. Kapitel).

Damit dies *nicht* geschieht, erfinden Sie einen »Zauberspruch«, den Sie sich jedes Mal vorsagen, wenn Sie merken, dass der Dämon nach Ihnen greift (wenn Sie sich z. B. sagen: »Heute gehe ich mal nicht in den Abendkurs – einmal ist keinmal.«).

Kapitel 8

Unsere Lebenspläne in den Träumen

Ich habe es bereits erwähnt: Ob wir unser Leben bewusst nach einem bestimmten Plan leben oder es einfach so nehmen, wie es kommt, wir tun gut daran, stets mit dem Unbewussten zu rechnen. Wir sind leider »nicht Herr unserer selbst«, wie uns schon Sigmund Freud, der Entdecker des Unbewussten, wissen ließ. Der größere Teil unseres Selbst liegt verborgen in den Tiefen des Unbewussten, so wie sechs Siebtel eines Eisberges unter der Wasseroberfläche. Gerade wenn wir uns vor den Fallen, die die »Bewohner der Unterwelt« uns stellen, hüten wollen, müssen wir wachsam sein. Da wir jedoch nicht 24 Stunden am Tag wach sein können, sondern den nächtlichen Schlaf dringend zur Regeneration brauchen, sollten wir lernen, eine gewisse Wachsamkeit auch während des Schlafes aufrechtzuerhalten. Diese Art Wachsamkeit nennen wir »träumen«.

Doch bevor ich Ihnen sage, wie Sie Ihre Lebens- und Skriptthemen auch in Ihren Träumen wieder entdecken, noch einige grundsätzliche Bemerkungen zum Unbewussten.

Versprechen – verlegen – vergessen – vertun

Sigmund Freud (1964) hat ein ganzes Buch nur über die kleinen und größeren Alltagsunbewusstheiten geschrieben. Sie alle kennen das: Ohne es zu wollen und manchmal sogar ohne dass es Ihnen auffällt, sagen Sie etwas anderes, als Sie ursprünglich sagen wollten.

Da gibt es eine kleine, witzige Geschichte – ich weiß nicht, ob sie wirklich passiert oder nur gut erfunden ist:

Freudsche Versprecher

Zu einer Rundfunkansagerin meinte eine Kollegin: »Und wenn du jetzt die Nussknacker-Suite von Tschaikowsky ankündigst, pass auf, dass du dich nicht wieder versprichst und Nusskacker-Suite sagst.«

Die Angesprochene bedankte sich und versprach aufzupassen. Der Sendetermin kam und sie begann: »Meine Damen und Herren, Sie hören jetzt die Nussknacker-Suite von Tscheißkowsky.«

Ob diese Geschichte nun wahr ist oder nicht, spielt keine Rolle, zeigt sie doch sehr gut, wie das Unbewusste uns in der Hand hat – mehr als uns im Allgemeinen klar ist und mehr, als wir es wünschen. Die Macht des Unbewussten ist nicht zu unterschätzen. In dieser Geschichte wird deutlich, dass selbst bewusstes Aufpassen das Durchbrechen dessen, was in uns eigentlich vorgeht, nicht verhindern kann. Vielleicht findet diese Rundfunksprecherin, dass sie einen »Scheißjob« hat. Vielleicht »stinkt es« ihr, immer nur als Ansagerin tätig zu sein, und sie würde lieber in Hörspielen mitwirken. Oder sie hat eine/n Vorgesetzte/n, die/der immer wieder »Stunk« macht. Das traut sie sich aber nicht ins Bewusstsein kommen zu lassen, geschweige denn zum Ausdruck zu bringen; möglicherweise weil sie im aggressiven Bereich grundsätzlich gehemmt ist oder aus Angst, ihren Job zu verlieren.

Häufig spielt uns das Unterbewusstsein einen Streich.

In Therapien ist immer wieder zu hören, dass Menschen sich vor allem dann versprechen, wenn sich das Gespräch auf einen zentralen Konfliktpunkt zubewegt. Häufig geschieht es, dass eine Frau, die über ihren Ehemann spricht, plötzlich sagt: »Mein Vater ...« Oder umgekehrt sagt der Mann auf einmal: »Meine Mutter ...«, wenn er von seiner Ehefrau erzählt, oder auch: »Meine Frau ...«, wenn gerade seine Mutter das Thema ist. Auch Töchter können mit Müttern und diese mit Töchtern vertauscht werden, ebenso Söhne mit dem Ehemann und umgekehrt. Gerade im familiären Bereich berühren die jeweiligen Beziehungspartner oft Konstellationen aus der Vergangenheit und sprechen – unbewusst – tief liegende Konflikte an.

Eltern, Ehepartner und Kinder berühren oft einen zentralen inneren Komplex.

Um daran in der Psychotherapie zu arbeiten, sind solche Versprecher hilfreich. Doch im täglichen Leben können sie den Betreffenden – wie die kleine Geschichte oben zeigt – schon in arge Verlegenheit bringen oder gar Unheil anrichten. Stellen Sie sich vor, ein Fluglotse verspricht sich in einem kritischen Moment und gibt dem Piloten eine Anweisung, die diesen in eine gefährliche Situation manövriert. »Menschliches Versagen ...« heißt es dann.

Aber nicht nur Versprecher haben oft peinliche Konsequenzen, auch das Verlegen wichtiger Gegenstände bringt uns manchmal in Bedrängnis. Einmal bestellte ich Karten für die Klosterkonzerte in Maulbronn, für vier Termine den ganzen Sommer hindurch. Sie kamen mit der Post, und ich hatte sie irgendwo hingelegt, wo ich sie erst für den letzten Termin ganz »zufällig« wieder fand. Warum? Meine Liebe für die Maulbronner Konzerte ist nämlich ambivalent: Einerseits höre ich sie sehr gerne, deshalb bestelle ich jedes Jahr für einige Veranstaltungen Karten; andererseits ist es in den alten Gemäuern dort bei schlechtem Wetter ziemlich kalt, und die Bänke sind hart und unbequem. Ich finde es nicht schön, im Mantel und in eine Decke gehüllt der Musik zu lauschen.

Das Merkwürdige daran ist: Man schaut an allen möglichen Stellen, ohne das Gesuchte zu finden, und irgendwann, wenn man an eine dieser Stellen blickt, ohne zu suchen, ist das Verlorene genau da. Solange man es also – unbewusst – nicht finden will, sieht man es auch nicht. So selektiv nimmt unser Bewusstsein die äußere – und die innere – Welt wahr.

Peinlich ist es auch, wenn man den Geburtstag eines nahen Menschen vergisst oder wenn man sich im Datum irrt. Ein Vorstellungsgespräch zu versäumen, indem man sich in Tag oder Zeit vertut, kann sehr ärgerlich sein und unter Umständen einen wichtigen Schritt auf der Karriereleiter verhindern.

Die meisten Menschen ärgern sich daraufhin über sich selbst, was nichts bringt, denn Ärger, vor allem dieser Art, kostet eine Menge Energie. Sehr viel sinnvoller ist in solchen Fällen, einige Besinnungsminuten einzuschalten und sich zu fragen: »Was liegt darunter? Was will ich eigentlich nicht? Oder was will ich *eigentlich*? Was geht in mir vor, das mir nicht bewusst ist? Wozu passiert mir das? Was will das Unbewusste mir damit sagen?« Und dann sollte man eine Weile ganz still werden und auf die Antwort von innen warten. Wer wirklich bereit ist, die Wahrheit über sich selbst zu erfahren, der wird sie auch erhalten. Wird sie aber nicht deutlich, ist das ein Zeichen, dass die Angst vor der eigenen Wahrheit zu groß ist, um sie durchdringen zu lassen.

Statt sich zu ärgern, ist es hier angebracht, ein wenig gründlicher nachzudenken.

Ähnlich geht es uns mit nächtlichen Träumen. Sind wir bereit, ihre Botschaft aufzunehmen, dann werden sie uns diese auch bringen.

Zunächst aber noch etwas Grundsätzliches über Träume:

Traumleben

Über das, was der nächtliche Schlaf im Menschen bewirkt oder was er anrichtet, wenn er bei permanenter Schlaflosigkeit ausbleibt, ist in der letzten Zeit in so genannten »Schlaflabors« viel geforscht worden. Von daher weiß man auch, dass das »Denken im Schlaf«, also die Hirntätigkeit, des Nachts Träume hervorbringt. Ohne die vielen nächtlichen Träume könnte der Mensch nicht wenigstens einigermaßen gesund leben. Es ist also nicht übertrieben zu sagen, unsere nächtlichen Träume seien lebenswichtig.

Jeder Mensch träumt in jeder Nacht viele Träume. Das ist mittlerweile durch Studien nachgewiesen. Die andere Frage ist, ob jeder sich an seine Träume erinnert. Nicht jeder erinnert sich, und die meisten Menschen erinnern nie alle Träume während einer Nacht. Denn Träume, die in den Tiefschlafphasen geträumt werden, sind meist nicht erinnerlich. Am besten bleiben die Träume haften, die während einer Aufwachphase erscheinen.

Träume sind Botschaften aus dem Unbewussten.

In der Jung'schen Psychologie wird davon ausgegangen, dass unsere Träume nicht nur dem Denken des Tages gleichen, sondern dass ihnen etwas aus dem Unbewussten beigefügt ist, was während des Tages nicht gedacht werden kann, weil es zu tief im Unbewussten wurzelt. Man könnte hier von einem »Traumregisseur« sprechen, der über das Wachdenken weit hinausgeht, also jenseits vom Ich-Bewusstsein, das tagsüber das Handeln des Menschen bestimmt. Vielmehr ist dieser »Traumregisseur« wie ein Abgeordneter zu verstehen, der sich von einer höheren Instanz – Jungianer sprechen vom »Selbst« – die Anweisung holt, die gerade für den Träumer/die Träumerin notwendig ist, um den nächsten Schritt zu seiner/ihrer Verwirklichung zu gehen. Diese Anweisung wird meist nicht direkt in der Alltagssprache dargebracht, sondern umgesetzt, verschlüsselt in Bilder und seltsame Zusammenhänge. Warum? Wahrscheinlich, um die Träumenden zu beeindrucken, sie zum Staunen und Fragen zu bringen. Denn wir neigen dazu, Botschaften in der Alltagssprache zu missachten, weil wir in der Kindheit von den Eltern und anderen Erwachsenen damit überhäuft worden sind. So haben wir gelernt, die Ohren weitgehend zu verschließen oder wie Eltern manchmal über unfolgsame Kinder klagen: »Das Gesagte geht in ein Ohr hinein und zum anderen wieder hinaus.«

Träume tun dies im Allgemeinen nicht. Je wichtiger ein Traum ist, desto rätselhafter oder auch angsterregender präsentiert er sich. Denn er soll aufrütteln, soll das Fragen anregen. Er will, dass wir uns mit ihm beschäftigen. Deshalb geht es auch in der Arbeit mit Träumen nicht darum, möglichst schnell eine passende Deutung zu finden, sondern uns möglichst lange mit ihm zu beschäftigen, ihn mit uns herumzutragen wie eine Schwangere ihr Kind.

Träume erfüllen, außer der Verarbeitung des Tagesgeschehens, die Funktion, ins Bewusstsein zu schleusen, was dem Tagesbewusstsein fehlt, um einigermaßen im Gleichgewicht zu sein. In der Fachsprache heißt das: Sie kompensieren das Bewusstsein. Fühlen wir uns niedergedrückt und traurig, dann taucht oft etwas Heiteres, Schönes, Wohltuendes auf. Sind wir dagegen tagsüber gut drauf, kann es sein, dass die Nacht uns einen Traum beschert, der Erschrecken und Entsetzen auslöst. »Warum träume ich das denn jetzt?«, fragt man sich. »Ich fühle mich doch gut.«

Träume gleichen das Geschehen am Tag aus – damit wir im Gleichgewicht bleiben.

»Ja, schon«, mag das Unbewusste sagen, »es ist auch schön, dass du dich gut fühlst, doch vergiss nicht, da gibt es einiges in dir, was du noch nicht kennst. Gerade wenn du dich gut und stark fühlst, kann ich dir zumuten, dich mit dem auseinander zu setzen, was eben nicht gut und schön ist. Und wenn du es dir jetzt nicht anschaust, wirst du damit in deiner Todesstunde konfrontiert. Also los, überwinde dich, sei mutig und tapfer und schau dir auch das Schreckliche an.«

So streng geht das Unbewusste manchmal mit uns um. Zum Glück. Denn niemandem bleibt etwas von der Ganzheit seines seelischen Geschehens erspart. Die Frage ist nur, wann man es sich anschaut. Sagen wir also Ja zu jeder Konfrontation aus dem Unbewussten und schauen uns an, was es uns bietet. Wenn nicht jetzt, wann dann?

Der Hund

Der folgende Traum stammt von einem jungen Unternehmer, der sich gerade in schwierigen geschäftlichen Verhandlungen befand. Karl träumte:

Unternehmer »mit Biss«

»Ich verlasse das Haus, in dem meine Arbeitsstelle ist, und will zu meinem Auto gehen. Da plötzlich springt mich ein Hund an, so mittelgroß, und beißt mich in meinen rechten Arm. Ich will ihn abschütteln, aber er hat sich festgebissen. Ich rufe um Hilfe. Doch niemand erscheint. Endlich werde ich den Hund doch los und suche nach dem Besitzer, um mich zu beschweren. Aber den gibt es hier nicht.

Dann wechselt die Szene. Es ist der nächste Tag, und ich gehe an die Stelle zurück, wo mich der Hund angefallen hat, und will mein Auto abholen. Doch es ist nicht zu finden. Ich frage jemanden, und der sagt, es sei beschädigt worden und meine Versicherung habe es geholt, um es zu reparieren.«

Ich fragte Karl, wie ich es bei der Arbeit mit Träumen immer tue, was ihm zu »Hund« einfällt, was ein Hund für ihn bedeutet. Er überlegte:

»Ein Hund ist ein Weggefährte, ein treuer Begleiter des Menschen, er ist beschützend und hält bedingungslos zu seinem Herrn.«

Da er sich gerade in einer schwierigen Situation in seinem Berufsleben befand, würde er genau das brauchen, meinte ich. Wir sprachen ausführlicher über seine Probleme, und plötzlich sagte Karl: »In der letzten Zeit ist mir immer mal wieder mein Großvater eingefallen. Komisch, denn ich habe lange nicht an ihn gedacht.«

Ich ließ mir diesen Mann schildern, und es stellte sich heraus, dass er ein »Unternehmer durch und durch« war, energisch und durchsetzungsfähig, ein »lustbetonter Unternehmer«, der auch schwierige Situationen »souverän gemeistert hat«.

»Er hatte ›Biss‹?«, fragte ich, und Karl bejahte dies sofort.

»Man könnte also sagen, er war ein ›Hund‹?«

»Ja, er hatte so etwas Verwegenes«, bestätigte Karl.

Und auf einmal ist der Traum klar. Der Großvater erscheint in diesem Traum als Hund. Warum nicht einfach als Großvater? Weil in dieser Gestalt nicht unbedingt das deutlich würde, was der Träumer jetzt braucht. Er braucht den »Biss«, den der Großvater hatte. Er braucht nicht den Großvater als gesamte Persönlichkeit, sondern die Anteile, die ihn als Unternehmer auszeichneten, also den »Hund«, der einerseits ein treuer Weggefährte ist und andererseits trotz seiner Ergebenheit auch »Biss« zeigt.

Träume können Hinweise auf Ressourcen geben, die ungenutzt in unserem Inneren liegen.

Und was heißt es, dass er sein Auto nicht findet? Das Auto bedeutet im Allgemeinen die Kraft, die Energie, die man benötigt, um sich im Leben fortzubewegen, um die Fahrt, als die man das Leben auch sehen kann, schaffen zu können. Wenn das Auto beschädigt ist, kann es in diesem Fall heißen, dass er noch nicht genügend Kraft mobilisiert hat, die er für seinen Weg braucht. Doch »seine Versicherung« – die Ressourcen, die in der Tiefe seiner Seele lagern – hat schon verstanden, um was es geht, und repariert das Auto. Karl wird die Energie für seine Aufgabe durch das Unbewusste erhalten. Es ist kooperativ.

Am Schluss der Stunde fragte ich noch, wie der Großvater mit Vornamen hieß, und es stellte sich heraus, dass beide denselben Vornamen tragen, was ihm bisher gar nicht aufgefallen war. Nun hat er seinen inneren Weggefährten in der Gestalt des Großvaters über den »Hund mit Biss«. Und er hat für die nächste Zeit eine Lebensaufgabe: herauszufinden, auf welche Art er ein »Hund mit Biss« werden kann. Denn er kann nicht sein wie sein Großvater. Er muss er selbst werden. Die Erinnerung an seinen Großvater ist jedoch sehr wichtig für ihn, sodass er sich künftig in manchen schwierigen Verhandlungen fragen kann: »Was hätte der Großvater jetzt wohl gesagt? Wie hätte er gehandelt?«

Auf diese Weise setzt er sich zu seinem inneren Wissen in Beziehung. Er holt sich das Wissen, das ihm hilft, das Richtige zu tun, aus den Ressourcen, die in ihm bereitliegen. Dazu gehört der Großvater. Das Unbewusste hat ihm sozusagen den Hund geschickt, um ihn auf diese Seite im eigenen Wesen, die auch stark im Großvater ausgeprägt war, hinzuweisen.

Der Traum gibt auch Hinweise, wie der junge Mann sein Skript verändern kann Karl ist mit vielen Geschwistern aufgewachsen. Die Mutter hatte wenig Zeit, sich um ihn, den Jüngsten, zu kümmern. So hat sie ihm vermittelt, er möge bitte pflegeleicht sein. Diesen (unausgesprochenen) Wunsch hat er ihr erfüllt. Er machte ihr alles recht, so wie sie es haben wollte, und vergaß dabei, seinen eigenen Willen entsprechend stark zu entwickeln. Er war ein lieber, netter kleiner Kerl, den alle mochten, weil er sich allen anpasste. Das bringt ihm heute einerseits viele Vorteile. Er ist beliebt, und es fällt ihm leicht, auf die Menschen, mit denen er zu tun hat, freundlich und arglos einzugehen. Andererseits liegt darin aber die Gefahr, dass er es zu spät merkt, wenn jemand ihn »über den Tisch zieht«.

Das Unbewusste stellt ihm also über diesen Traum eine Möglichkeit an die Seite – den Großvater als »Hund mit Biss« –, wachsam das Geschehen, in dem er sich befindet, zu betrachten.

Angst-Träume

Dass Träume ängstigen können, weiß jeder. Wer ist nicht des Nachts schon schweißgebadet aufgewacht? Solche Träume weisen immer auf eine Aggressionsproblematik hin. Denn das, was uns in solchen Träumen ängstigt, ist ja etwas Aggressives. Oft wird man von irgendwelchen Schreckensgestalten verfolgt, oder Einbrecher versuchen, da hereinzukommen, wo man sich gerade befindet. Meist kann man dann nicht davonlaufen, obwohl man sich alle erdenkliche Mühe gibt, man ist wie gelähmt. Oder man droht, in einem Sumpf oder Wasser zu versinken.

Wir haben die größte Angst vor unseren eigenen Agressionen.

So auch im folgenden Traum:

Rückwärts ins Bodenlose

»Ich bin in meiner Heimat, in Schweden, am Meer, habe einen Badeanzug an und gehe, wie ich es dort schon oft getan habe, ins Wasser. Der Strand ist felsig und grau, die Stimmung eher düster. Ich gehe ins Wasser, wie ich es immer tue, nämlich rückwärts, damit das kalte Wasser zuerst meinen Rücken und nicht meinen Bauch berührt. Das Wasser ist trübe. Plötzlich aber habe ich keinen Boden mehr unter den Füßen, und es ist, als ob ich versinke. Erschrocken paddle ich ganz wild mit Armen und Beinen, und es gelingt mir, den Kopf über Wasser zu halten und wieder zurück an den Strand zu kommen.«

Die Träumerin, sie heißt Eva, ist 54 Jahre alt. Sie kam zu mir in Therapie nach einer Brustkrebsoperation vor fünf Jahren. Sie hat mich autorisiert, über ihre Geschichte zu schreiben. Im Fragebogen zum Lebensplan (siehe Kapitel 2) gab sie an:

1. Bis zu meiner Krankheit – 1994 – war mein Lebensinhalt, eine gute Mutter, Haus- und Ehefrau zu sein.
   a) Nach meiner Operation wurden Pläne sehr wichtig – überlebensnotwendig. Unter anderem, wieder gesund zu werden und mein seelisches Gleichgewicht (seit vielen Jahren nicht mehr vorhanden) wieder zu finden.
      1) Den größten Teil. Ich fühle mich meistens gut und möchte jetzt neue Pläne machen.
      2) Ich werde in Zukunft darauf achten, mehr Dinge zu tun, die mir Freude machen und die mir ganz persönlich gut tun.
      3) Nichts.

Gerade bei Krebserkrankungen ist Freude sehr wichtig.

Was Eva vor allem Freude macht, ist ihre Arbeit, die sie in Teilzeit ausführt. Sie ist gerne draußen in der Natur, reist so oft wie möglich in ihre Heimat und besucht dort ihre Verwandten. Ganz wichtig sind ihr die täglichen Meditationen und das Üben des Taiji-Qigong, einer alten chinesischen Technik zur Regulierung der Atmung und der Energien, durch die der Körper gesund bleiben oder wieder werden kann. Besonders gern hat sie mit anderen Menschen zu tun. Sie versäumt kein Treffen der wöchentlich stattfindenden Qigong-Gruppen. Während ihrer Kuraufenthalte hat sie einige Freundschaften mit anderen Frauen geschlossen und an ihrem Wohnort eine Selbsthilfegruppe für Frauen, die an Krebs erkrankt sind, gegründet. Ihre Telefonnummer steht wöchentlich in der entsprechenden Kreiszeitung, und sie freut sich über jeden Anruf.

Bewusste, langsame Körperbewegungen bringen harmonisierende Energie in den Gesamtorganismus.

Eva hat sich ein Netz von Kontakten aufgebaut. Etwas Besseres hätte sie gar nicht tun können. Somit ist sie nicht allein, ist eingebunden in einen Kreis von Menschen, die alle wissen, was die Angst vor dieser Erkrankung bedeutet.

Gegen Angst gibt es kein besseres Mittel, als verbunden zu sein mit anderen, zu wissen, dass da jemand ist, der bereitwillig zuhört, versteht, annimmt, tröstet, aufmuntert und Mut macht.

Eva ist weiterhin für ihren Mann und ihre Kinder da, jedoch nicht mehr so ausschließlich wie vor ihrer Krankheit. (Ihre Kinder sind inzwischen erwachsen und ausgezogen.) Jetzt kocht sie nicht mehr jeden Tag, die Wohnung muss auch nicht mehr so penibel aufgeräumt sein, und sie leistet sich bei schönem Wetter lange Spaziergänge oder Radtouren. Sie lebt jetzt in erster Linie für sich selbst und hat dennoch für viele Menschen, die es brauchen, ein offenes Ohr.

Und da liegt der bedeutsame Unterschied: *Muss* man aufgrund einer bestimmten Rolle, aufgrund der unbewussten Skript-Entscheidung für andere da sein, oder *darf* man aus bewusster Entscheidung in eigener Art für Menschen da sein. Darf man da sein, weil man gebraucht werden *möchte,* oder muss man da sein, weil man als Kind vermittelt bekam, dass es so zu sein hat.

Es sieht also alles sehr positiv aus bei Eva. Und jetzt träumte sie, dass sie beinahe untergeht. Was war da los?

Eva selbst gab den Hinweis zum Verständnis des Traumes: »Ich gehe mit dem Rücken ins Wasser, wie ich es immer tue.«

Diese Angewohnheit greift das Unbewusste auf, um ihr klarzumachen, dass so ein Verhalten in anderen Zusammenhängen gefährlich werden könnte. Denn wenn sie mit dem Rücken zuerst ins Wasser geht, sieht sie nicht, was vor ihr liegt. Sie kann dann nur sehen, was sie zurücklässt. Sie schaut gleichsam in die Vergangenheit. Und dabei geht sie fast unter.

Träume können eine Warnung vor Gefahren enthalten, die dem Träumenden drohen.

Über den Traum erfuhr sie, dass das Unbewusste sie warnt: »Gehe mit offenen Augen vorwärts. Schau, wohin du gehst, sonst könnte dir etwas in den Rücken fallen. Schau nicht zurück, sondern vorwärts.«

Eva nahm den Traum ernst und dachte darüber nach, ob sie in ihrem Leben noch mehr verändern möchte. Sie spürte vage, dass es an der Zeit war für weitere Neuerungen.

Nach ein paar Tagen träumte sie Folgendes:

Das schwarze Loch

»Ich fahre zu einem Supermarkt zum Einkaufen, parke mein Auto und nehme mir einen der Einkaufswagen, die da stehen. Der Supermarkt ist hell erleuchtet, doch zu meinem Erstaunen sind keine Waren darin. Mir wird gesagt, ich soll drüben, im anderen Teil des Marktes einkaufen. Ich drehe mich um und sehe eine Halle, die stockdunkel ist. Ich schaue wie in ein schwarzes Loch. Ich erwache mit Angst.«

Schatten-Arbeit

Hier ist die Antwort des Unbewussten. Jetzt weiß Eva, was in nächster Zeit für sie ansteht, was sie noch verändern muss in ihrem Leben. Sie muss sich den dunklen Seiten ihrer Persönlichkeit zuwenden, muss sich mit den Schatten vertraut machen. Das ist eine enorme Herausforderung, denn es ist nicht leicht, sondern braucht vielmehr großen Mut. Und es ist überaus wichtig. Wer diese Aufgabe nicht leistet, bleibt immer gefährdet, von den dunklen Mächten »verschlungen« zu werden, den dämonischen Kräften hilflos ausgeliefert zu sein – und nicht die Ganzheit zu erreichen, um die es im Leben eigentlich geht.

Zum Hellen gehört das Dunkle, zur Ganzheit gehören beide Seiten. Eva ist eine helle Frau, schon vom Äußeren her, aber auch in ihrer Gesinnung, sie denkt positiv und ist offen für andere Ansichten. Ihr »Code-Wort zum Einlass ins Paradies« im Fragebogen zum Lebensplan (in Kapitel 2 unter 9.) heißt »Maharshi«. Sie hat vor vielen Jahren über Freunde diesen indischen Meditationsmeister kennen gelernt und praktiziert seitdem mit sehr viel Freude die Meditationsweise, die er lehrt.

Eva hat eine Siegerausstrahlung, und ich bin überzeugt, sie lebt ein Gewinner-Skript, trotz – oder gerade – wegen ihrer Erkrankung. Sie sieht darin eine Chance, das zu verwirklichen, was sie ohne diese Krankheit vielleicht nie getan hätte. Und jetzt geht es verstärkt um ihre dunklen Anteile, ihre Aggressivität. Was nicht bedeutet, dass Aggressivität unbedingt etwas Dunkles oder Böses sein muss.

Es ist wichtig, sich seinen dunklen Anteilen, den eigenen »Schatten«, zu stellen.

Eine wichtige Beobachtung ist, dass Menschen, die an Krebs erkranken, oftmals Schwierigkeiten haben, ihre Aggressionen zu spüren, geschweige denn zu leben. Aggressionen aber, die eingesperrt im Inneren, unterdrückt, nicht wahrgenommen werden, können aus dem Untergrund heraus viel Unheil anrichten – was wir uns mit den Dämonen schon klargemacht haben.

Ich habe Eva geraten, diesen letzten Traum sehr ernst zu nehmen und mit ihm zu arbeiten. Sie möge sich ihn doch noch einmal vergegenwärtigen und dann in dieses schwarze Loch hineingehen, und zwar vorsichtig und langsam, mit

Mut, aber nicht übermütig. Wenn die Angst zu groß wird, solle sie damit aufhören. Und sie solle sich jemanden mitnehmen, dem sie vertraut. Diese/n stelle sie in der Fantasie an ihre Seite oder lasse ihn/sie hinter sich Acht geben. Denn man darf sich den dunklen Mächten nicht allzu forsch und ungeschützt ausliefern.

Vor etwa einer Stunde habe ich mit Eva telefoniert und erfahren, dass sie es probiert hat. Doch da seien ihr so grausige, hässliche, dunkle Gestalten erschienen, dass sie große Angst bekam und nicht weiter hinschauen wollte. Ich habe sie beruhigt, dies sei so in Ordnung, doch sie solle nicht aufgeben und sich so lange mit dem dunklen Supermarkt beschäftigen, bis sie weiß, was darin für sie zu finden ist.

Den ängstigenden Inhalten des Unbewussten kann man sich nur vorsichtig, Schrittchen für Schrittchen, nähern.

Es ist ein tolles Bild für die Inhalte des unbekannten Unbewussten: ein Supermarkt! Was man da alles »kaufen« kann. Vor allem natürlich »Lebensmittel«, also »Lebens-Notwendiges«. Ich bin sicher, Eva wird dort einiges für sie sehr Wichtiges entdecken. Doch so eine Arbeit braucht Zeit, Geduld und Mut. Man kann sie nicht ohne weiteres und »nebenher abspulen«. Sie setzt große Ernsthaftigkeit voraus und die Bereitschaft, sich dem zu stellen, was man gar nicht gerne an sich mag, sich mit dem Abgelehnten, Ungeliebten zu konfrontieren, eben mit den »Schatten«.

Nur so kann man stark und angstfrei werden. Wer sich in der »Hölle« gut auskennt, dort gewissermaßen ein und aus geht, den verlässt die Angst. Mut heißt: mit der Angst das tun, was Angst macht, um angstfrei zu werden.

»Schatten« bedeutet allerdings nicht nur etwas, das wir als dunkel, böse oder schlecht bewerten. Auch nicht gelebte Begabungen können im »Schatten des Bewusstseins« liegen. Viele Menschen wissen gar nicht, welche Fähigkeiten unentwickelt und ungenutzt in den Tiefen ihrer Seele ruhen. Ich habe es oft erlebt, dass wahre Talente zum Vorschein kommen, wenn ich bei Klienten und Klientinnen anrege, zu malen oder sonst wie schöpferisch tätig zu werden.

Und auch das ist eine Beobachtung, die ich schon häufig gemacht habe: Menschen, die diese Fähigkeiten nicht leben, erkranken eher als die, welche ihr kreatives Potenzial voll ausschöpfen. Genau darauf kommt es an, wenn alle Energien dem Leben zur Verfügung gestellt werden sollen, weil sie sonst, unerkannt und ungeachtet, irgendein Unheil im Organismus anrichten – ähnlich wie vitale Kinder, wenn man sie nicht beschäftigt.

Sterben lassen

Viele Menschen reagieren mit Angst auf Träume, in denen etwas zerstört wird oder jemand stirbt.

Eine Frau, 48 Jahre alt, erwachte sehr erschreckt aus folgendem Traum:

Das »göttliche Kind«

»Ich halte ein Kind, mein Kind, auf dem Arm. Es ist ein Säugling im Strampelhöschen. Ich erzähle ihm, wie schön das Leben ist. Doch es schaut immerzu hinauf in den Himmel, und da sehe ich ein anderes Kind, das meinem winkt und ihm sagt, dass es sterben wird. Ich bin entsetzt, verzweifelt und sage: ›Nein, du sollst nicht sterben, das Leben ist doch so schön, und du bist ganz gesund, es gibt überhaupt keinen Grund zu sterben.‹ Doch mein Kind schaut weiter zu dem ›Himmelskind‹. Da erzähle ich ihm, dass nun der Winter kommt und es lustig ist, draußen den anderen Kindern beim Schlittenfahren zuzuschauen. Es sagt, das wolle es sehen. Es sagt auch, ich solle sein Händchen halten, das es zu dem ›Himmelskind‹ erhoben hat. Ich halte sein Händchen und gehe mit ihm ans Fenster, um ihm die Schlittenfahrer zu zeigen. Es sieht hinaus, lächelt glücklich und stirbt. Ich spüre, wie es kalt wird in meinem Arm. Ich schluchze und wache auf.«

Worum geht es in diesem Traum? Es geht um das innere Kind. Das soll sterben? Auf den ersten Blick scheint dies etwas Negatives zu sein. Denn das Kind bedeutet neues, beginnendes, nach Wachstum strebendes Leben. Es repräsentiert die Ganzheit, weil es mit allen Anlagen, Fähigkeiten und Begabungen auf die Welt kommt, die es braucht, um sich zu seiner vollen Persönlichkeit zu entwickeln. Dieses ursprüngliche, ganzheitliche innere Kind wird aufgrund der Möglichkeiten, die in ihm schlummern, in den Mythen der ganzen Welt als das »göttliche Kind« beschrieben.

Dieses Kind der Träumerin soll sterben? Nein, das göttliche Kind stirbt nicht, wie der Traum zeigt. Es ist das »Himmelskind«, welches das andere zu sich ruft. Was heißt das? Es bedeutet, dass die infantile Seite der Frau sterben muss. Es ist die Seite, die das Leben nicht realistisch, sondern illusionär sieht. Der Träumerin wird auf drastische, ihr Gefühl stark bewegende Weise gezeigt, dass es Zeit ist, ihre Illusionen aufzugeben. Wenn sie sagt: »... das Leben ist doch so schön ...«, sieht sie nicht die Realität, sondern macht sich etwas vor, was es nicht gibt: ein nur schönes Leben. Natürlich gibt es Glücksmomente und Vergnügliches – so wie das ausgelassene Schlittenfahren der Kinder –, doch es gibt auch viel Trauriges, Schmerzliches, Ärgerliches und Widerwärtiges.

Das Infantile, wozu auch Illusionen gehören, aber ebenso übertriebene Bescheidenheit oder narzisstische Ansprüchlichkeit, muss sterben, damit das ganzheitliche Kind sichtbar wird und gelebt werden kann. Denn solange wir mit der Maske des ernsthaften, wichtigen Erwachsenen herumlaufen, hinter der ein unglückliches oder quengeliges Kind darauf wartet, dass ihm die Trauben gereicht werden, die es selbst nicht pflücken mag, weil es ängstlich oder bequem ist – so lange können wir gar nicht wissen, wer und wie wir eigentlich sind, so lange können wir die Bestimmung, Aufgabe und den Sinn unseres Lebens nicht erfassen. Wenn wir das ganzheitliche Kind in uns nicht kennen lernen, bleibt uns das Geheimnis unseres Le-

Sterben bedeutet im Traum, Abschied zu nehmen von Überholtem.

bens verborgen, weil nur das freie, natürliche, ursprüngliche, unmittelbar schauende Kind es verstehen und lüften kann.

Dazu aber muss das Infantile, Ansprüchliche, Bequeme in uns sterben. Auf das Lebensskript der Träumerin bezogen heißt dies: Sie muss die »Froschhaut« abziehen, die ihr in ihrer Kindheit in Form von entsprechenden Einschärfungen und Antreibern, Geboten und Verboten, Zuschreibungen und Botschaften übergezogen wurde. Sie darf wieder die Prinzessin werden, das »göttliche Kind«, als das sie, wie jede/r von uns, geboren wurde. Sie muss zum Ursprung zurückkehren, zu den Wurzeln tief in ihrer Seele, muss also die Ressourcen anzapfen, zur Quelle gehen und »... werden wie die Kinder ...«, die allein ins Himmelreich eintreten können.

Wenn die Froschhaut abfällt, kann die wahre Gestalt aufscheinen.

Wann immer in einem Traum etwas oder jemand stirbt, heißt das für den Träumer/die Träumerin, dass ein Teil seiner/ihrer Persönlichkeit überholt ist, dass dieser Teil nicht mehr geeignet ist für das, was es heute zu tun gilt. Es bedeutet, sich von Veraltetem trennen zu müssen, um das Neue erfahren und entwickeln zu können, denn nur wenn das nicht mehr Brauchbare stirbt, kann das jetzt Gebrauchte kommen.

Pluto ist es egal, wie du stirbst

Deshalb sind diese Träume so wichtig. Sie künden eine Wandlung an, denn Tod bedeutet allgemein »Wandlung«. Und oft ist es so: Wer nicht bereit ist, die seelische Wandlung zuzulassen, den kann der Tod auf physische Weise ereilen. Wenn Wandlung sein muss, dann ist es ihr egal, wie du stirbst – seelisch oder körperlich.

Menschen, die in einer tiefen Depression versinken oder Selbstmordgedanken hegen, wissen, dass es *so* nicht mehr weitergehen kann, dass ihnen ihr Leben so nicht mehr möglich ist. Es muss gewandelt werden, gewendet, wie in schlechten Zeiten alte Mäntel gewendet wurden: »Aus Alt mach Neu. Krempel dein bisheriges Leben um, erneuere es. Bringe innen nach außen, verkehre rechts und links, unten und oben. Verrücke deine Welt, sonst wirst du verrückt. Halt inne, kehr um; nicht zurück, von wo du herkommst, sondern ändere deine Richtung. Nimm einen anderen Weg, denn der bisherige führt nicht weiter, sondern schnurstracks in den Abgrund. Besinne dich. Sperr deine Augen auf und sieh. Beginne die Welt mit anderen Augen zu sehen. Mach sie weit auf, deine Augen, und schau. Schau dir genau an, was du siehst. Schüttel deine Illusionen ab. Mach dir nicht länger etwas vor. Sieh die Realität. Zieh ein neues Gewand an und geh hinaus in eine neue Welt – in die, die es wirklich gibt. Nicht in die, die du dir zurechtgesponnen hast. Zerreiße das Gespinst in deinem Kopf, um der Klarheit willen.«

So könnte Pluto sprechen, der Wandlungsplanet im Horoskop. Wann immer er auf den Plan tritt – und wir leben alle in einer von Pluto, vom Plutonium, stark beeinflussten Welt –, gilt es, an Wandlung zu denken; nicht im alten, wenn auch so bequemen Schlendrian zu bleiben, sondern uns aufzumachen zu neuen Ufern, gilt es, neue Pläne zu schmieden und die alten über Bord zu werfen.

Wir leben in einer Zeit, in der Erneuerung für uns alle ansteht. Wir überschreiten eine große Datumsgrenze, und das bedeutet: Überdenke zumindest deine bisherigen Konzepte und entscheide, ob du sie *so* behalten willst. Oder ob es sich nicht vielmehr lohnt, sie zu überarbeiten, sie umzuschreiben. Wenn nicht jetzt, wann dann? Wie gesagt: Pluto ist es egal, wie du dich wandelst.

Träume sind Richtungsanzeiger für notwendige Veränderungen.

Und wenn wir wissen wollen, welche Richtung wir einschlagen sollen, gibt es keine bessere Orientierung als unsere nächtlichen Träume. Weil da die Konzepte in unseren Köpfen durcheinander gebracht werden, sodass sie neue Gestalt annehmen können. Es gibt nichts Kreativeres als die Traumgeschichten, die uns allnächtlich gezeigt werden. Schauen wir uns also nicht länger die ohnehin langweiligen Filme an, die tagsüber in unseren Köpfen ablaufen, sondern freuen wir uns auf das nächtliche Kino, das immer für Überraschungen gut ist. Der »innere Traumregisseur« ist unser bester Freund. Er ermöglicht es, online zu sein mit dem Selbst, mit dem Urgrund, aus dem alles kommt, was wir brauchen, auch das Wissen, wohin wir gehen sollen. Es ist weit umfassender und vielfältiger als das Internet. Schließen Sie sich an, gehen Sie online. Die Technik dazu finden Sie im Arbeitsteil.

Zusammenfassung

In diesem Kapitel ging es um unsere Träume. Was sagen sie über den Lebensplan des Betreffenden aus? Welche wichtige Botschaft steckt in den Träumen, die uns zunächst negativ und bedrohlich erscheinen?

- Das Unbewusste ist mächtig; niemand kann sich ihm entziehen. Normal bewusste Menschen können es nicht verhindern, dass sie sich gelegentlich versprechen, etwas vergessen, verlegen oder auch etwas tun, was sie bewusst nicht tun wollten. Da dies nicht zu vermeiden ist – es sei denn, man wäre so bewusst, wie es vielleicht ein Heiliger sein könnte –, besteht die Chance darin, ein solches Hervorbrechen des Unbewussten für den Selbstwerdungsprozess zu nutzen, indem wir bei diesen Gelegenheiten fragen: »Was mag dahinter, darunter stecken? Was ist in mir, das ich nicht kenne, das mir so einen Streich gespielt hat? Wieso versucht etwas in mir, mich ›austricksen‹? Steckt ein Dämon dahinter, oder ist es vielmehr ein hilfreicher Geist, der mich auf etwas Bestimmtes, Wichtiges aufmerksam machen will?«

- Träume sind die besten Ratgeber, wenn es darum geht, Hinweise auf den Weg zu suchen, der ans Ziel führt. Sigmund Freud bezeichnete Träume als den »Königsweg« zum Unbewussten. Träumen gehört zum Lebendig- und Gesundbleiben der Seele. Dazu ein Lesetipp: das auch für Laien gut verständliche Buch aus der Jung'schen Psychologie von Hans Dieckmann (1979), »Träume als Sprache der Seele«.

- Träume geben uns keine direkten Hinweise, sie verpacken ihre Botschaften in Bilder, Symbole und Geschichten. Diese Geschichten sind oft sehr seltsam, damit wir sie nicht so schnell vergessen, sondern sie möglichst lange mit uns herumtragen. Nur so können sie bleibende Spuren in uns hinterlassen und langfristig dazu beitragen, dass wir die Schätze aus den Tiefen des Unbewussten bergen.

- Keine Bange vor Angst-Träumen! Gerade sie sind über die Mobilisierung von Energie, die in der Angst steckt, äußerst hilfreich. Sie zeigen besonders eindrucksvoll, was wir verdrängt haben, nämlich unsere aggressiven Anteile. Jeder Mensch verfügt über aggressive Kräfte, sie gehören zum Überleben, zum Stand- und Aushalten in schwierigen Situationen. Doch wo sie verdrängt und nicht wahrgenommen werden, stehen sie uns nicht zur Verfügung. Über Angst-Träume können sie bewusst werden.

- Altes, Überholtes, nicht mehr Brauchbares muss sterben, sonst kann nichts Neues nachkommen. Also: Keine Angst vor Träumen, in denen jemand stirbt oder beerdigt wird. Widersetzen wir uns nicht der Vergänglichkeit. Damit würden wir nur wertvolle Energien vergeuden.

Check · Übung · Tipp

Check

Für die eigene Arbeit mit Träumen sollten Sie folgende vier Punkte beachten:

1. Alles, was im Traum geschieht, gehört zur Persönlichkeit des Träumers/der Träumerin. In der Sprache der analytischen Psychologie: Betrachten Sie jeden Traum auf der Subjektstufe. Jeder andere Mensch, jedes Tier, jeder Gegenstand, auch Landschaften und Räume sind bestimmte Teile, bestimmte Färbungen der eigenen Person. Der ganze Traum *bin ich.*

Manchmal können Sie einen Traum *zusätzlich* zur Subjektstufe auch noch auf der *Objektstufe* betrachten. Wenn ein Mensch im Traum auftaucht, den Sie gut kennen und der dort genauso aussieht wie in der Alltagswelt, ist die Überlegung gerechtfertigt, was die Handlung des Traumes mit diesem Menschen zu tun haben könnte.

2. Träume können ein Geschehen aus der Vergangenheit bespiegeln oder etwas aus der Zukunft vorwegnehmen. Denn das Unbewusste ist zeitlos. Es kennt keine Aufteilung in vorher, jetzt und nachher. Da kann alles gleichzeitig sein – und dadurch manchmal verwirrend. Diese Verwirrung ist allerdings heilsam, denn sie bricht die fest gefügten Absperrungen in unseren Köpfen auf. Sie macht deutlich, dass die Kausalität eine Erfindung des Intellekts ist, die unsere Orientierung in der Welt erleichtern soll. Im Traum »denken« wir wie kleine Kinder: intuitiv, zeitlos, magisch.
3. Träume sollte man ansehen wie eine »Just-so-Story«. Hüten Sie sich, allzu viel hineinzuinterpretieren. Es ist auch nicht nötig, irgendwelche allgemein gehaltenen Traum-Interpretationsbücher zu konsultieren. Oftmals steht dort ziemlich viel Unsinn, was Sie nur noch mehr verwirrt oder ängstigt. Vertrauen Sie Ihrer Intuition mehr als allen Büchern. Lassen Sie sich von den Bildern des Traumes »verzaubern«. Viel besser als eine Interpretation ist es, mit dem Traum einfach umzugehen – im wahrsten Sinne des Wortes. Nehmen Sie ihn mit in den Tag, was immer Sie tun. Behalten Sie ihn im Gedächtnis, erzählen Sie ihn anderen Menschen. »Spielen« Sie mit ihm. Ihre Seele wird es Ihnen mit mehr Lebendigkeit und Wohlgefühl danken.
4. Was Sie machen, wenn Sie sich nicht an Ihre Träume erinnern? Auf alle Fälle: sich selbst keine Sorgen. Sie träumen garantiert, auch wenn Sie Ihre Träume nicht im Gedächtnis behalten. Das regelt schon Ihr seelisch-körperlicher Organismus. Auch in den Träumen, an die Sie sich nicht erinnern, werden die Tagesereignisse, Ihre Sorgen und

Leiden verarbeitet. Ihre Seele kümmert sich besser um Sie, als Sie es vermuten. Vielleicht ist sie der Auffassung, traumloser Schlaf sei besser für Sie als Traumkino. Vertrauen Sie Ihrer Seele und freuen Sie sich, wenn Sie gut schlafen.

▶ Übung

Führen Sie ein Traumbuch

Wenn Sie sich nicht an Ihre Träume erinnern, gehen Sie in eine aktive Imagination. Die Anleitung hierzu finden Sie in Kapitel 10. Eine aktive Imagination bewirkt oft ein vermehrtes und erinnerbares Traumleben.

Wenn Sie sich an Ihre Träume erinnern, legen Sie sich ein Traumbuch an. Das kann ein ganz gewöhnliches Schulheft sein oder aber ein Ringbuch bzw. ein Aktenordner. Wichtig ist, dass Sie die Blätter, auf denen Sie Ihre Träume notieren, chronologisch einheften. Denn nur so können Sie den Prozess beobachten, der in Ihnen abläuft. (Und es läuft immer einer ab, ob Sie ihn nun wahrnehmen oder nicht.)

- Setzen Sie sich zu einer ruhigen halben Stunde während des Tages hin, nehmen Sie die Stichworte, die Sie sich nach dem Aufwachen notiert haben (siehe im nachfolgenden **Tipp**), und schreiben Sie Ihren Traum auf, so wie Sie ihn erinnern.

- Lesen Sie ihn ein- oder zweimal durch und lassen ihn einfach als »Just-so-Story« auf sich wirken. Lassen Sie sich von den Bildern und der Stimmung des Traumes »gefangen nehmen«.

- Schreiben Sie unter den Traum, was am Tag, bevor Sie ihn geträumt haben, gewesen ist, womit Sie sich beschäftigt hatten. Überlegen Sie, ob es etwas Besonderes gab. Hat Sie etwas innerlich sehr »umgetrieben«? Fühlten Sie sich von etwas belastet? Haben Sie sich Sorgen gemacht? Gab es Ärger? Plagten

Sie sich gerade mit einer wichtigen Entscheidung herum? Liegt Ihnen etwas im Magen oder auf der Seele? Gab es eine große Freude, ein unerwartetes, ein glückliches Geschehen?

Schreiben Sie alles auf, was Ihnen dazu einfällt.

- Nun lesen Sie den Traum noch einmal durch und schreiben Sie alles auf, was Ihnen zu den Bildern des Traumes einfällt.

Wenn andere Menschen im Traum aufgetaucht sind, fragen Sie sich: »Wem gleicht er/sie?« Wenn Ihnen dazu jemand aus Ihrer Umgebung einfällt, schreiben Sie auf, welche Eigenschaften Sie an diesem Menschen feststellen. Nicht, welche er *hat,* sondern die, welche *Sie* sehen. Dann schauen Sie, ob Sie diese Eigenschaften an sich selber finden. Wenn ja, fragen Sie sich, ob Sie sie mögen. Wenn nein, überlegen Sie, ob Sie diese vielleicht deshalb ausblenden. Denn alle auftretenden Figuren im Traum sind Projektionen Ihrer Persönlichkeitsanteile. Der Traum ist wie ein Puzzle Ihrer Persönlichkeit. Setzen Sie es zusammen und Sie erhalten immer wieder ein neues Bild von sich selbst.

Im Laufe der Jahre sammeln Sie auf diese Weise viele kleine Bausteine für ein wunderbares Mosaikbild Ihres Selbst.

- Außerdem können Sie einige Ihrer Träume auch malen – gestalten – tanzen.

Sie können Dialoge mit den Figuren des Traumes führen – immer wissend: Das bin ich.

Es gibt ein berühmtes indisches Mantra, Sie können es sich zu Eigen machen: *»Tat tvam asi« – »Das bist du!«*

▶ Tipp

Wenn Sie ein Übriges tun wollen, sich an Ihre Träume besser erinnern zu können, sollten Sie Folgendes beachten:

Anstrengende, aktionsreiche Tage und kurze Nächte, ausgiebige, schwere Mahlzeiten kurz vor dem Schlafengehen, viel Alkohol und Nikotin während des Tages und ein lauter

Wecker, nach dessen Klingeln Sie sofort aus dem Bett springen müssen, verhindern die Erinnerung an den Traum.

Da man sich meist nur an Träume aus einer Aufwachphase (häufig auch in der Nacht, weil Sie vielleicht zur Toilette müssen) erinnert, sollten Sie sich in der Zeit des Aufwachens nicht zur Eile treiben. Üben Sie, langsam aufzuwachen, ganz allmählich zu sich zu kommen. Stellen Sie den Wecker auf fünf Minuten vor dem Aufstehen, aber drehen Sie sich nicht auf die andere Seite, um wieder einzuschlafen, sondern bleiben Sie ganz ruhig liegen und fragen Sie sich: »Habe ich gerade etwas geträumt?« Versuchen Sie, wie ein staunendes Kind zu schauen, was da vor Ihren inneren Augen abgelaufen ist.

Dann erheben Sie sich ganz langsam, nehmen Stift und Block, die immer auf Ihrem Nachttisch liegen, und notieren Sie sich in *Stichworten* das, was Sie erinnern. In Stichworten, denn wenn Sie Details aufschreiben, rutscht Ihnen der Gesamtzusammenhang wieder weg. Das können Sie tagsüber oder am Abend vor dem Schlafengehen in aller Ruhe nachholen. Was wichtig ist, erinnern Sie anhand der Stichworte.

Ein Traum muss keine lange Geschichte sein. Manchmal besteht er nur aus einem Bild oder einem Satz oder einfach einer gewissen Stimmung.

Halten Sie auch das schriftlich fest. Alles ist wichtig, was Ihnen nach dem Aufwachen durch den Kopf geht. Auch das, was Sie erinnern, nachdem Sie schon ein bisschen wach sind.

Sagen Sie nicht: »Ach, das ist jetzt nicht so wichtig«, wenn Ihr Traum nur ganz einfach, ohne »tolle Symbole« ablief. Gerade die einfachen Träume können bedeutsame Informationen enthalten. Ein Traum muss nicht »interessant« sein. Im Gegenteil, sehr buntes, ungewöhnliches Geschehen kann von der eigentlichen Botschaft ablenken.

Missachten Sie Ihre Träume nicht, weder weil sie einfach sind, noch weil Sie sie nicht auf Anhieb verstehen.

Lieben Sie Ihre Träume – jeden – und Sie werden durch sie bereichert werden.

Kapitel 9

Das »Cockpit« muss in Ordnung sein – Bewusstheit für ein klares Bewusstsein

Wer wirklich sein Leben verändern will, braucht dazu mehr als Bereitschaft, Wille, Erkenntnis und Übung. Wir können voller Begeisterung zu allem Möglichen bereit sein, wundervolle Aha-Erlebnisse haben und 1000 Übungen machen, um nach einem Jahr festzustellen: Jetzt haben wir einige Falten mehr im Gesicht, ansonsten hat sich nichts verändert. Und uns fällt ein: Wie war das doch mit jener Übung? Ach ja, ganz nett. Aber genützt? Hat sie was gebracht? Na ja, so ist es eben. Da gibt es immer mal wieder ein Buch, das dies und jenes oder alles verspricht – aber es bleibt beim Versprechen. Da gibt es mal diese oder jene Methode, dies und jenes ist eine Zeit lang »in« – aber tatsächlich ändern tut sich nichts.

Kein Buch, keine Methode allein kann etwas verändern. Wenn man wirklich etwas verändern will, genügen die besten Hinweise und Übungen nicht, solange er/sie nicht an die Stelle geht, wo allein Veränderung stattfinden kann: im Gehirn.

Rätselhaftes Gehirn

Unser Gehirn ist einerseits etwas Wunderbares, andererseits aber auch nichts Besonderes. Es unterscheidet sich nur geringfügig von dem unserer Mitlebewesen, den Tieren. Es ist so hochkompliziert, dass Hirnforscher das meiste wohl noch nicht wissen. Und es ist so einfach, dass es immer wieder nach denselben Mustern funktioniert. Absolut stur, jedoch nicht starr. Obwohl es nie mehr so aufnahme- und lernbereit ist wie in den ersten Lebensjahren – je jünger wir sind, desto mehr können wir sozusagen wie im Schlaf lernen –, ist es doch ein Leben lang »plastisch«, modellierbar. Es funktioniert nach festgesetzten Regeln, und trotzdem können wir es beeinflussen.

Das grenzt nicht nur an Kunst. Es *ist* eine Kunst, das Gehirn in unserem Sinne zu beeinflussen. Es ist eine Kunst, Bewusstheit zu schaffen, so wie Künstler es auch tun. Das Gehirn läuft brav in seinen vorgegebenen Bahnen, und wenn wir etwas anderes von ihm wollen, müssen wir es geradezu überlisten. Das heißt, wir wissen immer etwas mehr als unser Gehirn, obwohl wir eigentlich nur das wissen können, was in ihm steckt.

Es gibt vermutlich etwas, das dort nicht gespeichert ist. (Da sind die verschiedenen Hirnforscher allerdings unterschiedlicher Meinung.) Nämlich etwas, das sich unseres Gehirns bedient. Der Philosoph Karl Popper nennt es »die Welt 3« oder den »selbstbewussten Geist«. Einige Wissenschaftler sehen es so, dass Gott/Geist/Bewusstheit in und mit unserem Gehirn »spielt« und wir ohne Gott/Geist/Bewusstheit ziemlich arm dran wären, weil so unbewusst wie die meisten unserer Mitgeschöpfe. Vielleicht ist unser Gehirn ja Gottes liebstes Spielzeug.

Menschliches Wissen steckt nicht nur im Gehirn.

Zum täglichen Leben braucht man nicht unbedingt Bewusstheit. Man kann auch ohne ganz gut leben. Das meiste bewältigen wir »unbewusst«, routinemäßig. Wenn wir so leben, bleibt alles beim Alten, bleibt alles so, wie es sich eingespielt hat. Das ist die Funktionsweise des Gehirns. Gelernt ist gelernt, was man kann, das kann man. Schwimmen verlernt man nicht, ebenso wenig wie Rad fahren – ein bisschen Übung und es klappt wieder.

Um Neues zu lernen, d. h., um Veränderungen zu verwirklichen, braucht man zunächst ziemlich viel Aufwand, je älter man ist, desto mehr. Das Gehirn bleibt ein Leben lang plastisch, und selbst Menschen mit Alzheimer-Erkrankung können sich noch ein wenig regenerieren, wenn man sich viel mit ihnen beschäftigt, wenn man ihr Gehirn in Aktion hält.

Unser Gehirn funktioniert wie ein angepasstes Kind. Was man ihm beibringt, das macht es. Wenn man ihm nichts mehr beibringt, wird ihm schnell langweilig und es fängt an, Unsinn auszuhecken – mal hierhin, mal dahin zu gucken, sich unruhig um sich selbst zu drehen, gelangweilt ein bisschen dies, ein bisschen das zu machen, schließlich quengelig zu werden und zuletzt einfach einzuschlafen. Wenn es über viel Energie verfügt, kann es auch in die Rebellion gehen oder verrückt spielen. Es lässt seinen Träger mit Worten, mit Schreckschusspistolen, im schlimmsten Fall mit einem echten Gewehr herumballern. Es lässt ihn/sie theaterreife Szenen aufführen, benimmt sich »hysterisch« oder versinkt, mehr oder weniger dramatisch, in Teilnahmslosigkeit.

Wenn wir das alles nicht wollen, dürfen wir unser Gehirn nicht sich selbst überlassen, sondern müssen es unseren Zielen gemäß beeinflussen – so wie ein Pilot im Cockpit seine Instrumente. Ein Pilot stellt sein Cockpit nicht einmal ein und kümmert sich dann nicht weiter darum. Er überwacht es, reguliert mal hier, mal da etwas, stellt einiges um, je nach den sich verändernden Bedingungen.

Stellen Sie sich vor, Sie steigen in ein Flugzeug, der Pilot begrüßt Sie herzlich an Bord und sagt: »Ich habe das Cockpit so eingestellt, dass die Maschine nach New York fliegt. Ich wünsche Ihnen einen guten Flug.« Dann steigt er aus. Ich hätte Bedenken, ob wir wirklich in New York ankommen, und würde auch aussteigen.

Wer seinen Lebensplan wirklich verändern will, darf nicht mit Autopilot fliegen.

Genauso ist es mit der Veränderung des Lebensplans: einfach neu einstellen, also diese oder jene Übung machen, Affirmationen schreiben usw. genügt nicht. Das Entscheidende ist, dass Sie die Rolle des Piloten übernehmen; nicht nur einige Wochen oder ein Jahr lang, sondern immer – Ihr Leben lang. Pilot ist ein Lebensberuf. Seien Sie Pilot für Ihr Lebensschiff, zu Lande, zu Wasser und in der Luft. Ein Pilot, der seine Maschine sicher über den Atlantik steuern will, vergewissert sich, dass sein Cockpit, sein Arbeitsplatz, in Ordnung ist, bevor er startet. Er überprüft die Instrumente. Das sollten wir auch tun.

Check-up

Das Wichtigste zuerst: Wenn Sie Ihr eigener Pilot sein, Ihr Leben selbst steuern wollen, brauchen Sie eine entscheidende Voraussetzung, die nur Sie dazu befähigt: die ernsthafte Bereitschaft, die alleinige Verantwortung für Ihr Leben zu übernehmen und auch zu tragen.

Halt, halt, sagen Sie nicht zu schnell: »Das tu ich doch!« Die allermeisten Menschen tun es nicht. Sie glauben es nur. Doch wenn man genauer hinschaut bzw. hinhört …

Formulieren Sie viele Sätze mit »man« statt mit »ich«? Sagen Sie beispielsweise: »Da müsste man noch einmal drüber nachdenken …« statt »Da möchte ich noch mal drüber nachdenken …«? Oder sagen Sie: »Ich wollte dir noch sagen …« statt »Ich will dir noch sagen …«?

Im ersten Fall wälzen Sie die Ich-Verantwortung auf ein unbekanntes »man« ab, im zweiten Fall legen Sie sich nicht fest, was Sie *jetzt* wollen, sondern schieben der Vergangenheit die Verantwortung zu. Wenn das, was Sie zu sagen haben, nämlich nicht ankommt, könnten Sie aus der schwierigen Situation flüchten, indem Sie darauf hinweisen, dass das Gesagte ja etwas sei, was der Vergangenheit angehört, heute jedoch würden Sie etwas ganz anderes (sagen) wollen.

Voraussetzung für jede wirksame und dauerhafte Veränderung ist, die volle Verantwortung für sich zu übernehmen.

Oder sind Ihre Sätze gefüllt mit »irgendwie …, eigentlich …, eventuell …, nach Möglichkeit …, vielleicht …, einigermaßen …«? Benutzen Sie gerne den Konjunktiv: »würde …, wäre …, könnte …, müsste …«? »Man müsste vielleicht nach Möglichkeit, zumindest einigermaßen, irgendwie da eine Veränderung reinbringen …«

Oder wie man es dem im Caféhaus sitzenden Wiener nachsagt, der in schlimmen Zeiten seufzt: »Es muss was g'scheh'n.«

Doch *wer* tut genau *was* und *wann* – voll verantwortlich sowohl für das Gelingen als auch für ein Scheitern der Aufgabe?

Es ist eine Ausrede zu meinen: »Aber so reden doch alle. Das besagt nicht viel.« Schon richtig, doch der allgemeine Redestil verrät auch eine allgemeine Haltung. Nämlich – »nach Möglichkeit« (!) – nicht selbst verantwortlich zeichnen zu müssen für das, was ich sage. Denn Reden ist Denken und Denken ist Handeln. Auf diese Weise lassen wir unser Gehirn fahrlässig in alten, eingeschliffenen Bahnen dümpeln.

Unsere Sprache, die uns als Menschen gegenüber allen Mitgeschöpfen auszeichnet, verrät, was wir denken bzw. wie wir innerlich zu uns selbst und unserer Umwelt eingestellt sind. Und so, wie wir eingestellt sind, verhalten wir uns, was oft – wir sahen es im vorigen Kapitel – aus dem Unbewussten hervorbrechen kann als versprechen, vergessen, verlegen oder vertun.

Unsere Kommunikation ist Ausdruck der inneren Einstellung.

Es gibt noch andere Verhaltensweisen für das Abgeben von Verantwortung. Sagen Sie vielleicht, wenn Sie gestresst aus dem Büro nach Hause kommen, zu Ihrem Partner/Ihrer Partnerin: »Oh, habe ich heute wieder Kopfweh!« und legen sich – ein wenig theatralisch – aufs Sofa, hoffend, dass Ihr Partner/Ihre Partnerin einfühlsam fragt: »Liebling, soll ich dir einen Tee bringen? Möchtest du eine Kopfschmerztablette?« Und wenn weder das eine noch das andere Angebot kommt, fühlen Sie sich dann von Ihrem Partner/Ihrer Partnerin unverstanden, ungeliebt? Erleben Sie ihn/sie als unsensibel, gleichgültig Ihrem Leid gegenüber?

Doch Ihr Partner/Ihre Partnerin nimmt Sie in so einem Fall einfach nur ernst. Denn Sie haben weder um Tee noch um eine Kopfschmerztablette gebeten, sondern lediglich eine Aussage gemacht, die nicht kommentiert zu werden braucht.

Jetzt können Sie einwenden: »Aber muss man, d. h. ›ich‹ (!), denn erst immer um alles bitten? Kann der andere einem,

d. h. ›mir‹ (!), nicht mal die Wünsche von den Augen ablesen? Wozu lebt man schließlich in einer Partnerschaft?«

Ausreden! Eine Lebensgemeinschaft funktioniert umso besser, je direkter man sich mitteilt. Liebe heißt nicht, dem anderen die Wünsche von den Augen abzulesen. Denn auch die Augen spiegeln die Wünsche nicht unbedingt direkt, und es bedeutet viel Aufwand für den Partner/die Partnerin zu erraten, was Sie gerade wollen. So sind Sie allerdings der Verantwortung enthoben, klar, direkt und unmissverständlich zu sich selbst und Ihrem Verhalten zu stehen.

Auch in einer Partnerschaft vermeidet direkte Kommunikation ärgerliche Missverständnisse.

Sind Sie sich außerdem bewusst, wie Ihre Stimme auf Ihre Mitmenschen wirkt? Sprechen Sie so leise, dass andere sich anstrengen müssen, Sie zu verstehen oder sich gezwungen sehen nachzufragen? Oder reden Sie so viel, laut und schnell, dass Ihre Zuhörer/innen sich nach kurzer Zeit genervt fühlen? Quatschen Sie die anderen voll, ohne nachzufragen, ob es sie wirklich interessiert, was Sie zu sagen haben? Oder neigen Sie dazu, sich in geheimnisvolles Schweigen zu hüllen, sodass Ihr Partner/Ihre Partnerin sich genötigt fühlt, Sie zum Sprechen aufzufordern oder aber irgendwann neben Ihnen einfach »abschaltet«, innerlich »kündigt«?

Hören Sie den anderen »aktiv« zu? Sind Sie mit Ihrer ganzen Aufmerksamkeit beim Sprechenden, oder lassen Sie Ihre Gedanken irgendwohin schweifen und behaupten später auf ein entsprechendes Nachfragen: »Aber das hast du doch gar nicht gesagt«? Bitten Sie von sich aus Ihr Gegenüber, mit Reden aufzuhören oder eine Pause einzulegen, wenn Sie merken, dass Sie gelangweilt reagieren?

Sie sehen, wie Sprache und ihr Ausdruck die innere Einstellung verraten können. Und die lautet bei vielen Menschen: »Ich lasse mir ein Hintertürchen offen, durch das ich entwischen kann, sobald es brenzlig wird. Ich leg mich nicht fest. Dann kann man mich auch für nichts verantwortlich machen.«

Stellen Sie sich vor, der Pilot des Flugzeugs, in das Sie einsteigen, sagt: »Man versucht, mit dieser Maschine möglicherweise irgendwie nach New York zu fliegen.« Ich bin sicher, Sie würden schnellstens wieder aussteigen.

Wir erwarten selbstverständlich von einem Flugzeugführer, dass er/sie die volle Verantwortung für das, was er/sie im Cockpit tut, übernimmt, dass ihm/ihr das eigene Leben und das der Passagiere so wichtig ist, dass es auf alle Fälle geschützt werden muss.

Warum erwarten wir dasselbe nicht auch von uns, vom Umgang mit dem eigenen Leben? Weil wir uns nur wichtig nehmen, wenn wir in ein Flugzeug steigen? Wohl kaum. Das macht eine solche Haltung ziemlich unverständlich, oder?

»Ach, ich bin ja nicht so wichtig ...«

Stimmt das wirklich? Denken Sie tatsächlich: »Auf mich kommt es doch nicht an ... Es gibt so viele bedeutendere Menschen auf dieser Welt ... Ich bin bloß ein kleiner Niemand ... Wer bin denn schon ich ...?« Mit solchen Überlegungen befinden Sie sich auf einem gefährlichen Trip. Stellen Sie sich vor, der Pilot des Flugzeugs würde so denken. Würden Sie ihm Ihr Leben anvertrauen? Wahrscheinlich nicht. Warum vertrauen Sie dann sich selbst Ihr Leben an bei dieser Einstellung?

Diese Art des Umgangs mit sich selbst ist höchst gefährlich – so altruistisch sie auf den ersten Blick auch aussehen mag. Es handelt sich hierbei nämlich weder um Bescheidenheit noch um Demut, wie manche meinen. Echte Bescheidenheit und Demut – beides sind wunderbare Lebenshaltungen – können sich nur aus einer gesunden Selbstachtung heraus entfalten. Wer sich selbst nicht wichtig nimmt, kann auch andere nicht wirklich wichtig nehmen.

Falsche Bescheidenheit ist (lebens-)gefährlich.

Diese »Ich bin nicht wichtig«-Haltung schlägt früher oder später unweigerlich ins Gegenteil um: »Ich bin überaus wichtig!« Dies kann sich zu maßloser Selbstüberschätzung bis hin zum Größenwahnsinn steigern.

Wir haben es bereits gesehen: Die Natur, auch die der Psyche, ist auf Ausgleich angelegt. Wo eine Seite in ein Extrem rutscht, polarisiert sich – immer (!) – die andere Seite ebenfalls im Extrem. Wer verkündet: »Ich bin nicht wichtig«, gibt gleichzeitig damit zu verstehen: »Übersieh mich ja nicht, denn ich bin wichtiger als alle anderen.« Selbsterniedrigung ist also stets eng mit Selbsterhöhung verbunden. Sie meint: »Ich bin jemand Besonderes«, d. h. »jemand Besseres«. Damit schließt man sich aus der Gemeinschaft der Menschheit aus – und heraus kommt der/die »große Einsame«. Ein Mann/eine Frau, der/die meist ein wenig abseits steht, wenn andere munter plaudernd, sich neckend, sich streitend, flüsternd und lachend beieinander sind. »Das ist unter meiner Würde«, denkt sich der/die »Unwichtige«. Und verdrängt damit seine/ihre Angst vor Scham. Er/sie schämt sich seiner/ihrer selbst, schämt sich seines/ihres So-Seins, schämt sich, »nur« ein ganz gewöhnlicher Mensch zu sein, eben das Geschöpf Gottes, das er/sie ist.

Es gibt eine hübsche, sehr nachdenkenswerte Geschichte, die Buddha seinen Schülern erzählt haben soll:

Nur das menschliche Bewusstsein kann den Weg zur Befreiung aus den Verstrickungen des »Samsara«, des ewigen Kreislaufs des Lebens, erkennen. Als Mensch geboren zu werden, ist von daher etwas Kostbares. Doch ist es sehr selten. So wie eine Wasserschildkröte, die im Weltenmeer schwimmt und nur alle 10 000 Jahre einmal auftaucht. Wenn sie beim Auftauchen mit ihrem Kopf zufällig in die Mitte eines Holzreifes gerät, der ebenfalls einsam auf dem Weltenmeer schwimmt, dann wird ein menschliches Bewusstsein geboren.

Alle Menschen sind gleich – und doch ist jeder einzigartig.

So kostbar ist nach Buddhas Auffassung das Leben eines Menschen – jedes Menschen. Nicht das eines Menschen, der sich für etwas Besonderes hält und die anderen gering schätzt;

auch nicht das eines Menschen, der sich selbst gering schätzt und die anderen zu einem Mythos aufbaut, dem er/sie alles Mögliche andichtet, beispielsweise die Menschenverachtung, die in ihm/ihr selber steckt.

Grundsätzlich sind alle Menschen gleich, und dennoch ist jeder einzigartig – ein Individuum, wie es kein zweites auf dieser Welt gibt, gegeben hat und geben wird. Jede/r ist einzigartig. Also sind alle Menschen gleich *und* einzigartig.

Für die Individuation des/der Einzelnen, für das Verlassen des Skripts ist diese Erkenntnis von entscheidender Bedeutung, wobei es hier nicht nur um ein intellektuelles Erkennen geht. Nur wenn es mit einem tiefen Seufzer der Erleichterung – »Endlich! Endlich darf ich einfach sein, wie ich bin – ich bin in Ordnung in meiner Einzigartigkeit!« – verbunden ist, kann es wirksam werden. Ohne diese Haltung voll und ganz eingenommen zu haben, ist ein Verlassen des Skripts nicht möglich.

Und es ist auch nicht möglich mit folgendem Urteil:

»Im Namen des Volkes: schuldig!«

Viele Menschen scheinen in diesem Urteil verhaftet zu sein. Sie strotzen nur so von Schuldgefühlen, als seien diese Garanten für ein »traurig-schönes« Leben und das Leben des »armen Sünders« mit einer besonderen Gnade versehen. Sie lieben ihre Schuldgefühle über alles. Als Therapeut/in hat man nur wenig Chancen, diese grandiose Vorstellung zu erschüttern, geschweige denn aufzuheben. Wir scheinen eine Gesellschaft von Schuldsüchtigen zu sein.

Kaum ein Mensch ist frei von Schuldgefühlen.

Machen Sie ruhig mal die Probe aufs Exempel und fragen Sie Menschen in Ihrem Bekanntenkreis – ganz vertraulich: »Sag mal, fühlst du dich für irgendetwas schuldig?« Die meisten werden nicht lange mit der Antwort zögern und Ja sagen.

Mütter beispielsweise fühlen sich immer schuldig, ihren Kindern gegenüber versagt, ihnen nicht das gegeben zu haben, was diese angeblich brauchten. Die mit vielen Kindern fühlen sich schuldig, dem einzelnen Kind nicht gerecht geworden zu sein. Die mit nur einem Kind fühlen sich schuldig, ihrem Kind die Gemeinschaft von Geschwistern versagt zu haben. Kinder fühlen sich immer irgendwie ihren Eltern gegenüber schuldig. Ehemänner fühlen sich grundsätzlich schuldig, weil sie in den Augen ihrer Frau so viel falsch machen.

Kinderlose Frauen fühlen sich schuldig, weil sie der Fortpflanzung nicht gedient haben. Schulkinder fühlen sich schuldig, weil sie ihren eigenen Ansprüchen, denen der Eltern und Lehrer nie genügen können. Lehrer fühlen sich schuldig, weil sie ihren eigenen Ansprüchen, denen der Schüler, Eltern und des Kultusministeriums nie gerecht werden können.

Neurotische Schuldgefühle kann man aus jeder Lebens-Rolle und -Lage ziehen.

Therapeuten fühlen sich schuldig, die wahren Ursachen der Erkrankung ihrer Patienten nicht herausgefunden zu haben. Patienten fühlen sich schuldig, krank geworden zu sein.

Sekretärinnen fühlen sich schuldig, nicht aufmerksam genug für ihren Chef zu sorgen. Chefs fühlen sich schuldig, ihre Mitarbeiter schlecht behandelt zu haben.

Lokomotivführer fühlen sich schuldig, wenn sich ein Lebensmüder vor den Zug geworfen hat und sie nicht rechtzeitig bremsen konnten.

Autofahrer fühlen sich schuldig, weil sie mit ihrem Fahrzeug die Luft verpesten.

Wir alle fühlen uns schuldig, weil wir die Erde gebrauchen, ohne wirklich in Kontakt mit ihr zu sein.

Sie finden diese Art diffuser Schuldgefühle unsinnig? Ist sie auch. Trotzdem werden sie von vielen Menschen erlebt, und diese Menschen leiden darunter – obwohl solchen Gefühlen keine wirkliche Schuld zugrunde liegt. »Echte« Schuld sieht anders aus und äußert sich mehr in einem Gefühl von Betroffenheit. Echte Schuld ist ehrlich. Da muss der Mensch etwas von seiner Schattenseite zeigen. Wer sich mit wirklicher Schuld beladen hat, steht in gewisser Weise nackt da.

Doch die wenigsten Menschen machen sich »richtig« schuldig. Wie ist das zu verstehen? Ebenso wie Menschen, die sich als nicht wichtig einstufen, ein Selbstwertproblem haben, leiden auch die »Schuldgefühle-Menschen« unter sich selbst. Schuldgefühle zu entwickeln heißt:

1. sich seiner selbst, seines Wertes nicht sicher zu sein;
2. überhöhte Ansprüche an sich selbst zu stellen;
3. scheinbar die Verantwortung für alles Mögliche zu übernehmen (»Ich bin verantwortlich, dass meine Kinder vernachlässigt wurden«);
4. diese Verantwortung aber gleich wieder abzugeben (»Ich hab es einfach nicht geschafft«);
5. somit eigentlich wütend zu sein auf die Anforderungen, die man an sich gestellt sieht, aber nicht erfüllen kann oder will.

Diese Art von Schuldgefühlen, die immer mit einer starken Aggressionshemmung einhergeht, kann Menschen sehr belasten und zu tiefen Depressionen führen. Jeder Depression liegen verdrängte Aggressionen zugrunde. Depressionen aber, so weiß man es heute aus der Hirnforschung, verändern die Hirnstruktur – allerdings nicht unwiderruflich. Forscher haben auch gefunden, dass sich das Gehirn wieder normalisiert, wenn die Patienten geheilt sind:

Schuldgefühle machen krank, und zwar bis ins Gehirn. Das lässt sich verhindern.

Möglicherweise ist die Genesung vor allem eine Leistung des Gehirns, das nach einem Anstoß ein neuroendokrines Gleichgewicht herbeiführt, indem es die kognitiven und emotionalen Fähigkeiten normalisiert. Woher der Kick kommt – aus Gespräch oder Medikament –, ist dabei gleichgültig (»Psychologie heute«, 1999).

Pluto ist es egal, wie wir uns wandeln, und dem Gehirn ist es egal, woher der Kick zur Gesundung kommt. Wie wäre es demnach, wenn wir selbst diesen Kick herbeiführen, indem wir uns unsere unsinnigen Mechanismen klarmachen?!

In der Transaktionsanalyse spricht man in solchen Fällen – sich unwichtig fühlen, Schuldgefühle produzieren – von Spielen, die wir mit uns selber spielen. Das innere Eltern-Ich beschimpft das innere Kind, mäkelt ständig an ihm herum, sodass das Kind sich schlecht, unwert, schuldig fühlt. Bei derart heftigen Angriffen vonseiten des Eltern-Ichs hat das Erwachsenen-Ich (das vernünftige, überlegende, nachdenkliche Ich) keine Chance, sich durchzusetzen. Der »Krieg« läuft ab zwischen dem destruktiven Eltern-Ich und dem angepassten, traurigen, hilflosen, aber auch wütenden Kind-Ich. Doch die Wut nützt dem inneren Kind nichts. Aus Furcht, dann noch mehr Prügel von oben zu beziehen, traut es sich nicht, sie zu zeigen.

Dass sich das arme Gehirn aufgrund eines solchen andauernden Kriegszustandes schließlich verändert, dass sich die Wunden, die das Kind ständig erhält, tief in die Hirnstruktur eingraben, ist nicht erstaunlich. Genauso wenig muss es aber ein Wunder sein, diese krank machenden Strukturen aufzulösen und durch neue, gesunde zu ersetzen. Doch wie geht das?

Die eigenen Grenzen zu akzeptieren, ist der beste Schutz vor Schuldgefühlen.

Menschen, die sich Schuldgefühle einreden, sind nicht bereit, ihre Begrenzungen zu sehen und anzuerkennen. Niemand kann immer *alles* richtig machen, niemand weiß *immer*, was wirklich richtig ist in einer Situation. »Richtig« und »falsch« sind außerdem subjektive Kategorien. Nicht einmal im Gesetzbuch steht eindeutig, was richtig und was falsch ist. Unter besonderen Umständen ist das eine richtig, unter anderen Umständen ist genau dies falsch.

Menschen, die unter Schuldgefühlen leiden, sollten den Anspruch an sich selbst aufgeben, genau wissen zu wollen, was richtig und was falsch ist. Und sie müssten überdies den Glauben ablegen, immer alles richtig machen zu können. »Nobody is perfect.«

Ein gesunder Mensch macht das, was er zu tun hat, so gut er es vermag. Wer sein Bestes gibt und dennoch feststellen muss, dass dies von anderen als nicht genügend betrachtet wird, sollte sich mit seiner menschlichen Begrenztheit abfinden und lernen, zu sich als Fehler machendem Menschen zu stehen – ein Mensch wie alle anderen auch.

Sobald sich nämlich der Virus des »Besonderen« eingeschlichen hat, ist höchste Alarmstufe geboten. Denn dieser Virus ist mindestens ebenso gefährlich wie der der Immunschwäche. Er zerstört das gesunde Selbstwertsystem und hinterlässt, wie jede ernsthafte Erkrankung, Spuren im Gehirn.

Wir und unser Gehirn

Wie aber lässt sich das Gehirn auf Selbstverantwortung programmieren? Dazu muss man wissen, dass es mit vier »Eingangskanälen« arbeitet. Als Erstes wird ein Reiz *wahrgenommen;* dieser wird zweitens auf eine *Erinnerung* hin überprüft; drittens wird er *emotional bewertet,* und viertens folgt daraus das entsprechende *Handeln* (was kein äußeres Handeln sein muss, sondern auch bedeuten kann, dass dieser Vorgang lediglich an geeigneter Stelle abgelegt wird).

Wenn wir wissen, wie unser Gehirn arbeitet, können wir es auch beeinflussen.

Mit diesem Wissen können wir uns zwei grundlegende Mechanismen im menschlichen Verhalten klarmachen:

1. Das Gehirn sucht bei jedem neuen Reiz nach Erinnerungen. Es neigt dazu, den einfachsten Weg zu beschreiten. Liegt schon ein ähnlicher Vorgang in seiner »Ablage«, kann es auch diesen schnell bearbeiten und braucht sich damit nicht weiter zu beschäftigen. Wir erleben das zum Beispiel, wenn wir uns schon hundertmal vorgenommen haben, kleinere Portionen zu essen, dann aber doch den Teller ein zweites Mal füllen, weil wir es bisher meistens so gemacht haben.
2. Jeder neue Reiz wird emotional bewertet. Und da das Gehirn, wie bekannt und in der Natur allgemein üblich, den einfachsten Weg wählt, nimmt es das ihm vertraute Be-

wertungssystem. Wir erleben das am deutlichsten bei Angsterkrankungen, den Phobien: Jemand hat Angst vor Mäusen oder Spinnen, obwohl er verstandesmäßig genau weiß, dass weder Mäuse noch Spinnen eine wirkliche Gefahr bedeuten. Was einmal große Angst gemacht hat, kann schwer in etwas verwandelt werden, das keine Angst mehr auslöst.

Wenn das also so ist, wenn man dieses grundsätzliche Vorgehen des Gehirns nicht verändern kann, wie lässt sich dennoch eine andere Sicht der Dinge, der Welt erreichen? Wie können wir unsere Ängste, Schuldgefühle und andere unliebsame emotionale Reaktionen verändern?

Leben ist die Voraussetzung für jede Entwicklung.

Dazu müssen wir noch einen ganz entscheidenden Schritt im Verständnis unserer selbst weitergehen:

Dass sich auf diesem Planeten, den wir Erde nennen, Lebewesen entwickelt haben, scheint wie ein Wunder. Denn die Sterne und Planeten um uns herum weisen kein Leben auf. Die Entwicklung der Lebewesen in ihrer Vielfalt bis hin zum Menschen und die Entwicklung der Geistestätigkeit, über die Menschen heute verfügen, bezeichnen wir als Evolution. Voraussetzung dafür ist allerdings, dass dieses Leben »lebt«. Die Grundbedingung allen Lebens: Leben. Der Hauptmechanismus, der diese Grundbedingung ermöglicht: Überleben.

Aus diesem ursprünglichsten und wichtigsten Mechanismus heraus hat sich das Wertesystem entwickelt. Die erste Frage, die jedes Lebewesen stellen muss, lautet: »Dient es meinem Überleben?« Und weiter fragt es: »Ist das, was hier auf mich zukommt, gefährlich? Kann es mir schaden, mein Leben vernichten?«

Diese Fragen stellt sich auch das Gehirn bei jedem ankommenden Reiz: »Halt, Achtung! Kennen wir das bereits, ist es gefährlich oder nicht?« Wenn er erkannt und als nicht gefährlich bewertet wurde, darf der Reiz passieren. Wird er jedoch als unbekannt registriert oder hat er schon einmal

Schaden angerichtet – zum Beispiel die Haut am heißen Herd verbrannt oder Masern verursacht –, so werden entsprechende Abwehrtruppen mobilisiert.

Unser Gehirn hat sich im Laufe der Evolution also ganz in den Dienst der Entwicklung gestellt und arbeitet nach der Devise: Was dem Überleben dient, ist gut, was ihm schadet, wird abgewehrt. Es ist dabei überaus vorsichtig, um nicht zu sagen ängstlich. Somit steht die Angst als Wächter am Beginn unseres Lebens – was einerseits gut ist, weil sie uns schützt, andererseits aber, wenn sie eskaliert und daher nicht mehr erkennen kann, was wirklich gefährlich ist, einen gegenteiligen Effekt erzeugt: nämlich selbst zu vernichten, was sie eigentlich schützen soll. Wir erleben das im medizinischen Bereich bei den Autoimmunreaktionen. Leben hat also auch die Möglichkeit entwickelt, sich selbst zu zerstören.

Wie das Gehirn und das Ich eines Menschen zusammenhängen, hat die Wissenschaft bis heute nicht geklärt.

Unser Gehirn muss daher unterscheiden lernen zwischen gesunder und zerstörerisch wirkender Angst. Aber was heißt hier »unser«, wenn das Gehirn doch uns und unsere Reaktionen ausmacht? Kann ein »Ich« unabhängig von seinem Gehirn sein? Diese Frage – es ist auch die Frage nach dem Bewusstsein – wurde von der Wissenschaft bislang noch nicht beantwortet. Karl Popper und der Hirnforscher John Eccles haben ihr gemeinsames Buch, das auch keine eindeutige Antwort enthält, »Das Ich und sein Gehirn« betitelt (1982).

Wir müssen uns also damit begnügen, aufgrund unserer Erfahrungen diese Trennung zu vollziehen, ohne sie wirklich naturwissenschaftlich begründen zu können. Bleiben wir deshalb bei Bildern, die mehr beschreiben, als sich mit Worten erklären lässt.

Take-off

Es gibt Menschen, die grundsätzlich in kein Flugzeug steigen, weil sie zu große Angst haben abzustürzen. In den meisten Fällen meiden diese Menschen aber nicht nur Flugzeuge, sondern auch weniger gefährliche Alltagssituationen. Sie mögen in keinen Fahrstuhl steigen, und auf die Autobahn trauen sie sich auch nicht. Sie reagieren mit »Platzangst« – Herzrasen, Schweißausbrüchen – in Kaufhäusern, Supermärkten, Konzertsälen und anderen Menschenansammlungen. Die Welt erscheint ihnen bedrohlich, und sie fantasieren, andere seien ihnen feindlich gesinnt.

Hier hat Angst ihre schützende Funktion verloren und zerstört das Leben dieser Menschen auf eine andere Weise, als es bei einem Flugzeugabsturz passieren könnte: Sie engt sie ein, umfasst sie wie eine Riesenschlange, schnürt ihnen Lebensfreude, Unternehmungslust und die Freiheit der Autonomie ab.

Autonomie meint: selbst zu bestimmen, wohin ich gehe, wie ich lebe, was ich tue – alles natürlich im Rahmen der umgebenden äußeren Bedingungen. Wo die Autonomie eingeschränkt wird, hat man keinen Einfluss mehr auf seinen Lebensplan.

Um unsere Autonomie zu wahren bzw. erst einmal herzustellen, müssen wir lernen, mit der Angst, die uns schützen soll, umzugehen. Wenn wir also in ein Flugzeug steigen, sollten wir davon ausgehen, dass der Pilot gut geschult und in der Lage ist, die Maschine fachgerecht zu fliegen. Wir erwarten, dass er sein Cockpit in Ordnung hält und einen hohen ethischen Maßstab anlegt. Wir würden uns weder einem Alkoholiker noch einem Selbstmörder oder einem Menschen, dem die Passagiere vollkommen egal sind, anvertrauen.

Für den Flug des Lebens braucht man die Eigenschaften eines guten Piloten.

Wer im Leben sicher landen will, braucht die Eigenschaften eines Piloten,

- der gut ausgebildet ist;
- der sich einem hohen Wertesystem verpflichtet fühlt;
- der sein Leben liebt;
- der aufmerksam, umsichtig und vorsichtig ist;
- dem es Freude macht, andere Menschen zu (be)fördern;
- der gelernt hat, mit Angst umzugehen; d. h., der wirkliche Gefahren von vermeintlichen unterscheiden kann;
- der den Mut hat, sich vertrauensvoll seiner (gut gewarteten) Maschine und seinem Schicksal anheim zu geben;
- der bereit ist, sein Bestes zu geben für andere und für sich selbst.

New York soll hier das individuelle Selbst symbolisieren.

Genau diese Eigenschaften ermöglichen es uns, den Flug des Lebens zu bewältigen und schließlich sicher am Ziel, »in New York« zu landen. New York, das uns schon von weitem mit der Freiheitsstatue »winkt«, steht hier für ein Leben, in dem vieles sein kann; das, ähnlich wie diese Stadt, ganz Verschiedenes, Individuelles möglich macht, das offen ist für Vielfarbigkeit, das auch mit seinen Schattenseiten umzugehen gelernt hat. Befreunden wir uns mit diesem Leben und lieben es, so wie es ist, dann kommen wir gut an – in New York und bei uns selbst.

Zusammenfassung

In diesem Kapitel haben wir Anregungen gesammelt, das »geistige Cockpit« aufzuräumen und die Voraussetzungen zu schaffen, um das Ziel unseres Lebens zu erreichen.

- Um Ordnung »im Cockpit« zu schaffen, müssen wir uns bewusst machen, wovon wir abhängen, nämlich von der Arbeitsweise unseres Gehirns, die wir nicht verändern können. Doch wenn wir wissen, auf welche Weise es funktioniert, lässt es sich beeinflussen. Wir brauchen die biologischen Gegebenheiten unseres Organismus nicht nur fraglos hinzunehmen. Wir können sie beachten und mit ihnen kooperieren.

Dies kann aber nur, wer sich wirklich wichtig nimmt. Wer das nicht auf gesunde Art tut, muss sich in pathologischer Weise wichtig »machen«. Dann ist man damit beschäftigt, sich allerlei auszudenken, um seinen Mitmenschen zu imponieren, irgendwie aufzufallen, sich »aufzuführen«.

Ebenso ungesund ist es, sich für alles Mögliche schuldig zu fühlen. Dies zeugt von Selbstüberschätzung, nämlich zu glauben, stets genau zu wissen, was richtig und was falsch ist. Die Kategorien »richtig« und »falsch« sind aber subjektiv. Was hier stimmt, kann dort falsch sein. Wer meint, immer alles richtig machen zu müssen, nimmt seine natürlichen Begrenzungen nicht an, er überschätzt und überhöht sich selbst.

Ich habe einen »Flug nach New York« als Bild – denn Bilder sagen mehr als tausend Worte – für einen geglückten Lebensplan gewählt. Wer sich in diese Stadt fliegen lässt, die wie keine andere das Wunderbare, Vielfarbige, Schöne und auch das Hässliche und Traurige des Lebens repräsentiert, braucht einen fähigen Piloten, der sein Cockpit in Ordnung hält. Der Pilot steht für das Ich, das zur Erfüllung dieser Aufgabe (sicher ans Ziel zu kommen) optimal ausgebildet ist.

Check · Übung · Tipp

▶ Check

Mit welchen Gedanken machen Sie sich das Leben schwer?

Um frei und sicher »nach New York« (zu uns selbst) fliegen zu können, dürfen wir nicht so viel Ballast mitschleppen. Denn Ballast verdunkelt das Bewusstsein, sodass es nicht in seiner ursprünglichen Klarheit leuchtet.

Was gehört zu diesen »Verdunkelungen« im Kopf?

Zweifel: »Mache ich es richtig? Bin ich o. k.? Bin ich gut genug? Habe ich es verstanden? Kann ich das, schaffe ich es?«

Misstrauen: »Kann ich das glauben? Meint er/sie das auch so, wie er/sie es sagt? Werde ich nicht vielleicht doch ausgetrickst?«

Meinungen: »Man macht das einfach so! So wurde es in unserer Familie schon immer gemacht. Wir sind halt so. Hier geht es ums Prinzip.«

Schuldgefühle: »Das hätte ich nicht tun dürfen. Ich bin schlecht. Ich habe versagt.«

Vorurteile: »Das kann so nicht klappen! Das geht doch nicht gut. Mir passiert sicher wieder etwas. Alle Jugendlichen sind aufmüpfig, und Ausländern kann man grundsätzlich nicht trauen.«

Vorwürfe: »Warum hab ich da nicht besser aufgepasst? Ich hätte das doch vermeiden können. Immer wieder mache ich dieselben Fehler. Mir ist wirklich nicht zu helfen. Du hast schon wieder Mist gebaut. Immer verletzt du mich. Damals hast du auch gesagt ...«

Nachtragen: »Ich kann dir nicht mehr vertrauen, weil du mich schon einmal enttäuscht hast. Wenn ich einmal versagt habe, werde ich immer versagen. Ich kann das einfach nicht vergessen. Das verzeihe ich dir nie.«

In welcher Kategorie haben Sie sich am ehesten wiedererkannt?

In keiner? – Dann kennen Sie sich nicht sehr gut.

In jeder stark? – Dann sind Sie zu streng mit sich.

In jeder ein bisschen? – Das entspricht der Realität.

Niemand ist frei von Zweifeln und Misstrauen. Jeder fühlt sich hin und wieder für etwas schuldig. Wir alle beharren manchmal auf einer Meinung oder hegen ein Vorurteil. Wer macht *niemals* sich selbst oder anderen Vorwürfe oder trägt *niemals* etwas nach?

Schließlich sind wir alle von mehr oder weniger strengen Eltern erzogen worden und können nicht so ohne weiteres aus unserer Haut. Das ist auch nicht nötig. Wichtig ist, wie wir heute mit diesem »Ballast« umgehen. Schleppen wir ihn ungesehen weiter mit uns herum? Oder sortieren wir aus, was wir jetzt nicht mehr brauchen, und werfen es über Bord, um freier, unbelasteter unseren Weg zu gehen – eben »nach New York zu fliegen«.

▶ Übung

Unser Bewusstsein kann nicht klar sein, wenn die Bereitschaft fehlt, die volle Verantwortung für alles, was das eigene Leben betrifft, zu übernehmen, für alle Handlungen und auch für alle Gefühle.

Solange wir andere dafür verantwortlich machen, dass es uns gut oder schlecht geht, dass wir glücklich oder unglücklich sind, so lange sehen wir nicht klar, dass alles, was wir tun, denken und fühlen, unser Eigenes ist, womit die anderen nichts zu tun haben, wobei sie höchstens Anstösse geben, als Auslöser und Projektionsträger dienen.

Das Bewusstsein kann erst wirklich klar werden, wenn man seine Projektionen zurücknimmt. Diese Arbeit gilt es ein Leben lang zu tun. Rücknahme unserer Projektionen bedeutet: das »Bewusstseins-Fenster« putzen.

Wie nun sieht das aus?

Als Erstes ist es notwendig, dass wir uns Folgendes klarmachen: Alles, was wir am anderen sehen, was wir ablehnen, ihm zuschreiben oder gar ihm vorwerfen, betrifft uns selbst; aber auch das, was uns am anderen gefällt, was wir bewundern oder beneiden. Denn wir können immer nur das sehen, was in uns ist, was wir kennen. Insofern sind andere Menschen nur Auslöser für entsprechende Gefühle, Gedanken, Fantasien, die zu uns selbst gehören. Wir projizieren also unser Inneres auf die anderen, so wie ein Diagerät oder eine Kamera Bilder und Handlungen auf eine Leinwand projiziert. Andere bilden sozusagen die Leinwand, auf der das sichtbar werden kann, was wir ohne die entsprechende Projektion oft nie erfahren würden.

Entdecken Sie Ihre Projektionen

Nehmen Sie sich wieder viel Zeit, einige Blätter Papier und einen Stift.

● Schreiben Sie auf je eine halbe Seite den Namen des Menschen, der als Projektionsträger/in für Sie infrage kommt. Beginnen Sie mit Ihren Eltern, je eine halbe Seite für Ihre Mutter und Ihren Vater.

- Dann Ihre Geschwister, je eine halbe Seite für Schwester/n und Bruder/Brüder.

- Dann Menschen aus Ihrer Kindheit, die eine besondere Rolle für Sie gespielt haben, zu denen Sie eine starke Beziehung hatten.

Diese Beziehungen können gut und schön, sie können aber auch schlecht und schmerzhaft gewesen sein.

- Dann schreiben Sie je auf eine halbe Seite die Namen der Menschen, die im Laufe Ihres Lebens bis heute wichtig für Sie waren bzw. noch sind.

- Wenn Sie damit fertig sind, charakterisieren Sie die einzelnen Menschen. Schreiben Sie also unter die Namen die Eigenschaften, die Sie den einzelnen Personen jeweils zuordnen.

- Lesen Sie diese Eigenschaften durch und schreiben Sie bei jedem darunter: »**Das bin ich.**«

Denn das alles sind Sie auch! Wir suchen uns unbewusst nur die Menschen für eine nähere – annehmende oder ablehnende – Beziehung, die Eigenschaften aufweisen, die auch für uns charakteristisch sind. Doch meist wollen wir dies nicht wahrhaben und glauben, dass nur der/die andere so schön, dumm, gescheit, begabt, großzügig, verschwenderisch, boshaft, hilfsbereit, redegewandt, zurückhaltend, fantasievoll usw. ist.

Ohne Selbsterkenntnis gibt es keine Erlösung. Ohne Rücknahme der Projektionen gibt es keine Freiheit.

Tipp

Jetzt geht es um die »Putzmittel«, die uns zur Verfügung stehen, um unser »Bewusstseins-Fenster« zu reinigen.

Notieren Sie auf je einem Affirmationskärtchen folgende Begriffe:

- *Dankbarkeit*
- *Hilfsbereitschaft*
- *Vergebung*
- *Gnade*
- *Freude*
- *Liebe*

Nun schreiben Sie auf die Rückseite der Kärtchen,

1. wofür Sie dankbar sein können in Ihrem Leben;
2. wer Ihnen schon eine große Hilfe war und wem Sie eine Hilfe sein wollen (doch Achtung: Machen Sie den Hilfsbedürftigen dabei nicht »klein« und sich selbst nicht »groß«);
3. wer Ihnen schon etwas vergeben hat und wem Sie noch etwas vergeben wollen;
4. wer Ihnen gegenüber schon einmal »Gnade vor Recht« hat ergehen lassen und mit wem Sie ähnlich verfahren könnten;
5. was und wer Ihnen schon viel Freude in Ihrem Leben bereitet hat und wem Sie noch viel Freude machen wollen;
6. von wem Sie sich in Ihrem bisherigen Leben geliebt fühlen und wen Sie aufrichtig lieben.

Ich hoffe, der Platz auf den Affirmationskärtchen ist zu knapp für Ihre Feststellungen. Dann nehmen Sie statt der Kärtchen ausreichend große Blätter. Vielleicht brauchen Sie ganz große Flipchart-Seiten, vor allem für die Liebe. Vergessen Sie nicht, sich bei Liebe an die erste Stelle zu setzen.

Bedenken Sie:

Selbstliebe wird häufig falsch verstanden und als eben der Narzissmus verurteilt, der gerade dann entsteht, wo Selbstliebe nicht erlaubt ist. Die echte, zärtliche, innige, spielerische Liebe zu sich selbst, die unschuldige, natürliche Liebe des freien Kindes, das einfach sein darf, das seine natürlichen Gefühle leben und zeigen darf – diese Liebe sich selbst gegenüber ist der allerbeste Schutz vor pathologischem Narzissmus, vor falscher Bescheidenheit, vor Egoismus und vor Erkrankungen jedweder Art. Es gibt nichts Besseres, nichts Tröstlicheres, nichts Heilenderes als die Liebe. Liebe fängt aber *immer* bei sich selbst an. Wer sich selbst nicht lieben darf, kann auch andere nicht lieben. Es ist schlicht und einfach unwahr, wenn jemand behauptet, er/sie könne zwar andere Menschen lieben, nicht aber sich selbst. Das gibt es nicht. Wer lieben kann – und das heißt in den meisten Fällen, wer lieben darf –, der liebt. Alle und alles – auch sich selbst.

Obwohl die Liebe das einfachste Leben verklären könnte, darf sie sich nicht so ausbreiten. Aber gibt es auch nur einen einzigen vernünftigen Grund dafür bzw. gegen die Liebe, ein einziges kluges Argument, wieso sie nicht statthaft sein sollte? Was immer jemand gegen die Liebe – nicht vergessen: Sie beginnt im eigenen Herzen bei und mit sich selbst – vorzubringen hat, es ist falsch und entbehrt jeder vernünftigen Grundlage.

Erlauben Sie sich also, sich selbst zu lieben. Sollte Ihnen das zunächst ein wenig schwer fallen, erinnern Sie sich an den kleinen Jungen, das kleine Mädchen, der/das Sie einmal waren, nehmen Sie wieder Kontakt auf zu diesem Kind in sich, nehmen Sie dieses Kind an, lieben Sie dieses kleine unschuldige Wesen. Wenn Sie das wirklich tun, gelingt Ihnen alles andere, was Sie noch lernen wollen, viel leichter und schneller.

Der schnellste Weg – wohin auch immer – führt über die Liebe. Wer in der Liebe lebt, hat ausgesorgt, denn – ich habe es bereits erwähnt – ein besseres »Putzmittel« für das Bewusstsein gibt es nicht.

Kapitel 10

Die Umprogrammierung auf »Gewinner-Kurs« mit inneren Helfern

Unser Gehirn ist zwar kein Computer – es ist schon sehr viel mehr –, doch was wir mit einem Computer machen, können wir auch mit unserem Gehirn tun. Schließlich hat dies den Computer erfunden, nicht umgekehrt.

Das meiste über die Arbeitsweise des Gehirns kennen wir noch nicht, obwohl zurzeit gerade dort sehr viel geforscht wird. Doch das, was wir bereits kennen, brauchen wir nicht ungenutzt liegen zu lassen, sondern können es in Anspruch nehmen, um uns das Leben zu erleichtern. Wohl keine Hausfrau wird noch die Wäsche im Kessel kochen und an einem Waschbrett schrubben. So wie wir heute ganz selbstverständlich viele technische Geräte als Helfer im Alltag benutzen, so können wir auch die Hilfen aufgreifen, die schon seit Tausenden von Jahren bekannt sind.

Von Anbeginn an haben Menschen gewusst, dass die Bewältigung des Lebens allein aus dem Ich heraus nicht so gut funktioniert. Wir sind auf mächtigere Kräfte angewiesen, als unser Ich sie zur Verfügung stellen kann. Doch das Ich ist das notwendige Instrument, um diese Kräfte für unser Bewusstsein aufzubereiten (wie man beim Kochen auch einen Löffel zum Umrühren und Abschmecken oder einen Wender und Heber für das Fleisch in der Pfanne braucht).

Aktive Imagination

C. G. Jung hat eine sehr alte Erfahrung – sie stammt aus dem Jahr 2200 vor unserer Zeitrechnung, ist also ca. 4000 Jahre alt – wieder aufgegriffen.

Der Lebensmüde und sein »Ba«

Ein ägyptischer Text, dessen Anfang leider nicht ganz vollständig erhalten geblieben ist, beschreibt einen mit sich selbst unzufriedenen Mann, der seinen Selbstmord plant. Trübsinnig, sentimental und wehleidig klagt er sich, das Leben und die Verhältnisse seiner Zeit an und beschließt, dieses Dasein vorzeitig zu beenden.

Plötzlich erschrickt er furchtbar, denn es meldet sich eine Stimme aus seinem Inneren, die ganz und gar nicht mit seinem Tun und seiner Sicht der Dinge einverstanden ist. Es ist sein »Ba«, wie ein Teil der Seele bei den Ägyptern genannt wurde, die mehrere Teilseelen kannten und diesen unterschiedliche Namen gaben. Der Mann erschrak auch deshalb so sehr, weil damals der Glaube herrschte, die Seele sei fest mit dem Menschen verbunden und könne nicht eigenständig agieren. Doch wie in der Beschreibung des Dämons bereits erwähnt: Wir sind nicht Herr/Frau im eigenen Haus der Seele.

Der »Ba« des ägyptischen Lebensmüden ist also anderer Meinung als der Mann und sagt:

»Bist du denn nicht der Mann? Bist du überhaupt lebendig? Was ist denn dein Ziel, dass du wie ein Schatzmeister nach dem Guten siehst? …«

Und der »Ba« kommt direkt zur Sache: »Lebst du überhaupt? Was ist dein Ziel?«

Er versucht die Illusionen des Mannes auf einen Schlag zu zerstören, seine Entschuldigungen, seine Unwirklichkeit. Nichts ist direkter als das Unbewusste.

(Ich habe diesen kurzen Text einem Buch von Barbara Hannah [1985] entnommen, das jedoch leider vergriffen ist und möglicherweise nicht wieder aufgelegt wird.)

Der »Ba« fragt direkt und unmissverständlich nach dem, was nicht mehr stimmen kann in der Lebensauffassung dieses Mannes. Denn wenn das Ziel des Lebens sich nicht mit der »Berufung« des Einzelnen, mit seiner Bestimmung deckt, wird das Leben schal, hohl und scheint nutzlos.

C. G. Jung hat diese Art und Weise, mit der Gesamtheit seiner Seele wieder in Kontakt zu gelangen, wie sie in dem ägyptischen Papyrus überliefert ist, »aktive Imagination« genannt. Er hat sie zu einer Methode entwickelt, in der es darum geht, noch direkter als über die Träume zum Kern der Aufgabe in diesem Leben vorzustoßen. Die Lebensaufgabe ist im Letzten für alle Menschen die gleiche, denn sie besteht darin, so viel Ganzheit wie möglich zu verwirklichen. Doch da jeder einzelne Mensch ein Individuum, also einzigartig (nicht etwas Besonderes!) ist, sieht auch seine Ganzheit anders aus als die anderer.

Aktive Imagination ist ein Hilfsmittel, die eigentliche Aufgabe im Leben zu entdecken.

Die aktive Imagination bietet ein wichtiges Hilfsmittel, die eigene Ganzheit erkennen zu können.

Im Folgenden stelle ich Ausschnitte aus der aktiven Imagination einer 45-jährigen Frau dar, die viele Jahre unter Depressionen gelitten hatte. Ich regte Marion nach einem Traum, der zunächst unverständlich blieb, sie jedoch ängstigte, zur aktiven Imagination an. Es empfiehlt sich, die aktive Imagination in einer Situation zu beginnen, die emotional stark aufgeladen ist, zu einer Zeit also, die der/die Betreffende als bedeutsam erlebt. In dem Traum ging es darum, dass in einem Omnibus, in dem sie mitfuhr, jemand ermordet wurde. Es konnte allerdings nicht ermittelt werden, wer das Opfer war. Ich bat Marion, sie solle sich den Traum noch einmal vergegenwärtigen und dann schauen, was passiert.

Der Landstreicher

Die aktive Imagination begann:

»Ich setze mich auf den Boden vor die schmale, hohe Mauer. Der Boden ist staubig, ausgetrocknet von der Sonne. Ich fühle mich verwirrt, traurig und wie gelähmt. Es ist drückend heiß. Es geschieht nichts. Ich bin ganz alleine.

Von ferne dringen Geräusche zu mir, aber sie gehen mich nichts an, sie sind wie aus einer anderen Welt. Die Mauer ist sehr hoch, ich bin davor ganz klein. Die Mauer ist eine Grenze zur Welt nach draußen. Hinter der Mauer scheint Leben zu sein. Ich sitze in einer Art Wüste.

Das bewusste Ich setzt sich in der aktiven Imagination mit den inneren Bildern in Beziehung.

Der Omnibus mit den Leuten ist abgefahren. Der Mordfall ist nicht geklärt, er konnte auch nicht rekonstruiert werden, irgendetwas, irgendjemand fehlte. Wer ist das Opfer?

Ich schaue in die Richtung, in die der Omnibus gefahren ist. Da kommt jemand, noch kann ich nicht erkennen, wer es ist.

Jetzt sehe ich einen Mann, einen Landstreicher. Er ist unrasiert, trägt schäbig abgerissene Kleider, aber einen wunderschönen weißen Seidenschal um den Hals, der eigentlich nicht zu seiner schmuddeligen Aufmachung passt. Er lacht.

»Woher haben Sie den Schal?«, frage ich. Er lacht nur.

»Wem haben Sie ihn weggenommen? Sind Sie ein Dieb? Oder etwa der Mörder?«

Er wirft den Kopf nach hinten und lacht schallend. Ich habe Angst.

Jetzt schaut er mich an und sagt: »Du bist dumm.« Er ist ganz ernst.

Er schaut sich um, als suche er eine Sitzgelegenheit. Dann setzt er sich vor die Mauer, lehnt sich mit dem Rücken dagegen und schließt die Augen. Ich weiß, er wird jetzt vorläufig nichts mehr sagen.«

(Hier überspringe ich einige Eintragungen und bringe noch zwei, die recht gut die Dynamik solch einer aktiven Imagination verdeutlichen.)

›Thomas, ich möchte dich etwas fragen. Etwas an dir verstehe ich noch nicht. Ich spüre, dass du sehr viel weißt, aber du sagst so wenig. Warum muss ich dir alles, was ich von dir wissen will, so mühsam aus der Nase ziehen?‹

Er schaut mich nachdenklich an.

›Thomas, genau das ist es. Ich frage dich etwas, und du antwortest nicht, sondern siehst nachdenklich aus.‹

›Ja, ich denke nach.‹

›Und ich glaube, wenn ich nicht gleich noch einmal frage, sagst du gar nichts, und wenn ich frage, wirst du ärgerlich.‹

›Warum glaubst du, dass ich ärgerlich bin, wenn ich nachdenke?‹

›Weil ich eigentlich immer glaube, dass alles, was ich sage und frage, dumm ist. Dann möchte ich sofort an deiner Reaktion merken, ob es wirklich dumm ist. Ich halte die Ungewissheit darüber so schlecht aus.‹

Er zieht seinen Hut tief ins Gesicht und sitzt schweigend da. Schläft er? Soll ich wagen, ihn trotzdem weiter zu fragen? Ja, ich will es wagen.

›Thomas, schläfst du?‹

›Nein.‹

›Warum sagst du nichts mehr?‹

›Was soll ich denn sagen? Deine Selbstherabsetzungen langweilen mich entsetzlich.‹

›Jetzt bin ich enttäuscht.‹

›Ja, ich weiß, denn du möchtest gerne hören, dass ich dich keineswegs für dumm halte, nicht wahr?‹

›Ja.‹

›Endlich bist du mal ehrlich. Ich will dir was sagen: Hör wirklich endgültig damit auf, nach Bestätigung zu fischen. Du fischst im Trüben.‹

(...)

›Ich möchte mit dir reden, Thomas. Ich habe Angst, dass du mich nicht ganz ernst nehmen könntest oder dass du mein Leiden als Zimperlichkeit hinstellst.‹

›Ob dein Leiden Zimperlichkeit ist oder nicht, sehe ich, wenn ich dich anschaue.‹

›Woran siehst du es?‹

›An deinem Gesicht. Jetzt ist dein Gesicht klar, ruhig und hell, also ist dein Leiden echt. Wenn es dagegen müde, faltig und verkrampft aussieht, ist dein Leiden bloß Schwäche.‹

›Das versteh ich nicht ganz.‹

›Nun, dein Leiden gehört zu dir, und wenn du gelöst aussiehst, bist du ganz bei dir und bei deinem Leiden.‹

›Du nimmst mich also ernst?‹

›Ja, denn jetzt bist du wie ich. Ich verstehe dich. Jetzt liebe ich dich.‹

Wir schauen uns an. Seine Augen sind tief und klar wie ein Bergsee.«

(...)

Diese aktive Imagination ging noch eine Weile weiter. Sie konfrontierte Marion mit einer Seite ihres Wesens, die sie bis dahin total übergangen, ja abgelehnt hatte. Deshalb waren die ersten Begegnungen mit dem Landstreicher Thomas sehr schwierig für sie. Sie fühlte sich von ihm nicht ernst genommen, wie sie es in ihrer Kindheit bei den Eltern erlebt hatte. Er lachte sie tatsächlich einige Male aus, wenn sie sich dumm anstellte, also mit ihrer vermeintlichen Dummheit kokettierte. Manchmal wurde er in so einem Fall auch richtig böse. Auf ihr Selbstmitleid und ihre Wehleidigkeit reagierte er amüsiert, oft auch recht spöttisch. Dann blitzten seine Augen nur so vor Vergnügen, und ihr Selbstmitleid verwandelte sich in Wut. Mit dieser Wut konnte er dann so umgehen, dass sie bald merkte, wie lächerlich sie sich mit diesen ihren »Lieblingsgefühlen« machte, und schließlich brach sie in ein befreiendes, echtes Lachen aus.

Innere Begleiter können helfen, verborgene Seiten der Persönlichkeit zum Vorschein zu bringen.

Jetzt hat Marion ihn immer bei sich, »ihren Thomas«. Denn er verkörpert eine Seite ihrer Persönlichkeit, die sie bisher nicht zu leben gewagt hatte. Indem sie ihn zurate zieht, sich seine Gegenwart bewusst macht, gibt sie sich die Möglichkeit, immer mehr Individualität aufzubauen. So verlässt sie in seiner Begleitung allmählich ihr Skript, das sie einengt auf bestimmte Verhaltensweisen, die ihr in der Kindheit nahe gelegt wurden.

Manchmal, wenn sie sich in einer schwierigen Situation befindet, fragt Marion ihn um Rat. Bevor er jedoch – aufgrund seiner Nachdenklichkeit – verzögert antwortet, weiß sie schon selber die Lösung. Und wenn Marion – was gelegentlich noch passieren kann – in Gefahr ist, sich einer ihrer »schönen sentimentalen Gefühlsmaschen« hinzugeben, blitzt er sie mit blankem Spott in den Augen an, und sie weiß Bescheid. Dann lachen beide herzlich miteinander.

Eine aktive Imagination kann einen Ratgeber fürs ganze Leben hervorbringen.

Es ist ihr inzwischen auch nicht mehr wichtig zu wissen, wer in dem Omnibus ihres Traumes ermordet wurde und wer der Mörder war. Denn sie hat erkannt, dass diese »Story« nur dazu diente, sie vom Eigentlichen abzulenken. Es geht nicht um den »thrill«, sondern um das tiefere Verständnis des eigenen üblichen Verhaltens. Die aufregende Geschichte dient nur dazu, das Bewusstsein zu locken, sich mit den Alltagsmechanismen, den »Lieblingsgefühlen« zu beschäftigen. Diese bestanden bei Marion in Angst und Wut. Beide zusammen gaben ihr eine Spur von Wehleidigkeit. Mit dieser zur Schau getragenen Wehleidigkeit hatte sie sich das Leben schwer gemacht und ihre Mitmenschen vergrault.

(Im Übungsteil dieses Kapitels finden Sie eine genaue Anleitung zu einer aktiven Imagination, die Sie selbst durchführen können.)

Der Rabe

Ich habe nun schon einige Male aus »Der fünfte Berg« von Paulo Coelho zitiert, und ich möchte hier erneut auf dieses Buch hinweisen. Denn es behandelt im Grunde die gleiche Thematik, mit der wir uns beschäftigen. Coelho beschreibt in einzigartiger Weise den inneren Konflikt des Propheten Elia, der von seinem Inneren dazu gedrängt wird, seinen eigenen Weg zu gehen, der sich davor aber scheut, weil es ihm bequemer scheint, im einmal gewählten Skript zu bleiben.

Elia ist vor den Soldaten des Königs Ahab geflohen und versteckt sich in der Wüste. Dort droht er zu verhungern, doch eines Abends kommt ein Rabe, der ihm Nahrung bringt. Der Rabe sitzt auf einem Ast, und Elia spricht ihn an:

»Ich würde mich gerne mit dir unterhalten, Rabe. Heute Morgen dachte ich, dass die Seelen Nahrung brauchen. Wenn meine Seele noch nicht hungers gestorben ist, dann nur, weil sie noch etwas zu sagen hat.«
Der Rabe regte sich noch immer nicht.
»Und wenn sie etwas zu sagen hat, dann muss ich ihr stumm zuhören, weil ich sonst niemanden habe, mit dem ich sprechen kann«, fuhr Elia fort.
Elia verwandelte sich in Gedanken in den Raben.
»Was erwartet Gott von dir?«, fragte er sich, als wäre er der Rabe.
»Er erwartet von mir, dass ich Prophet bin.«
»Das haben die Priester gesagt. Doch vielleicht ist es überhaupt nicht das, was Gott will.«
»Doch, genau das will Er. Denn ein Engel ist in der Tischlerwerkstatt erschienen und hat mich gebeten, dass ich mit Ahab rede. Die Stimmen, die ich in meiner Jugend hörte …«
»… die alle Menschen in ihrer Jugend hören«, unterbrach ihn der Rabe.
»Doch nicht alle sehen einen Engel«, sagte Elia.
Darauf sagte der Rabe nichts. Nach einer Weile brach der Vogel das Schweigen – oder vielmehr Elias eigene Seele, die wegen der Sonne und der Einsamkeit der Wüste delirierte.

(Ich überspringe eine Seite und fahre an einer für unsere Thematik wichtigen Stelle fort:)

»Der Engel erschien, weil du für ihn bereit warst«, entgegnete der Rabe.
»Ich war ein guter Tischler.«
»Das war Teil deiner Lehrzeit. Wenn ein Mensch seinem Schicksal entgegengeht, muss er häufig die Richtung wechseln. Manchmal sind die

äußeren Umstände stärker, und er muss feige nachgeben. Das alles gehört mit zur Lehrzeit.«
Elia hörte seiner Seele aufmerksam zu.
»Doch niemand darf aus den Augen verlieren, was er wirklich will. Selbst wenn er manchmal glaubt, die Welt und die anderen seien stärker. Das Geheimnis ist, nicht aufzugeben.«
»Ich wollte nie ein Prophet sein«, sagte Elia.
»Das wolltest du schon, aber du warst überzeugt, es sei unmöglich oder gefährlich, undenkbar.«
»Warum sage ich mir Dinge, die ich nicht hören will?«, rief Elia und erhob sich abrupt.
Erschrocken flog der Vogel davon.

Das Gespräch des Elia mit dem Raben ist also eine »klassische« aktive Imagination. Was geschieht eigentlich in der Seele eines Menschen, wenn er sich in so ein Geschehen hineinbegibt? In der Analytischen Psychologie heißt es: Das Ich-Bewusstsein des Betreffenden steht in Verbindung mit dem Selbst, der Mitte des eigenen Inneren. Diese Verbindung wird hergestellt über den Dialogpartner, der in der aktiven Imagination auftaucht. Im Fall des ägyptischen Lebensmüden ist es der »Ba«, bei meiner Klientin Marion der Landstreicher und bei Elia der Rabe. Der »Ba«, der Landstreicher, der Rabe sind gewissermaßen Botschafter des Zentrums. In die heutige Sprache übertragen, können wir formulieren: In der aktiven Imagination sind wir online mit dem Selbst. Ein wenig gewagt mag der Vergleich des Selbst mit dem Internet sein. Doch er ist durchaus erlaubt, denn im Internet tummelt sich eine ähnliche Ansammlung von Informationen, wie wir sie in der Analytischen Psychologie mit dem kollektiven Unbewussten postulieren.

Der Dialogpartner in der aktiven Imagination ist ein Abgeordneter des Zentrums, das Selbst.

Die Engel

Jede Zeit produziert ihre eigenen Vorstellungen, bringt die Gestalten hervor, die zu ihr passen, und lässt Bilder in den Köpfen der Menschen entstehen, die das auf unmissverständliche Weise zeigen, was die Menschen jeweils begreifen können. Die Psyche des Menschen produziert immer die Bilder, die gerade gebraucht werden. Gebraucht – wozu? Vielleicht um einen göttlichen Plan zu erfüllen?

Albert Einstein machte den Begriff »kosmische Absicht« populär. Wenn es so ist – und viele große Wissenschaftler teilen diese Ansicht –, dann wären wir alle, jede/r auf seine/ihre ganz eigene Art Erfüllungsgehilfen im und für diesen göttlichen Plan, eben der »kosmischen Absicht«.

Zur Zeit des Alten Testaments stellte die Seele die Engel heraus. Sie setzte diese Bilder gewissermaßen frei, um das in das menschliche Bewusstsein einzuschleusen, was in das damalige Bewusstsein, eben im Dienste der schließlichen Erfüllung des Planes, »eingebildert« werden musste, so wie ein Maler eine bestimmte Gestalt in einer bestimmten Farbe an eine bestimmte Stelle seines Gemäldes setzt. Weil er eine Vision des fertigen Bildes hat, weiß er genau, wo, was und wie gestaltet werden muss. Zu den Engeln damals gehörte vielfach das Feuer, das flammende Schwert, die Farbe Rot.

Bilder, die das Bewusstsein des Menschen wecken sollen, müssen dynamisch sein. Bewusstsein kommt nur dann zustande, wenn alle Eingangskanäle des Gehirns in auffallender Weise gleichzeitig stimuliert werden. Bewusstsein, das auch »Aufmerksamkeit« genannt werden kann, entsteht, wenn der Reiz, der das Gehirn trifft, es stärker stimuliert als die meisten anderen, er also die ganze Aufmerksamkeit auf sich zieht.

Jede Zeit hat ihre eigenen Bilder, um das Bewusstsein der Menschen zu wecken.

Deshalb brauchen solche Bilder, die wir auch Symbole nennen, Dynamik. Sie müssen die Emotionen stimulieren. Das tun Farben und entsprechende »dynamische« Formen. Formen, die Grundsätzliches darstellen, wie z. B. das Kreuz, der Kreis, das Dreieck, sind hierfür besonders gut geeignet. Auch Zahlen besitzen eine starke, energetisierende Aussagekraft. Die geraden Zahlen symbolisieren Ausgeglichenheit und Ruhe, während die ungeraden auf Veränderung hinweisen. Aus dieser Tatsache heraus haben sich aussagekräftige Methoden entwickelt, wie z. B. die »Numerologie« und das »Enneagramm«.

Der Engel mit dem Flammenschwert ist also ein mächtiges, gewaltiges Bild. Es heißt in Genesis, dass er den Rückweg ins Paradies versperrt. Der bewusst gewordene Mensch kann nicht zurück in die »Unschuld« der Unbewusstheit. Über das Bewusstsein sind wir auch zur Verantwortung gelangt. Es ist vorbei mit der »unschuldigen Kindheit«, sowohl für die Menschheit als Ganzes als auch für den einzelnen Erwachsenen.

Engel lösen die Eltern ab und fordern: werde du selbst!

Den Engel, der den Propheten Elia führte, haben wir schon kennen gelernt. Ich bringe ihn noch einmal, weil durch diese Gestalt der Konflikt des Menschen deutlich wird, ob er seinem eigenen Willen folgen soll bzw. darf oder sich dem Willen Gottes unterwerfen muss.

Übertragen auf das Skriptgeschehen, lässt sich diese Auseinandersetzung des Erwachsenen als Frage auffassen: »Darf ich selbst werden, oder muss ich den Auftrag meiner Eltern erfüllen?«

Wie versteht Paulo Coelho diese Frage, wenn er den Kampf Jakobs mit Gott, der als Engel erscheint, interpretiert?

Elia schreckte aus seinem Traum auf und blickte hoch zum Firmament. Das war die Geschichte, die ihm nicht eingefallen war!

Vor langer Zeit hatte der Patriarch Jakob seine Zelte aufgeschlagen, und jemand war in sein Zelt gekommen und hatte mit ihm bis zum Morgengrauen gekämpft. Jakob hatte den Kampf aufgenommen, obwohl er wusste, dass sein Gegner der Herr war. Als es Tag wurde, war er immer noch unbesiegt. Und da hatte Gott ihn gesegnet.

Sie wurde von Generation zu Generation weitergegeben, damit niemand vergaß: Manchmal ist es notwendig, mit Gott zu kämpfen.

Alle Menschen mussten irgendwann in ihrem Leben ein Unglück durchmachen. Es konnte die Zerstörung einer Stadt sein, der Tod eines Kindes, eine unbegründete Anklage, eine Krankheit, die sie für immer zu Invaliden machte. In diesem Augenblick forderte sie Gott heraus, sich ihm zu stellen und ihm seine Frage zu beantworten: »Warum klammerst du dich so sehr an ein kurzes Leben voller Leiden? Welchen Sinn hat dein Kampf?«

Der Mensch, der darauf keine Antwort hatte, schickte sich dann darein. Während der andere, der für sein Leben einen Sinn suchte, sein eigenes Schicksal herausforderte, weil er fand, dass Gott ungerecht gewesen war. Das war der Augenblick, in dem ein anderes Feuer vom Himmel herabkam – nicht jenes, das tötet, sondern jenes, das die alten Mauern einreißt und jedem Menschen seine wahren Möglichkeiten gibt. Die Feiglinge lassen niemals zu, dass ihr Herz von dieser Flamme entflammt wird. Sie wollen nur, dass alles wieder so wird wie vorher, damit sie so leben und denken können, wie sie es gewohnt waren. Die Tapferen jedoch werfen alles, was alt war, ins Feuer und geben, wenn auch unter Schmerzen, alles auf, sogar Gott, und schreiten voran.

»Die Tapferen sind immer starrsinnig.«

Vom Himmel lächelte der Herr zufrieden – weil es genau dies war, was Er wollte, nämlich dass jeder die Verantwortung für sein Leben in die eigenen Hände nahm. Schließlich war dies ja die größte Gabe, die er Seinen Kindern gegeben hatte: die Fähigkeit, selbst zu wählen und zu bestimmen.

Nur Männer und Frauen mit der heiligen Flamme im Herzen hatten den Mut, sich Ihm zu stellen. Und nur sie kannten den Weg, der zurück zu Seiner Liebe führte, weil sie am Ende begriffen hatten, dass das Unglück keine Strafe, sondern eine Herausforderung war.

Auch wer nicht von einem Unglück betroffen wurde, sondern schlicht und einfach die Befreiung aus einem einengenden Skript wünscht, kann sich diese Worte zu Herzen nehmen, kann aus ihnen ableiten, was viele Menschen schon erlebt und berichtet haben: das Leben in die eigene Verantwortung zu nehmen ist ein unübertroffenes Geschenk.

Lassen Sie die heilige Flamme der Selbstverantwortung in Ihrem Herzen brennen!

Um uns dieses Geschenk zu überreichen, stehen die Engel hinter uns und uns zur Seite. Sie sind sozusagen die Personifikation dieser menschlichen Möglichkeit. Ist es gar eine Forderung, die sie uns überbringen? Vielleicht sind sie deshalb zurzeit wieder so modern.

Selbstverantwortung im Hier und Jetzt

Es kommt immer das in Mode, was es gerade zu verwirklichen gilt, was bewusst werden soll. Was im Innern des Menschen auftaucht und gelebt werden will, das projiziert er nach außen auf eine imaginäre Leinwand, um es dort anschauen zu können. Die Projektionen zeigen uns, was demnächst Wirklichkeit wird, sie nehmen die Zukunft voraus. Insofern sind wir gerade dabei, »Engel« zu werden, d. h. die Qualitäten der Selbstverantwortlichkeit zu übernehmen.

Selbstbewusstes Denken und Handeln macht frei von Angst.

Selbstverantwortung heißt: zu wissen, was ich tue, zu wissen, was mein Handeln nach sich ziehen kann und wird. »Heißt das, es immer zu wissen?«, könnte man fragen. Ja, das heißt es. Vielleicht nicht bis in alle unbedeutenden Kleinigkeiten hinein, gewiss jedoch in den entscheidenden Folgerungen. Dieses »selbst-bewusste« Sein und Tun bringt uns einen ganz erstaunlichen Vorteil: Es entbindet uns von Angst. Wenn wir nicht wissen, was auf uns zukommt, ängstigt uns dieses Nichtwissen. Wenn wir aber wissen, was uns – voraussichtlich – erwartet, können wir in aller Ruhe den Dingen ihren Lauf lassen und ohne Angst still und froh den jeweiligen Augenblick genießen, ganz im Sinne von Schillers »Ode an die Freude«.

Die Geschichte des ägyptischen Lebensmüden geht übrigens so aus:

Der Ba endet:
»Höre nun mich an! Siehe, es ist gut, wenn die Menschen hören. Folge dem schönen Tag und vergiss die Sorge.«

Womit er schon vorweggenommen hat, was heute allgemein propagiert wird: ganz erfüllt im Hier und Jetzt zu sein. Vor allem die Gestalttherapie, eine der Transaktionsanalyse ähnliche psychotherapeutische »Schule«, hat diese Wahrheit populär gemacht. Wenn man C. G. Jung genau liest, kann man sie auch bei ihm bereits entdecken. Im o. g. Buch zitiert Barbara Hannah Jung:

Wenn wir wirklich im Hier und Jetzt sind, dann sind wir vollständig, und das ist das Schwierigste und Erschreckendste, aber auch das Wertvollste, was man sein kann.

Mihaly Csikszentmihalyi hat, wie schon erwähnt, herausgefunden, dass dieses Konzentriert-im-Hier-und-Jetzt-Sein tatsächlich der einzige Bewusstseinszustand ist, den wir als Glück bezeichnen.

Für die meisten Menschen scheint es jedoch nicht so einfach zu sein, stets im Hier und Jetzt zu verweilen. Ich höre es immer wieder von meinen Klientinnen und Klienten, aber auch im Freundeskreis: Alle sehnen sich nach »dem einfachen Leben«. Eine Frau, der es gerade in ihrem familiären Umfeld nicht so gut ging, formulierte es so: »Einfach nur da sein können – einfach nur so, ohne etwas Besonderes –, das ist mein größter Wunsch.« Es klang traurig. Es klang, als sei dieser Wunsch unerfüllbar, als sei es wahrscheinlicher, eine Million im Lotto zu gewinnen.

Es ist eine Kunst, bewusst und angstfrei in der Gegenwart zu leben.

Warum nur ist es so schwierig, ganz schlicht im Augenblick bleiben zu können? Weil wir meinen, uns so viel Sorgen machen zu müssen. Wir sorgen uns um dies und jenes, erwarten Schlimmes und überlegen, ob wir dem irgendwie vorbeugen können. Und stellen fest, dass dies meist nicht gelingt. Weil unsere Vorstellungen sich nicht mit der Realität decken. Weil – wie es schon Bertolt Brecht ausgedrückt hat – die meisten Pläne, die wir uns machen, doch nicht gehen. Wir könnten sie also lassen und dafür stets das leben, was gerade, in diesem Augenblick, dran ist.

Und wir könnten viele Aufgaben, mit denen wir uns immer wieder in zermürbender Weise herumschlagen, delegieren – an unser inneres »Dienstpersonal«. Wo wir dies finden? In unseren Köpfen!

Lebe leicht mit »Mind-Agenten«

Bill Clinton, Präsident der USA, meinte, wir leben im Zeitalter des Gehirns – »in the decade of the brain«. Womit er wohl Recht hat, denn nie zuvor wurde so viel am, im und mit dem Gehirn geforscht wie in der heutigen Zeit. Eines der originellsten Bücher, das zwar nicht direkt mit Hirnforschung zu tun hat, sondern vom Geist handelt, heißt »Mentopolis« (1990), also »Geistesgesellschaft«. Es wurde von dem Computerwissenschaftler und Intelligenzforscher Marvin Minsky geschrieben, der am Massachusetts Institute of Technology lehrt und forscht – ein kreatives und amüsantes Buch, leider recht groß und aufwendig, von daher teuer. Vorne auf dem Einband ist zu lesen:

Mentopolis ist ein Modell, ein Spiel, eine Theorie, eine Spekulation. Und vielleicht der entscheidende Schritt über die letzte Grenze der Wissenschaft.

Ich bin immer für Schritte über eine Grenze. Deshalb habe ich mich mit den Ansichten Minskys ein wenig vertraut gemacht und wende sein »Agenten-Modell« zur Delegation wichtiger Aufgaben schon seit einiger Zeit gerne an. Sowohl mir selbst als auch den Menschen, die bisher damit gearbeitet haben, macht dieses Modell nicht nur viel Spaß, es ist darüber hinaus auch äußerst erfolgreich.

Das menschliche Gehirn arbeitet überwiegend selbstständig, wie ein eingespieltes Team versierter »Agenten«.

Minsky hat die einzelnen Schritte, die das Gehirn unternimmt, um eine Aktivität seines Besitzers zu ermöglichen, mit dem Bild unermüdlich tätiger »Agenten« dargestellt. Jeder dieser »Agenten« vollbringt eine ganz bestimmte Aufgabe, und durch die Zusammenarbeit in einem Team, einer »Agentur«, verrichten sie dann all die Tätigkeiten, zu der ein Mensch ohne Gehirn nicht fähig wäre. Das meiste dabei läuft für uns unbewusst ab. Wir haben keinen willentlichen Einfluss auf das Arbeiten unserer inneren Organe – höchstens ein Yogi bringt das fertig, der dies sein Leben lang geübt hat. Doch das ist gar nicht nötig. Im Gegenteil: Freuen wir uns, dass uns das meiste zum guten Funktionieren des Organismus abgenommen ist. Wir wären sonst zusätzlich zu allen anderen Alltagsverrichtungen hoffnungslos überlastet.

Wir können das Meiste des täglichen Lebens an unser Gehirn delegieren.

Genau diese Bereitschaft unseres Gehirns, das Meiste und Wichtigste selbstständig zu erledigen, ohne uns zu belästigen mit den unendlich vielen, diffizilen Mechanismen, die nötig sind, um so einen Organismus in Gang zu halten, können wir in Anspruch nehmen. Wir brauchen unserem Gehirn nicht nur das Funktionieren des biologischen Teils unserer Person zu überlassen, wir können es auch einspannen, um geistige Tätigkeiten zu erfüllen. Im Managementbereich nennt man dies »delegieren«. Ein guter Manager kann und darf nicht alles selber machen, er muss viele Arbeiten delegieren, also an andere fähige Leute abgeben, um seinen Betrieb erfolgreich führen zu können. Wer im äußeren Leben nicht delegieren kann, setzt sich schnell selbst schachmatt, ist ständig überfordert und gefährdet damit seine Gesundheit. Überdies hat er/sie unzufriedene Mitarbeiter/innen, weil er/sie ihnen vermittelt: »Ich traue euch nicht zu, dass ihr einiges von dem, was ich zu tun habe, selber ausführen könnt.«

Gewinnen per Dauerauftrag

So unzufrieden und gelangweilt kann auch unser Gehirn reagieren, wenn wir so tun, als müssten wir immer alles im Hier und Jetzt haben. Das geht gar nicht. Niemand kann sich dessen, was er/sie in seinem/ihrem Leben will, ständig voll bewusst sein. So bleibt oftmals, leider allzu häufig, das Wichtigste ungetan, und das ist sehr schade. Denn die Möglichkeiten, mehr aus seinem Leben zu machen, mehr aus dem Dasein zu schöpfen, als die meisten es im Allgemeinen tun, sind gegeben. Wir brauchen sie nur aufzugreifen.

Das Gehirn ist ein Routinemeister. Das können wir ausnützen. Wir können ihm bestimmte Aufgaben zuweisen, die es in sein Routineprogramm einbaut und dann ständig ausführt, ohne dass wir ihm jedes Mal neu den entsprechenden Befehl geben müssen. Wir wissen ja, wie rasch Routine zustande kommt – auch da, wo sie nicht unbedingt hilfreich ist für unsere Weiterentwicklung.

Genau dort können wir eingreifen. Wir können unserem Gehirn ein Routineprogramm eingeben, das *die* Aufgaben erledigt, die wir *wollen*. Wir müssen nicht Routine zulassen, wo wir sie nicht wollen.

Das Gehirn lässt sich da auf Routine programmieren, wo es uns nützt.

Wenn wir auf Gewinner-Kurs gehen, empfiehlt es sich, eine Art Gewinner-Agentur einzurichten, also unser Gehirn zu veranlassen, all das ständig und ganz zuverlässig zu beachten und auszuführen, was dazu beiträgt, uns zu Gewinnern zu machen. So wie Sie z. B. die monatlich anstehende Zahlung Ihrer Miete nicht jedes Mal neu auf ein Formular schreiben, sondern der Einfachheit halber Ihrer Bank einen Dauerauftrag erteilen. Sie gewinnen damit Zeit für andere Aufgaben bzw. können froh und still im Hier und Jetzt sein, ohne ständig darüber nachzudenken, was alles noch erledigt werden muss.

Im vorangegangenen Kapitel ging es darum, sein eigener Pilot zu sein. Hier gehen wir einen Schritt weiter und schalten den Autopiloten ein. Wenn Pilot und Autopilot sich ergänzen und jeder seine Pflichten erfüllt, dann kann die Maschine sicher am Zielflughafen landen.

Um so einen Dauerauftrag oder, besser noch, ein ganzes Bündel von Daueraufträgen zu schreiben (denken Sie daran, Ihr Gehirn will beschäftigt werden, sonst verlegt es sich aus lauter Langeweile auf Unsinn), müssen Sie natürlich wissen, was Sie noch brauchen, um auf Gewinner-Kurs gehen zu können. Oder was Ihnen das Leben und das Halten des Gewinner-Kurses erleichtern kann, wenn Sie bereits drauf sind.

Die wichtigsten Fragen hierzu lauten:

- »Was heißt für mich ›gewinnen‹?«
- »Wie sieht für mich ein Gewinner aus?«
- »Was gehört für mich dazu?«
- »Wann kann ich sagen: ›Ich habe gewonnen!‹?«
- »Was ist denn mein Gewinn?«
- »Worauf will ich hinaus?«
- »Was strebe ich an?«

Denn »gewinnen« bedeutet für jeden Menschen etwas anderes. Vielleicht sagen Sie, wie die zuvor erwähnte Klientin: »Einfach nur da sein können – ganz einfach leben dürfen.« Dann wäre es wichtig für Sie zu schauen, was es ist, das Ihnen das einfache Dasein nicht möglich macht. Sorgen Sie sich zu viel um alles Mögliche – und auch Unmögliche? Dann beauftragen Sie einen »Mind-Agenten« damit, Ihnen das Sorgen-Machen abzunehmen, Sorgen von Ihnen fern zu halten oder Ihnen gut zuzureden, dass Sorgen-Machen unnötig ist.

»Gewinnen« bedeutet für jeden etwas anderes, doch die Schritte dahin sind prinzipiell für alle gleich.

Vielleicht empfinden Sie das Leben als anstrengend? Dann stellen Sie einen Agenten ein, der herausfindet, wie und womit Sie es sich erleichtern können. Es gibt nichts, was Sie nicht für ein besseres Leben in Auftrag geben könnten. Weil wir alle – wie am Anfang dieses Kapitels beschrieben – online sind mit unserem Selbst, d. h., wir können uns alle Informationen der Welt in unser Ich-Bewusstsein holen. Wir verfügen über alles nötige Wissen. Wir müssen es aber für das Ich-Bewusstsein, so wie es heute beschaffen ist, aufbereiten. Ob wir das mithilfe einer aktiven Imagination oder mit den »Mind-Agenten« tun, ist gleichgültig.

Immer wenn das Leben gelingen soll, wenn wir das Leben um des Lebens willen gewinnen wollen, gehört dazu: im Einklang mit sich selbst zu sein – oder: in Kooperation mit dem Selbst zu leben.

Zusammenfassung

In diesem Kapitel kamen wir zu den Möglichkeiten, Einfluss auf unser Bewusstsein zu nehmen, um verborgene Schätze in uns zu heben und den Kurs auf »Gewinn« umzulegen.

- Wir müssen davon ausgehen – Erfahrungen vieler Menschen bestätigen dies –, dass wir nicht »Herr/Frau im eigenen Haus« sind, dass es Kräfte gibt, die in unser Leben hineinregieren. Wie wir diese Kräfte bezeichnen – Gott, Schicksal, Selbst, kosmische Absicht, absolutes Bewusstsein, klarer Geist –, bleibt der persönlichen Einstellung überlassen. Wir tun allerdings gut daran, mit dieser für uns nicht sichtbaren Kraft respektvoll umzugehen. Und wir sind klug beraten, wenn wir ganz ernsthaft kooperativen Kontakt zu ihr suchen. In diesem Fall könnte man den kooperativen Kontakt auch als »Demut« bezeichnen. Demut in dem Sinne, mit dem ganzen Mut, den ich aufbringen kann, mein Leben zu gestalten, wissend, dass ich damit einer höheren Macht diene. Diese Dienerschaft nehme ich aus ganzem Herzen an. Denn sie dient mir genauso wie ich ihr. Was ich gebe, erhalte ich als Geschenk für mich zurück.

- Menschen haben schon in sehr frühen Zeiten entdeckt, dass die für sie unsichtbare Kraft mit ihnen in Verbindung treten möchte. C. G. Jung hat in seiner Abhandlung zu »Hiob«, der bekannten Gestalt aus dem Alten Testament, die These aufgestellt: Gott braucht den Menschen ebenso, wie der Mensch Gott braucht. Das ist einleuchtend, denn wozu sollte er sonst den Menschen geschaffen haben? Also will er/sie offensichtlich etwas von uns. So gab und gibt es Boten aus diesem Bereich, das ein ungeheures Kraftfeld darstellt. Diese Boten sind unsere Helfer auf dem Weg zur Verwirklichung unserer Bestimmung. Sie stellen sich uns zur Verfügung, wir können sie in Anspruch nehmen, sozusagen als Wegweiser und Weggefährten. Es ist außerdem tröstlich und unterhaltsamer, nicht alleine gehen zu müssen.

Da Bewusstsein aus erhöhter Aufmerksamkeit entsteht, müssen diese Boten und Helfer eine Gestalt annehmen, die unsere Beachtung erregt, die uns fasziniert, erschauern lässt, unseren seelischen Energielevel erhöht.

Im Laufe der Geschichte haben sich diese symbolischen Gestalten verändert. Wir sehen sie in den Engeln des Alten Testaments, und heute finden wir sie in allem, was die Kreativität und Fantasie anregt. Gestalten, die um die ganze Welt gehen, wie z. B. Mickey Mouse, tragen die Botschaft der *einen* Welt in sich. Das heißt, sie vermitteln auf subtile Weise, dass wir Menschen alle gleich sind – obwohl der Einzelne auch einzigartig bleibt –, dass wir alle die gleichen Sorgen und die gleichen Freuden erleben. Sie lassen uns erfahren, dass wir eingebunden sind in ein großes, schöpferisches Kollektiv.

Eine sehr subtile und äußerst wirksame Methode, sich die inneren Helfer dienstbar zu machen, ist der Einsatz von »Mind-Agenten«, wie es der Intelligenzforscher Marvin Minsky beschrieben hat. Hierbei ist es wichtig und sehr nützlich, dass wir uns immer wieder klarmachen: Das Gehirn will beschäftigt sein. Nur so können wir seine Kapazität voll ausschöpfen.

Check · Übung · Tipp

Check

Richten Sie eine »Mind-Agentur« ein

Um sich eine Mind-Agentur einzurichten (siehe unter **Tipp** in diesem Kapitel), müssen Sie sich zunächst einmal klar werden, wobei Sie Hilfe von entsprechenden Spezialisten benötigen. Diese Agenten können weiblich und/oder männlich sein, je nachdem, wie Sie es wünschen.

- Welche Schwachstellen gibt es in Ihrem Leben?
- Womit sind Sie noch nicht ganz zufrieden?
- Was möchten Sie grundlegend verändern?
- Was bedarf endlich einer Lösung?
- Womit haben Sie immer wieder Schwierigkeiten?
- Was haben Sie sich schon oft vorgenommen und nicht eingehalten?
- Was meinen Sie, aus eigenem Antrieb nicht zu schaffen?
- Woran scheitern Sie immer wieder?
- Was gelingt Ihnen nur annähernd?

Hier sind einige Vorschläge für mögliche Agenten:

- Diätassistent/in (der/die auf Ihr Wunschgewicht achtet)
- Bodyguard (der/die Sie vor Ausbeutung, auch durch Sie selbst, schützt)
- Fitnesstrainer/in (der/die Sie zum täglichen Training motiviert)
- Stylist/in (der/die Sie Ihrem Typ gemäß für Ihr Äußeres berät)
- Designer/in (der/die Ihre schöpferische Seite anregt)
- Meditationslehrer/in (der/die Sie zur inneren Ruhe führt)
- Entertainer/in (der/die Ihnen beibringt, wie man Freunde gewinnt)
- Clown, Schelm (der/die Sie mit pfiffigen Sprüchen zum Lachen bringt)
- Finanzberater (der/die Sie beim Geldverdienen und -ausgeben berät)
- Arzt/Heilpraktiker/in (der/die auf Ihre körperliche Gesundheit achtet)
- Psychotherapeut/in (der/die auf Ihre seelische Gesundheit achtet)
- Geliebte/r (der/die Ihnen ganz oft sagt: »Ich liebe dich!«)
- Anwalt/Anwältin (der/die sich für Ihre Rechte einsetzt)
- Schlichter/in (der/die Ihnen hilft, Streit zu begraben)

Falls es noch weitere Problembereiche in Ihrem Leben gibt, setzen Sie die entsprechenden »Agenten« hierfür ein.

Denken Sie daran: Ihr äußeres und inneres Leben entsprechen sich. Es ist gleichgültig, wo Sie anfangen, es in Ordnung zu bringen. Läuft es äußerlich reibungslos, werden Sie auch innerlich in Harmonie sein – und umgekehrt.

▶ Übung

Anleitung für eine aktive Imagination
Bei einer aktiven Imagination gilt es, Folgendes zu beachten:

- Sie brauchen einen emotional starken Ausgangspunkt. Das kann ein Traum sein, der Sie sehr bewegt, erschreckt oder erfreut hat; eine Lebenssituation, in der Sie sich in die Enge getrieben fühlen, die Sie beunruhigt; ein Problem, das Ihnen unlösbar scheint; eine Depression, in der Sie sich wie gelähmt und gefangen fühlen.

  Wichtig ist, dass Sie eine starke Motivation für diese Aufgabe in sich spüren!

- Nehmen Sie sich eine Zeit, in der Sie vollkommen ungestört sind, ca. eine halbe Stunde; nicht mehr, denn die Emotionen dürfen nicht »versacken«. Gehen Sie in Ihrer Fantasie in die Ausgangssituation hinein. Konzentrieren Sie sich darauf und schauen Sie, was passiert.

- Nehmen Sie Kontakt auf zu dem, was passiert. Das ist ganz wichtig. Denn es handelt sich hier um eine *aktive* Imagination. Lassen Sie also nicht Bilder passiv an sich vorüberziehen, sondern stellen Sie Fragen und warten Sie auf Antworten.

  Falls die Person, das Tier, die Pflanze oder was immer es ist sich nicht um Ihre Frage kümmert und verschwinden will, protestieren Sie. Lassen Sie nicht locker, bis Sie Ihre Antwort bekommen. Bestehen Sie darauf, beachtet und ernst genommen zu werden.

- Bedenken Sie: In der aktiven Imagination können zwar Tiere und Pflanzen sprechen oder durch die Luft fliegen oder sich verwandeln, *Sie* jedoch können das nicht. Sie bleiben mit Ihrem Ich-Bewusstsein immer Sie, was auch geschieht.

- Bleiben Sie in Ihrer aktiven Imagination wach und aktiv. Schwelgen Sie nicht in irgendwelchen schönen Bildern. Träumen Sie nicht. Die aktive Imagination ist Arbeit mit dem, was das Unbewusste Ihnen präsentiert.

- Danach (oder gleichzeitig) schreiben Sie das Erlebte auf. Schreiben Sie nur auf, was wirklich gewesen ist. Schmücken Sie es nicht fantastisch aus. Die aktive Imagination ist kein Märchen; sie ist Ihre innere Realität.

- Nach ca. einer halben Stunde verabschieden Sie sich mit dem Versprechen, am nächsten Tag oder an einem der nächsten Tage wiederzukommen. Das müssen Sie dann aber auch tun. Versprechen Sie nicht etwas, was Sie nicht einhalten.

- Gehen Sie wieder in die Szene hinein, die Sie am Tag (einige Tage) zuvor verlassen haben. Beginnen Sie mit dem Ende der ersten Begegnung und führen Sie diese weiter. So gelangen Sie zu einem fortlaufenden Prozess, der einige Tage oder auch Wochen anhalten kann.

  Sie brauchen keine Angst zu haben, dass Sie nicht wissen könnten, wann Sie das Ganze beenden sollen. Wenn es so weit ist, wissen Sie es.

- Nehmen Sie Ihre inneren Helfer wichtig und ernst. Aber Sie dürfen genauso mit ihnen lachen und fröhlich sein, auch mit ihnen streiten.

▶ Tipp

Noch einmal, denn es ist wirklich sehr wichtig: Wenn Sie Ihr Gehirn veranlassen wollen, die alten Schaltkreise aufzugeben, müssen Sie es mit interessantem Neuen füttern. Je mehr Sie ihm zu tun geben, desto besser. Unsere Gehirne sind nämlich längst noch nicht ausgelastet. Wir können noch viele Programme einspielen, ohne dass die Speicherkapazität erschöpft wäre. Und auch ältere Gehirne sind noch lernfähig.

Zuerst richten Sie Ihre »Betriebsstätte« ein. Überlegen Sie, wie der Ort aussehen soll, in dem Ihre »Agenten« sich mit Ihnen zur Besprechung treffen. Gestalten Sie in Ihrer Fantasie diesen Raum ganz detailliert.

Haben Sie Ihre »Wunsch-Agenten« bestimmt, beginnen Sie mit den Einstellungsgesprächen. Stellen Sie sich jeden Agenten/jede Agentin so realistisch wie möglich vor. Wie soll er/sie aussehen? Kleiden Sie Ihre Agenten. Tragen sie eine Uniform, oder sind sie individuell gekleidet?

Dann sagen Sie jedem Einzelnen, was er/sie zu tun hat, was Sie von ihm/ihr erwarten. Nehmen Sie sich viel Zeit für diese Gespräche. Je gründlicher Sie am Anfang vorgehen, desto mehr Erfolg werden Sie verzeichnen können.

Vereinbaren Sie feste Gesprächstermine mit Ihren Agenten. In der ersten Zeit ist es wichtig, dass Sie sich sehr oft mit ihnen treffen. An den ersten Tagen täglich, dann alle zwei Tage, später zweimal in der Woche, dann einmal pro Woche, noch später alle 14 Tage und dann einmal im Monat.

Reservieren Sie in den ersten vier bis sechs Wochen viel Zeit für Kontakte zu Ihren Agenten. Es lohnt sich, denn je besser Sie sie einarbeiten, desto selbstständiger werden sie auf Dauer arbeiten.

Das heißt: Die Problembereiche, für die Sie die Agenten eingestellt haben, gibt es nach kurzer Zeit nicht mehr für Sie. Ihr Gehirn wird mithilfe der Agenten die Probleme lösen, noch bevor sie in Ihr Bewusstsein dringen. Sie werden also immer freier, leichter, unbeschwerter leben können.

Es ist wie mit den Heinzelmännchen: Die Arbeit wird einfach für Sie getan. Es ist also wirklich nicht mehr einzusehen, dass wir uns um Problemlösungen bemühen, die unser Inneres, die inneren Helfer, lässig selbst abwickeln können. Da wir heute wissen, wie es geht, wäre es geradezu dumm, dieses Wissen nicht umzusetzen und die Kapazitäten, die in uns stecken, nicht in Anspruch zu nehmen.

Seien wir also nicht nur modern, was technische Geräte betrifft, sondern auch, was geistige Hilfsmittel anbelangt.

Vielleicht fragen Sie noch ein wenig ungläubig: »Ist das nicht nur ein Spiel?« Ja, es ist ein Spiel, und zwar ein gutes, ein großartiges. Sie wissen auch, Kinder lernen spielend. Was man im Spiel lernt, sitzt viel besser als das, was man mit verbissenem Ernst »büffelt«. Spielen ist etwas sehr Schönes, auch oder gerade für Erwachsene. Es entspannt und macht das Leben heiter.

Ich wünsche Ihnen viel Freude mit »Ihren Agenten«!

Kapitel 11

Sicher ankommen und freier leben – der neue Lebensplan in der Praxis

Wir wollen landen. Aber wo?

Wenn wir wissen möchten, wie wir gut »ankommen« können, ist es wichtig zu wissen, wo und auf welche Weise wir überhaupt ankommen können.

Ankommen im neuen Lebensplan heißt ganz konkret: Wie richte ich jetzt weiter mein Leben ein? Was habe ich vor? Was plane ich?

Voraussetzung für ein grundsätzlich gutes Lebensgefühl in dieser Welt, die auch viel Schmerzen bedeutet, ist es, dass wir die drei großen Dimensionen des Lebens wahrnehmen:

1. das realistische, tatsächliche Leben, das uns täglich konfrontiert mit den Gegebenheiten der Gesellschaft und der Zeit, in die wir hineingeboren wurden;
2. Wünsche, Hoffnungen, Ideale, die uns zum Träumen veranlassen und uns Mut geben, aber auch Ängste und Befürchtungen, die uns den entsprechenden Gefühlen aussetzen;
3. das Ahnen, das intuitive Schauen, das Erkennen, dass es etwas gibt in unserer konkreten, emotional durchdrungenen Welt, das größer und mächtiger, das unsterblich ist.

Und es ist gut zu wissen, dass diese drei Dimensionen universell sind, dass sie für alle Menschen in dieser Welt gelten und von allen – mehr oder weniger bewusst – wahrgenommen werden.

Je bewusster wir diese drei Dimensionen wahrnehmen, je bewusster wir sie uns immer wieder ins Gedächtnis rufen, desto freier werden wir – und realistischer. Denn solange wir in nur einer Dimension feststecken, also immer nur eines sehen – die harte Realität, die sehnsuchtsvollen Wünsche oder uns ausschließlich von den Emotionen in Tiefs gestürzt und in Hochs gehievt erleben –, kann das Leben nicht als besonders angenehm empfunden werden; so lange fühlen wir uns wie in einem Gefängnis. Dieses Gefängnis können wir nur aufbrechen, indem wir die Augen öffnen und wirklich *sehen.*

Um frei zu werden für ein neues Skript, muss man die drei Dimensionen des Lebens wahrnehmen.

Der neue Lebensplan – wenn es denn wirklich ein neuer sein soll – sieht vor, dass wir *ganz, vollständig* werden und uns für die Mehrdimensionalität des Lebens öffnen.

Es ist eigentlich ganz einfach

Im Grunde ist das nicht schwer. Wenn Sie noch drei, vier oder auch fünf Jahre alt wären, würde der Kleine/die Kleine sagen: »Ja, das weiß ich.« Weil wir Erwachsene aber sehr oft den Zugang zum universellen Wissen verloren haben, der mit so vielen Ge- und Verboten, Zuschreibungen, Botschaften, Anweisungen, Befehlen zugeschüttet wurde, tun wir uns schwer, Vertrauen zu fassen ins Leben, uns daheim zu fühlen im Leben.

Wenn wir das Leben betrachten könnten als eine gute, sorgende, behütende, beschützende Mutter, die immer für ihre Kinder da ist, die nichts anderes zu tun hat, als diese Kinder wachsen zu lassen, und zwar alle gleich, ohne Ausnahme, hätten wir keine Schwierigkeiten, keine Ängste und Befürchtungen. Und die sich sonst ergebenden Feindseligkeiten wären auch nicht in uns. Dann wäre einfach nur das da, was eine Frau als Code-Wort fürs Paradies auf ihrem Fragebogen notiert hat: *Liebe.*

Wenn Ihr neuer Lebensplan – wie immer er auch im Einzelnen aussehen mag – unter dieser Devise stehen könnte: *Liebe* – was meinen Sie: Wäre dann nicht alles ganz einfach?

Vielleicht ist es das, was uns der Dichter und Schriftsteller Erich Kästner vermitteln wollte, dessen 100. Geburtstag gerade von den Medien gefeiert wird. Doch wie stand es um sein eigenes Leben? War er ein Gewinner?

War Erich Kästner ein Gewinner oder ein Verlierer?

Die Älteren von uns haben sicher in ihrer Kindheit und Jugend seine Bücher »Emil und die Detektive«, »Das fliegende Klassenzimmer«, »Pünktchen und Anton« und »Das doppelte Lottchen« gelesen. Auch seine eingängigen Gedichte sind vielen bekannt.

In der »Stuttgarter Zeitung« (20. Februar 1999) stieß ich auf folgenden Artikel:

Wer von Erich Kästner schreibt, darf von seiner Mutter Ida Kästner nicht schweigen.

Man muss nur Kästner selbst hören: »Ida Kästner wollte die vollkommene Mutter ihres Jungen werden. Und weil sie das werden wollte, nahm sie auf niemanden Rücksicht, auch auf sich selbst nicht, und wurde die vollkommene Mutter ..., ihre gesamte Existenz setzte sie, fanatisch wie ein besessener Spieler, auf eine einzige Karte: auf mich. Ihr Einsatz hieß: ihr Leben, mit Haut und Haar! Die Spielkarte war ich. Deshalb musste ich gewinnen. Deshalb durfte ich sie nicht enttäuschen. Deshalb wurde ich der beste Schüler und der bravste Sohn.«

Und am Schluss heißt es:
»In den letzten Jahren trinkt Kästner seine Schmerzen am Leben nur noch mit Whisky nieder.«

(...)

Auf seinen Grabstein hätte das Gedicht gepasst, das er selber als Würdigung für den verehrten Gotthold Ephraim Lessing verstand: »Das, was er schrieb, war manchmal Dichtung,/doch um zu dichten, schrieb er nie./Es gab kein Ziel. Er fand die Richtung./Er war ein Mann und kein Genie.«

War er nun ein Gewinner oder nicht? Wer mag das beurteilen? Erich Kästner wurde 74 Jahre alt und schon zu Lebzeiten ein berühmter Schriftsteller.

Von außen ist es einfach nicht zu sehen, ob jemand ein Gewinner oder Verlierer ist. Auch wenn das Leben traurig endet, kann es sein, dass der-/diejenige es als erfüllt bzw. als zu sich passend erlebt hat. Wer Schmerzen leidet, braucht kein Verlierer zu sein. In meinen Augen gibt es in Bezug auf Lebenspläne überhaupt keine Verlierer. Die einen leben nur freier, die anderen gebundener. Erich Kästner hatte eine Mutter, die ihn sehr an sich band und an die er sich stark binden konnte. Offensichtlich haben beide es so gebraucht.

Von außen lässt sich nicht erkennen, ob man ein Gewinner- oder ein Verlierer-Skript lebt.

Unter Therapeut/innen, die mit Transaktionsanalyse arbeiten, taucht immer mal wieder die Frage auf: »Gibt es überhaupt ein Leben frei von jeglichem Skript und wie sieht es aus?« Ich glaube nicht. Auf irgendeine Art bleiben wir alle gebunden an die ersten Lebensjahre, gebunden an die Familie, den Clan, die Sippe, ebenso wie wir auch die äußere Ähnlichkeit mit engen Verwandten nicht leugnen können. Jede/r bleibt letztlich das Kind seiner/ihrer Eltern, auch wenn das schon lange her ist und die Eltern nicht mehr leben.

Frieden schließen

Von daher ist es sehr wichtig, mit beiden innerlich Frieden zu schließen – selbst wenn dies äußerlich vielleicht schwierig sein sollte. Eltern sind auch nur Menschen – mit Fehlern und Schwächen, aber auch Stärken. Jeder hat sie. Wie auch immer Sie Ihre Eltern erlebt haben – genau so waren sie richtig für Sie. Genau diese haben Sie gebraucht, um zu werden, was Sie heute sind.

Ich weiß, es ist entsetzlich, wenn Kinder von unverständigen, hartherzigen Eltern gequält oder misshandelt werden.

Hier zu sagen: »Du hast es so gebraucht« klingt zynisch. So würde ich es auch nie formulieren. Und dennoch: Wer kann schon beurteilen, ob das Schicksal, das einen Menschen ereilt, unter dem er/sie vielleicht unsagbar leiden muss, ob dieses Schicksal ungerecht und böse ist. Wer weiß es wirklich, wozu manche Menschen durch die Hölle gehen müssen?

Deshalb meine ich, niemand sollte sich anmaßen, den anderen einen Verlierer zu nennen.

Auch wenn es Sie vielleicht starke Überwindung kostet: Nehmen Sie es auf sich und schließen Sie Frieden mit Ihren Eltern. Vergeben Sie ihnen, wenn es etwas zu vergeben gibt, und danken Sie ihnen dafür, dass sie Sie in die Welt gebracht haben.

Und dann schauen Sie, ob Sie noch anderen Menschen innerlich zürnen, ob Sie noch mit jemandem abrechnen müssen. Mit Groll im Herzen ist nichts zu gewinnen. Er zerstört die eigene Lebensfreude und wichtige Beziehungen zu anderen Menschen.

Rechnen Sie mit diesen Menschen ab, indem Sie alle Soll-Konten streichen und auf die Haben-Seite Ihre Großherzigkeit setzen. Es lohnt sich ganz bestimmt. Denn mit Feinden in Köpfen und Herzen lebt es sich nicht unbeschwert. Nur im Frieden ist gut sein. Die Älteren von uns, die den letzten Krieg erlebt haben, oder unsere Nachbarn, die vielleicht aus irgendeinem Land, in dem Krieg herrscht, hierher geflüchtet sind, können ein trauriges Lied davon singen.

Alten Groll loszulassen macht frei für ein Gewinner-Skript.

Fangen wir mit dem Frieden in der Welt im eigenen Herzen an. Woanders ist er sowieso nicht zu finden. Ein Gewinner ist für mich ein freier Mensch, der seine Vergangenheit akzeptiert hat. Nichts bindet mehr als Feindschaft. Wer dem anderen etwas nachträgt, ist damit beschäftigt, hinter dem Objekt seines Hasses herzulaufen, ihm/ihr also etwas nachzutragen, was meist ziemlich schwerlastig und sperrig ist. Verbringen wir doch lieber unsere Zeit mit angenehmeren Dingen. Man muss die Feinde nicht gleich lieben, man kann sie einfach in Ruhe lassen, sie loslassen. Und schon fühlt man sich wieder ein großes Stück leichter.

Auch Neid und Eifersucht, auf Geschwister beispielsweise, sind Bremser auf der Fahrt zum Ziel. Sie sind wie Nagetiere, die das Herz anknabbern, sodass uns vielleicht auf der Zielgeraden beim Endspurt die Puste ausgeht. Das wäre doch jammerschade!

Also: Eltern, Geschwister, Großeltern, Onkel und Tanten und alle Menschen, mit denen Sie in der Vergangenheit zu tun hatten, sind eigenständige Menschen mit einem eigenen Schicksal. Dass Sie in irgendeiner Weise mit ihnen verwoben sind, bedeutet nicht, dass Sie an ihnen hängen oder ihnen nachlaufen müssen. Lassen Sie sie einfach los, lassen Sie sie ihr eigenes Leben leben, ihr eigenes Schicksal erfahren und kümmern Sie sich in erster Linie um sich selbst.

Wer sich frei von der Vergangenheit gemacht hat, sieht das eigene und das Wohl anderer.

Was nicht heißt, dass Sie nicht für andere da sein können, ja sollen. Im Gegenteil: Je freier Sie sind, desto mehr wird Ihnen das Wohl anderer am Herzen liegen. Und das ist ganz wichtig, denn niemand sieht sein Leben als erfüllt an, wenn er nur um sich selbst kreist und die anderen außen vor lässt.

In der April-Ausgabe der Zeitschrift »Psychologie heute« (1999) ist ein Interview mit Allan Luks abgedruckt, der leitender Direktor des »Institute for Advancement of Health« war und dessen aktuelles Buch den Titel trägt: »Der Mehrwert des Guten. Wenn Helfen zur heilenden Kraft wird«. Das Interview trägt die Überschrift: »Helfen stoppt den Stress« und darunter steht: »Wer sich nicht sozial engagiert, dem entgehen gesundheitsfördernde positive Erfahrungen.« Allan Luks berichtet hier über Forschungen, die zeigen, dass im Gehirn von Menschen, die anderen helfen, chemische Substanzen ausgeschüttet werden, welche angenehme Gefühle, freudige Emotionen und Hochstimmung auslösen.

Im Grunde kennen wir alle das gute Gefühl, das sich in uns breit macht, wenn wir uns um andere kümmern. Womit nicht gemeint ist, dass man sich von quengeligen oder gar bösartigen Familienmitgliedern ausbeuten lassen soll. Es ist genauso wichtig, sich zu schützen und zur Wehr zu setzen, wenn jemand versucht, die Gutmütigkeit und liebevolle Hilfsbereitschaft eines Menschen für seine Bequemlichkeit auszunützen.

Im Folgenden möchte ich Ihnen zeigen, wie eine Frau, die aufgrund ihrer Minderwertigkeitsgefühle egozentrisch nur um sich selbst kreiste, dieses qualvolle In-sich-selbst-gefangen-Sein durchbrach und ihren Blick zu anderen Menschen hin befreite.

Der »Fall Giesela«

Giesela kam 1982 zu mir in Einzeltherapie. Später absolvierte sie noch eine Gruppentherapie bei mir. Daraufhin ging es ihr eine Weile alleine ganz gut, doch nach einiger Zeit suchte sie mich wieder auf, und wir arbeiteten zunächst eine Stunde wöchentlich, später alle 14 Tage, dann einmal im Monat miteinander. Seit ca. zwei Jahren kommt sie nur noch gelegentlich, wenn sie findet, dass ein Gespräch mit mir ihr gut tut.

Sie hat keine Angst, von mir abhängig zu werden, wie es manchmal Klienten/Klientinnen äußern. Ich meine, es ist eine Illusion, wenn wir glauben, unabhängig voneinander sein zu können. Wir alle brauchen uns – mal mehr, mal weniger. Ich gehe auch immer wieder zum Haarschneiden und lasse regelmäßig meine Zähne untersuchen. Insofern bin ich abhängig von meinem Friseur und meinem Zahnarzt.

Kein Mensch ist völlig unabhängig von anderen.

Giesela ist eine schöne Frau. Sie ist mittelgroß, zierlich, mit anmutigen Bewegungen. Noch heute mit ihren 48 Jahren hat sie eine feine, etwas mädchenhafte Ausstrahlung, die bei den Menschen sehr gut ankommt, vor allem bei Männern.

Sie füllte gerne den »Fragebogen zum Lebensplan« aus und hat mir erlaubt, ihre Aussagen für dieses Buch zu verwenden.

Von ihrer Mutter erhielt Giesela die Zuschreibung »Du bist dumm«, und ihr Vater vermittelte ihr, es sei das Beste für sie, wenn sie einen reichen Mann heiratete. Da war es kein Wunder, dass sie in der Pubertät »von Männern umworben wurde wie eine Prinzessin«. Sie lebte in dieser Zeit eine geheime Beziehung mit einem 20 Jahre älteren Mann, der sie mit kostbaren Geschenken überhäufte.

»Die Welt drehte sich um mich, ich ließ mich verwöhnen und sah nicht die Realität. Für mein Handeln übernahm ich keine Verantwortung, weil ich mein ›Ich‹ nicht fühlte. Ich verhielt mich wie eine Marionette, die sich von außen steuern ließ. Die Angst, Fehler zu machen und ausgelacht zu werden, begleitete mich mit Herzklopfen und Händezittern. Ich wurde rot im Gesicht, wenn ich angesprochen wurde.«

Wem nur ein winziges Ich zur Verfügung steht, lebt wie eine Marionette.

Mit 23 Jahren heiratete sie einen ihrer »Märchenprinzen«, mit 26 wurde sie geschieden. Giesela hatte nur die Hauptschule besucht und litt schrecklich unter Minderwertigkeitsgefühlen. Alle zwei Jahre wechselte sie die Arbeitsstelle.

Nach einem Gewinner-Skript sieht dies noch nicht aus. Doch dann besuchte sie die Abendrealschule und legte danach die Eignungsprüfung an einer Pädagogischen Hochschule ab.

»Ich erinnere mich an meinen täglichen Gedanken, der da lautete: ›Ich werde Erfolg haben!‹«

Nach Ihrem Studium fand sie allerdings keine Stelle als Lehrerin und ging wieder in ihren alten Beruf. Sie begann eine Therapie und kam schließlich zu mir. Obwohl Giesela sehr motiviert jede Therapiestunde absolvierte und auch keine Gruppensitzung versäumte, änderte sich lange nichts an ihrer Überzeugung, dumm und minderwertig zu sein. Sie war bei den anderen Gruppenteilnehmern/-teilnehmerinnen sehr beliebt, und wenn sie sich äußerte, geschah dies flüssig, gut verständlich, ausgewogen, mit viel Gefühl für Sprache. Die anderen sagten ihr das wiederholt, doch Giesela blieb vom Gegenteil überzeugt.

Ein Gewinner-Skript

Es dauerte sehr lange, bis Giesela begriff, dass sie intelligent ist und mindestens genauso gut sprechen kann wie andere auch. Ihr Handicap war, dass sie sich innerlich eine Messlatte aufgestellt hatte, die so überhöht war, dass niemand sie hätte erreichen können.

Da sie in ihrer »Lieblingsidee«, dumm zu sein, so gefangen war, konnte sie die Realität nicht sehen.

Manchmal spürte ich Ungeduld in mir, wenn ich sah, wie sie in ihrer selbst »zusammengesponnenen« Welt verharrte und vieles, was ihr von mir und anderen gesagt wurde, abwertete, umdeutete und in ihre Überzeugung, dumm und unfähig zu sein, einlagerte. Da ich sie aber gern mochte, denn ihr inneres Kind ist auf eine angenehme, wohltuende Art charmant und sehr liebenswert, arbeitete ich geduldig mit ihr weiter. Und es lohnte sich … Giesela hat heute eine Stelle als Lehrerin.

»Ich kann heute mit Stolz sagen, dass ich eine mittelmäßig gute Lehrerin bin, wie die meisten Lehrer an unserer Schule. Die Arbeit macht mir Freude, obwohl ich sie auch als sehr anstrengend empfinde.«

Eigene »Lieblingsideen« versperren den Blick für die Realität.

Das ist ein großer Sieg für Giesela, sich mit ihren Kollegen und privat mit anderen Menschen als gleichwertig einzustufen. Denn oft war es Thema in den Therapiestunden, dass sie mit ihren Minderwertigkeitsfantasien nur um sich selbst kreiste. Sie konnte meist deshalb nicht verstehen, was andere zu ihr sagten, weil sie voll damit beschäftigt war zu denken: »Das kann ich nicht. Ich bin unfähig. Ich bin nicht gut genug. Ich schaffe das nicht. Die anderen sind besser. Die anderen lachen mich aus, wenn ich was sage.« Und so weiter. Nach und nach war sie bereit, diese Gedanken beiseite zu lassen und anderen wirklich zuzuhören, sich ihnen zu öffnen.

Im Fragebogen unter 4. schrieb sie:

»Ich bete zu Gott, dass er mein Herz öffnet für die Bedürfnisse der Menschen um mich und für mich.«

Damit hat sie einen großen Schritt getan, schließlich doch eine Gewinnerin zu sein. Was einmal auf ihrem Grabstein stehen könnte?

»Eine kleine, zierliche, aber auch zähe Frau, die viel Kraft entwickelte, um ihre Vergangenheit zu bewältigen. Sie lernte zu lieben und sich am Leben zu erfreuen. In ihrer Nähe fühlten wir uns wohl.«

Giesela ist inzwischen mit einem liebevollen Mann verheiratet, der sie gelegentlich zu unseren Gesprächen begleitet, um gemeinsam die eine oder andere Frage in ihrer Beziehung, die sehr respektvoll ist, beantworten zu können.

Gieselas Weg war lang, und sie hat es sich nicht leicht gemacht.

»Das Schwierigste war«, sagte sie in dem Gespräch, das wir zum Fragebogen hatten, »damit Schluss zu machen, nur immer meinem inneren Dialog zuzuhören, der abwertend und entmutigend gewesen ist.«

Das ist für die meisten Menschen schwierig. Ich kenne es von allen Klienten und Klientinnen, kenne es natürlich von mir selbst und erlebe es bei Vorträgen, die ich halte. In den Diskussionen hinterher werde ich oft gefragt, was ich denn mit diesem oder jenem gemeint hätte, und wenn ich antworte, davon gar nicht gesprochen zu haben, glauben die Betreffenden es nicht. Sie hörten das, was sie im Kopf haben, was sie immer hören.

Den »inneren Dialog« zu stoppen fällt den meisten Menschen schwer.

Diesen inneren Dialog zu stoppen gelingt uns leider nicht so einfach, wie wir den CD-Player abschalten, obwohl er viel langweiliger ist als die langweiligste CD. Stellen Sie sich vor, Sie hören von Kindheit an immer nur dieselbe Platte oder schauen sich immer nur denselben Film an. Und der Inhalt ist meist äußerst negativ: »Du bist dumm …, das kannst du nicht …, du bist unfähig …« usw.

Eine Hoffnung allerdings gibt es bezüglich des oft nicht zu stoppenden inneren Dialogs: Wir können ihn mit positivem Inhalt füllen:

- statt uns zu entmutigen, können wir uns ermutigen;
- statt uns abzuwerten, können wir uns sagen: »ich bin o.k.«;
- statt uns zu tadeln, können wir uns loben;
- statt mit uns zu schelten, können wir uns trösten;
- statt mit uns herumzunörgeln, können wir uns mit einem Witz zum Lachen bringen.

Giesela gelang dieser Negativ-Stopp. Sie sagte:

Die Lösung ist: nicht zu schauen, was die anderen denken könnten.

»Die Lösung für mich ist, zu erkennen und es anzunehmen, dass ich ein *ganz normaler Mensch* bin. Ich muss *mich* nicht mehr mit den Augen der anderen anschauen. Jetzt schaue *ich* die anderen direkt an. Es ist, als sähe ich sie zum ersten Mal wirklich.«

Genau das ist es, was Giesela heute als Gewinnerin auszeichnet. Nun ist das Leben für sie leicht und spannend, jeder neue Tag ein Gewinn, auch wenn er anstrengend ist und sie nach der Schule ganz erschöpft nach Hause kommt.

Der Code fürs Paradies

Falls Sie den Fragebogen zum Lebensplan in Kapitel 2 ausgefüllt haben, was schrieben Sie als »Code zum Einlass ins Paradies«? Bei Giesela steht:
»Drei Wörter könnte ich mir vorstellen:
Liebe – Versöhnung – Dankbarkeit fürs reiche Leben.«
Und damit hat sie einen Dreiklang gefunden, der ihrer inneren Harmonie entspricht.

Thomas, den Sie ebenfalls in Kapitel 2 kennen gelernt haben, hatte für seinen Code gefunden:
»Herr, es ist Zeit.«

Die Frau, die sich als ein leicht im Wind wehendes Bambusrohr sieht, schrieb:
»Nimm dich an.«

Und jene, die feststellte, dass einen Lebensplan zu haben für sie »verbissen« klingt, entschied sich für:
»Mission abgeschlossen oder ›Grau‹.«

Und sie setzte hinzu: »Da es in meinem Leben bisher nur Schwarz oder Weiß gibt, wäre die Farbe Grau vielleicht mein Code-Wort ins Paradies.«

Was kommt im »Code fürs Paradies« zum Ausdruck? Warum habe ich ihn in den Fragebogen aufgenommen? Meine Absicht war, damit das »Geheimnis eines Menschen« zu erfassen. C. G. Jung behauptete, es gehe im Leben eines jeden Menschen darum, seinen/ihren »Mythos« zu finden; gemeint ist die innere Wahrheit eines Menschen, also das Ursprüngliche, das ganz Eigene, das Bild für das Einzigartige, das im Kern eines jeden Menschen verborgen liegt.

Dieser Kern, das Zentrum, die Mitte, das ist das Paradies. Wer dort angelangt ist, dessen äußeres Leben gestaltet sich wie von selbst. Da kann es äußerlich stürmisch zugehen, es kann mitunter ungemütlich und grau sein, der Körper kann schmerzen, die Seele trauern, doch innen drin ist es ruhig und heiter. *Das* ist das Paradies. Das bist *wirklich du.* Das ist dein innerstes Wesen. Oder wie die indischen Weisen sagen: »Tat tvam asi.«

Das Paradies liegt in jedem selbst, in der inneren Ruhe und Heiterkeit.

Dorthin zu gelangen ist nicht so einfach, aber der längste und steinigste Weg lohnt sich. Und wenn man kurz davor steht, braucht man einen Schlüssel, um es zu öffnen – einen Code.

»Liebe, Versöhnung, Dankbarkeit« sind sicher Schlüsselbegriffe, die das Tor aufsperren können. »Nimm dich an« öffnet nicht nur das eigene Herz, sondern auch das der Mitmenschen, und damit ist man schon im Paradies. Und »Grau« heißt: Ich ordne mich ein in der Mitte zwischen Schwarz und Weiß; ich meide die Extreme, ich begebe mich auf den mittleren Weg. Dann wird schließlich aus »Grau« »Gold«, denn der mittlere Weg bezeichnet den »goldenen Mittelweg«. Und wer mit dem Herrn spricht und sagt »es ist Zeit«, lässt seinen persönlichen Willen mit dem unpersönlichen großen Willen übereinstimmen. Das ist das Paradies.

Eva – Sie haben sie in Kapitel 8 kennen gelernt – vertraut den Lehren des Maharshi Mahesh Yogi. Obwohl sie an der schweren und unberechenbaren Krankheit »Krebs« erkrankt ist, lebt sie als Gewinnerin. Sie hat sich nach dem Schock, den ihr diese Erkrankung gab, aus ihrem Ehe- und Hausfrauen-Kokon herausgeschält und entfaltet nun das ganze Potenzial, das in ihr steckt. Jetzt lebt sie *bewusst.*

Die Erlaubnis-Transaktion

Verabschieden wir uns also von den Begriffen »Skript« und »Lebensplan«. Denn ob sie gedacht sind als unbewusstes Leben, so wie der Skriptbegriff in der Transaktionsanalyse verstanden wird, oder als bewusst geplantes Leben – in beiden Fällen stellt es eine Einengung dar.

Leben lässt sich weder planen, noch kann man sagen, dass ein Leben, das nach den Direktiven der Eltern abläuft, ein unglückliches sein muss, und ein Leben, in dem man selbst bestimmt, unbedingt ein erfülltes ist.

Ein Skript – ob bewusstes oder unbewusstes – sollte das Leben nicht einengen.

Der eine kann ganz im Einklang mit den Vorgaben seiner Eltern leben, und der andere muss sich aus diesen Fängen befreien, um glücklich zu werden. Jemand kann sein Leben bis ins Detail planen und dann zusehen, wie sein schöner Plan nach und nach in sich zusammenfällt und nicht viel übrig bleibt, was ihn froh stimmt. Jemand anderes mag kleine Ziele erreichen und eines Tages erleben: »Ich bin angekommen!«

Deshalb schlage ich vor, dass wir uns von den Begriffen lösen – wie immer sie heißen oder verstanden werden mögen. Doch was brauchen wir, um frei leben zu können?

Eine 38-jährige Frau kam zum ersten Mal zu mir in die Praxis. Ich fragte sie, wie ich es in solchen Fällen immer tue, was ihr Anliegen sei. Sie antwortete: »Ich möchte, dass Sie mir die Erlaubnis geben, das Schöne, das es in meinem Leben gibt, genießen zu dürfen.«

Ich habe ihr diese Erlaubnis sehr gerne gegeben. Was natürlich nicht heißt, dass jetzt ihr Leben gleich in Ordnung ist. Wir werden noch eine Weile weiter miteinander arbeiten. Doch zunächst musste sie sich grundsätzlich die Erlaubnis holen, überhaupt etwas Gutes für sich zu tun.

Wenn ich als Therapeutin eine Erlaubnis-Transaktion durchführe, dann in dem Bewusstsein, dass nicht ich, also die Person, die ich bin, die Erlaubnis erteilt. Ich stelle mich gleichsam als Projektionsfigur zur Verfügung. Ich vertrete sozusagen Mutter und Vater des Klienten/der Klientin, doch nicht die äußere Mutter oder den äußeren Vater, die ihm/ihr diese Erlaubnis jetzt vielleicht auch geben würden. Als diese Klientin ein Kind war, hat sie die Erlaubnis, sich an den schönen Dingen des Lebens zu freuen, offensichtlich nicht erhalten. Sonst wäre ihr inneres Kind nicht mit diesem Wunsch zu mir gekommen.

Ich repräsentiere hier also die innere Instanz, die in der Transaktionsanalyse »Eltern-Ich«, in der Psychoanalyse »Über-Ich« genannt wird. Es ist die Instanz in jedem Menschen, die er/sie als Kind unter dem Einfluss der Eltern und Autoritätspersonen entwickelt hat und die heute für seine/ihre Moral und Ethik zuständig ist.

Kehren wir noch einmal zum Bild des Fliegers zurück, der endlich gut »in New York« angekommen ist. Jetzt braucht er, um sicher landen zu können, hierfür die Erlaubnis des Towers auf dem Airport. Ein Flugzeug kann nicht einfach irgendwie irgendwo auf dem Flugplatz herunterkommen, es ist angewiesen auf die Instruktionen des Bodenpersonals, das dem Piloten sagt, auf welcher Bahn die Landung gerade möglich ist. Auch hier gehört zur sicheren Landung eine Erlaubnis-Transaktion.

Wenn der »Flug des Lebens« gelingen soll, muss auch die Landeanweisung stimmen.

Nehmen wir an, Ihnen ist beim Lesen dieses Buches einiges klar geworden, Sie verstehen sich, Ihr bisheriges Leben und Ihre üblichen Reaktionen ein wenig (oder auch viel) besser, Sie üben vielleicht an wichtigen Stellen schon ein anderes Verhalten ein und sind entschlossen, noch mehr zu verändern, dann könnte jetzt vom »Tower« die Erlaubnis erteilt werden:

»Landen Sie auf Bahn sechs!«

Die Sechs steht für »Sex« und bedeutet:

»Nimm dich an als Mann/als Frau – sei ganz selbstverständlich, was du bist: ein Mann/eine Frau – erfreue dich deines So-Seins als Mann/als Frau – genieße es, attraktiv zu sein als Mann/als Frau – spiele dein Mannsein/Frausein mit ganz viel Freude aus – sei sexy, selbstbewusst und stark.

Du darfst du selbst sein – du darfst erwachsen sein und die Verantwortung für dich selbst übernehmen – du darfst glücklich sein und lieben – du darfst dich freuen und das Leben genießen – du darfst gesund sein und deine Gefühle zulassen.

Erlaubnisse heben die bedrängenden Einschärfungen auf.

Du bist wichtig und darfst erwarten, ernst genommen zu werden – du darfst kritisch überprüfen, was man dir sagt, und ablehnen, was dir nicht gefällt – du darfst wahrhaftig sein und dies auch von anderen verlangen.

Du gehörst zum Rest der Welt – und du bist frei.«

So könnte der Fluglotse, Ihr eigenes »Eltern- oder Über-Ich«, dem Piloten, Ihrem »Erwachsenen-Ich«, erlauben, sicher »in New York«, d. h. in Ihrem neuen Leben zu landen. Ihr inneres Kind wird jubeln: »Wie aufregend, diese große, neue, interessante Stadt kennen zu lernen. Was gibt es da nicht alles zu entdecken! Diese Stadt ist nichts für brave, ängstlich angepasste Kinder. Diese Stadt ist gemacht für Kinder, die neugierig sind, die ganz viel sehen und erleben wollen, für Kinder, die das Ungewöhnliche lieben, die leichtfüßig das Terrain durchstreifen, die begeistert alle Ecken und Winkel erforschen, die unermüdlich kreativ ihre Tage gestalten und keine Zeit haben, Trübsal zu blasen.«

»New York« symbolisiert noch mehr: den »Flow«, das Glücksgefühl, das man erlebt, wenn man in Fluss ist, die Lebensenergie frei fließen kann. Das tut sie, wenn man mit sich und dem, was gerade ist, im Einklang steht.

Im Strom des Lebens angekommen sein

Das freie, natürliche Kind, das ganz unmittelbar und spontan, aus der eigenen Mitte heraus agiert, enthält das Lebensgefühl, das wir Glück oder »Flow« nennen. Es ist einfach nur Kind. Es ist gebildet, aber nicht verbildet, es wird gezogen vom Strom des Lebens, aber es ist nicht er- oder verzogen. Es beherbergt die Kraft, die leben, wachsen, sich entwickeln will. Damit ist es ausgestattet – von Mutter Leben. Oder wie es in der Analytischen Psychologie heißt: vom »großen Mütterlichen«, das wir auch als archetypisch, also universell bezeichnen.

Jeder Mensch kann Zugang zu den großen universellen Kräften finden.

Jeder Mensch hat Anteil an diesen großen, archetypischen Kräften. In jedem Menschen walten sie, wollen angenommen und gelebt werden. Jeder Mensch hat Zugang zu diesen ursprünglichen, unerschöpflichen Kräften oder kann sie wieder finden, wenn sie unter den Hemmnissen, die wir uns selbst in den Strom des Lebens werfen, begraben sein sollten.

So kann Ihr neues, Ihr »Gewinner-Leben« aussehen:

Ein Leben

- frei von Hemmungen, dafür mit Überlegung und Achtsamkeit;
- frei von Sorgen, dafür mit Sorgfalt und Achtung;
- frei von Missmut, dafür mit Mut und Aufmerksamkeit;
- frei von Angst, dafür mit Vor-, Rück- und Umsicht;
- frei von Feindseligkeit, dafür mit Respekt und Demut;
- frei von Hass, dafür mit Liebe und Verständnis;
- frei von Trägheit, dafür mit Lebensfreude und Kreativität;
- frei von Einsamkeit, dafür mit Neugier und Heiterkeit;
- frei von Depressivität, dafür mit Klarheit und Wachheit;
- frei von Launenhaftigkeit, dafür mit Klugheit und Anerkennung;
- frei von Krankheit, dafür mit Einigkeit und Stimmigkeit;
- frei von Dumpfheit, dafür mit Gefühl und Verstand;

- frei von Trostlosigkeit, dafür mit Zärtlichkeit und Wärme;
- frei von Falschheit, dafür mit Würde und Wahrhaftigkeit;
- frei von Häme, dafür mit Toleranz und Großzügigkeit;
- frei von Groll, dafür mit Vertrauen und Herzensbildung;
- frei von Wehleidigkeit, dafür mit Nüchternheit und Makellosigkeit;
- frei von Wissen, dafür mit Weisheit und Gelassenheit.

Der Strom des Lebens fließt und fließt und fließt – gleichgültig ob Sie sich in ihn hineingeben oder nicht. Genauso gut, wie Sie sich draußen halten können, können Sie sich aber auch einschwingen. *Ich* an Ihrer Stelle würde mich einschwingen, würde mitschwingen in der Lebensenergie – weil sonst das Leben schwer, zäh, träge, wenig angenehm, kaum leichtgängig ist.

Sich in den Lebensstrom einzuschwingen macht das Dasein angenehm und leicht.

Gegen den Strom schwimmen, meinen Sie, sei besser? Es ist anstrengend. Die meisten Menschen schwimmen gegen den Strom und glauben, das sei avanciert und mutig. Was sie verwechseln? Gegen den Strom schwimmen heißt für sie, nicht den »alltäglichen Wahnsinn« mitzumachen, sondern modern und mit außergewöhnlichen Ideen Neues in die Welt bringen. Was sie dabei übersehen? Der Strom des Lebens ist immer modern und auf Zukunft ausgerichtet. Der Nobelpreisträger Ilya Prigogine nennt diesen Strom »offenes Werden«.

Wer sich in diesen Strom mit einschwingt, ist kein mittelmäßiger, unproduktiver Mitläufer und Jasager, sondern in Kontakt mit der Evolution oder der »kosmischen Absicht«. Entscheiden Sie sich, vorne zu schwimmen, Pionier des Lebens zu sein. Das gibt sehr viel Kraft, Freude und Ausgeglichenheit.

Zusammenfassung

In diesem Kapitel haben wir uns mit den Voraussetzungen beschäftigt, die es uns ermöglichen, im »freien Flug des Lebens«

auch sicher zu landen, und ganz praktische Schritte zu diesem Ziel genannt.

- Das Leben gelingt leichter und besser, wenn wir sehen, dass es nicht nur die eigene Person, das eigene Ich gibt, sondern dass dieses Persönliche aus universellen Grundmustern erwächst. Immer nur sich selbst anzuschauen, sich um sich selbst zu drehen, macht auf Dauer schwindlig und engt den Lebensvollzug ein. Um diesen Kreislauf zu durchbrechen, ist es nötig zu sehen, was wirklich ist. Wirklich ist, dass es außer uns, dem eigenen inneren Kind, viele, viele andere »Kinder« auf der ganzen Welt gibt, die Ähnliches fühlen und erleben, die leiden und sich freuen. Das zu sehen, lässt Freude darüber wach werden, dass wir eingebettet sind in den großen Strom des Lebens, dazu gehören zur Gesamtheit der Menschen, zu allem, was Menschen, wo immer sie leben, bewegt. Wenn ich das realisieren kann, wird das Leben ganz einfach und leicht.

- Mit der Arbeit, die Giesela geleistet hat, ist ein Gewinner-Skript beschrieben. Sie hat verwirklicht, was unbedingt zu einem solchen Lebensplan gehört: den ständigen inneren Dialog zu stoppen, mit dem sie sich pausenlos einredete, minderwertig zu sein. Sie hat erkannt, dass es einerseits darum geht, sich selbst wichtig zu nehmen, es aber andererseits genauso nötig ist, sich selbst nicht als zu wichtig zu betrachten. Das ist auf den ersten Blick widersprüchlich. Doch das Leben besteht aus Widersprüchen; wer sie nicht sehen, verstehen und annehmen kann, tut sich unendlich schwer. Nur wer sich selbst innerlich *wirklich wichtig nimmt*, braucht sich nicht nach außen vor anderen *wichtig zu machen*. Giesela hat dies verstanden und kann nun als Gewinnerin ihr Leben genießen.

- Der »Code fürs Paradies« dient dazu, das »Geheimnis«, den »Mythos« eines Menschen zu erfassen, zu erkennen, wo sein/ihr Ursprung ruht, wie die Mitte aussieht, zu der er/sie hinstrebt. Für jeden Menschen gibt es einen zentralen Wert, eine zentrale Aufgabe, einen Auftrag, einen Sinn. All diese Begriffe bezeichnen letztlich nichts anderes als das, was ihn/sie im Innersten ausmacht, was ihm/ihr »eingebildert« ist. Dieser zentrale Punkt lässt sich am besten mit einem Bild erfassen, eben dem »Code fürs Paradies«.

Als Symbol für das Ankommen in der neuen Lebensgestaltung habe ich die Landung eines Fliegers auf dem Zielflughafen gewählt. Dazu benötigt der Pilot die Erlaubnis des Lotsen im Tower des Airports. Genauso braucht unser inneres Kind für ein befreites Leben die Erlaubnis des Eltern- oder Über-Ichs, der wert- und maßgebenden Instanz in der eigenen Persönlichkeit. Ist diese vorhanden, kann der/die Betreffende sich ganz in den Strom des Lebens einschwingen.

Check · Übung · Tipp

Check

Werfen Sie den »Ballast der Vergangenheit« ab

Um ganz sicher zu gehen, dass nicht noch ein allerletzter »Groll-Splitter« in Ihrem Herzen zurückbleibt, der dem stets auf der Lauer liegenden Dämon ein gefundenes Fressen bietet, überprüfen Sie anhand der folgenden Liste, was sich in Ihnen noch der Befreiung widersetzen könnte:

»Ich kann die Verantwortung für mein Leben doch nicht in die eigenen Hände nehmen, weil …

- meine Eltern mir gesagt haben: ›Aus dir wird sowieso nichts!‹;
- ich als Kind einige Wochen in einem Krankenhaus verbringen musste;
- ich den falschen Beruf gelernt habe;
- ich als Frau zu groß/als Mann zu klein bin;
- meine Mutter/mein Vater krank gewesen ist;
- meine Eltern sich scheiden ließen;
- meine Mutter/mein Vater früh gestorben ist;

- ich den falschen Mann/die falsche Frau geheiratet habe;
- ich keinen Partner/keine Partnerin gefunden habe;
- ich keine Kinder habe;
- ich als Kind geschlagen/misshandelt wurde;
- in meiner engeren Familie jemand Selbstmord begangen hat;
- ich so viele Geschwister hatte;
- ich ein Einzelkind war;
- ich körperlich missgestaltet bin;
- meine Eltern mich vernachlässigt haben;
- meine Eltern übertrieben fromm waren und mich damit quälten;
- … (Hier können Sie noch das für Sie eher Passende einsetzen.)

Wenn Sie das, was Sie noch plagt, herausgefunden haben, dann nehmen Sie Ihr inneres Kind in der Fantasie in Ihre Arme und sagen ihm:

»Ich sehe und spüre dein Leid. Ich nehme dich mit deinem Leiden an, und ich verspreche dir, ich werde aufpassen auf dich und dafür sorgen, dass es dir von jetzt an gut geht. Du brauchst dich nicht mehr verlassen zu fühlen, denn mir ist bewusst, dass ich nun für dich verantwortlich bin. Ich nehme diese Verantwortung ganz ernst. Weil ich dich liebe. Mir ist bewusst, dass mir erlaubt ist, dich zu lieben. Du kannst dich auf mich verlassen, denn ich bin ein verantwortungsbewusster Mensch.«

Spüren Sie, wenn Sie so mit Ihrem inneren Kind in Kontakt sind, die Gefühle, die in Ihnen hochsteigen, und lassen Sie diese zu.

Nach einigen Tagen spüren Sie nach, ob es vielleicht immer noch einen winzigen »Groll-Splitter« in Ihrem Herzen gibt. Wenn ja, wiederholen Sie diesen Check. So oft, bis Sie genau wissen:

»Jetzt ist es gut. Jetzt bin ich frei von der Vergangenheit. Jetzt übernehme ich voll und ganz und für immer die Verantwortung für mich selbst.«

Ob das stimmt, merken Sie an einer wunderbaren Freude, die Sie dabei durchströmt. So eine starke, bis in jede Körperzelle hineinreichende Freude haben Sie bestimmt noch nie zuvor in Ihrem Leben erfahren.

▶ Übung

Um das Ergebnis des vorherigen **Checks** noch zu festigen, empfehle ich Ihnen folgende Übung:

Ein fantastischer Geburtstag
Nehmen Sie sich wieder eine ungestörte Zeit und setzen Sie sich in der Haltung (am besten auf den Boden auf ein Meditationskissen oder auch auf einen einfachen Stuhl) hin, die ich in Kapitel 2 unter **Tipp** beschrieben habe (dort ging es um die innere Stimme).

Jetzt lade ich Sie ein zu einer Fantasiereise. Diese unterscheidet sich von der aktiven Imagination darin, dass Sie sich nicht mit Ihrem Ich-Bewusstsein in das Geschehen einklinken, sondern die aufsteigenden Bilder passiv vor Ihren inneren Augen ablaufen lassen.

- Stellen Sie sich vor, heute wäre Ihr Geburtstag. Es ist der erste Tag in Ihrem neuen Leben. Veranstalten Sie ein großes Fest. Malen Sie sich aus, welche Vorbereitungen Sie treffen, wie Sie Ihre Wohnung schmücken, sich festlich kleiden und alles herrichten.

- Dann klingelt es an der Haustüre, und viele Gäste kommen, geladene und ungeladene. Es kommen alle Menschen, die Sie kennen, alle, zu denen Sie auf irgendeine Art in Beziehung stehen. Diese Beziehung kann positiv oder auch negativ sein. Alle dürfen kommen.

- Lassen Sie die Gäste – also die Menschen, die Ihnen einfallen – nacheinander hereinkommen, begrüßen Sie jede/n einzelne/n. Jede/r bringt Ihnen ein Geschenk mit. Nehmen Sie das Geschenk in Empfang, schauen Sie es sich an, bedanken Sie sich aufrichtig dafür und stellen es dann auf einen dazu vorbereiteten Geschenktisch.

- Lassen Sie sich viel Zeit zur Begrüßung aller Gäste. Wenn niemand mehr kommt, wenden Sie sich dem reich beladenen Geschenktisch zu und betrachten Sie noch einmal in aller Ruhe die einzelnen Geschenke. Es kann sein, dass Ihnen nicht jedes Geschenk gefällt (das ist auch so im äußeren Leben). Nehmen Sie es trotzdem aufrichtig dankbar an.

  Gerade die Geschenke, die Ihnen vielleicht ein unangenehmes Gefühl bereiten, sind die besten für Sie, weil sie etwas über die Beziehung des Schenkenden zu Ihnen aussagen. Und diese Beziehungen wiederum verraten Wichtiges über Sie als Persönlichkeit. Gerade die nicht geliebten Geschenke sind die, welche das Bewusstsein über die Art Ihrer Beziehungsgestaltung fördern. Und das ist sehr wertvoll.

- Wenn Sie sich alles angeschaut haben, danken Sie noch einmal Ihrem Schicksal, das es Ihnen ermöglicht hat, so einen Geburtstag zu feiern, und kehren Sie damit in Ihren Alltag zurück.

Wenn Sie mögen, schreiben Sie sich das Erlebte in Ihr Tagebuch.

Ich gratuliere Ihnen zu diesem Geburtstag und wünsche Ihnen, dass er der Auftakt zu einem langen, glücklichen Leben sein möge.

▶ Tipp

Zu einer richtigen Geburtstagsfeier gehört auch ein schöner Tanz.

Tanzen ist darüber hinaus sehr empfehlenswert, um das, was Sie bisher mit den vorgeschlagenen Übungen erreicht haben, fest in Ihrem Organismus zu programmieren. Wie man heute aus der Neuroforschung weiß, werden Gefühle nicht nur im Gehirn registriert, sondern auch vom übrigen Körper wahrgenommen: Jede Emotion löst eine körperliche Reaktion aus.

Dieses Wissen kann man sich zunutze machen, um erwünschte Gefühle bewusst im Körper zu »verankern«. Bringen Sie also Gefühle von Freude, Glück, Freisein usw. ganz bewusst in Ihren Körper hinein.

Am besten ist dies mit Tanzen zu erreichen:

- Tanzen Sie Freude.
- Tanzen Sie Glück.
- Tanzen Sie Freiheit.
- Tanzen Sie Liebe.
- Tanzen Sie Zärtlichkeit.
- Tanzen Sie Schönheit.
- Tanzen Sie Anmut.
- Tanzen Sie Gelassenheit.
- Tanzen Sie Glückseligkeit.
- Tanzen Sie Frieden.
- Tanzen Sie Ruhe.
- Tanzen Sie Stille.

Suchen Sie sich hierfür die Ihrer Meinung nach geeignete Musik aus und kreieren Sie den Ihnen passend erscheinenden Tanz dazu.

- Geben Sie Ihren Gefühlen entsprechenden Ausdruck.
- Geben Sie Ihren Gefühlen entsprechende Bewegung.
- Geben Sie Ihren Gefühlen entsprechende Gestik und Mimik.
- Seien Sie Ihr eigener Pantomime.
- Seien Sie Ihre eigene erotische Tänzerin.
- Seien Sie Ihr eigener Clown.
- Bringen Sie alles, was sie bewegt, in entsprechende (Körper-)Bewegungen ein.
- Bewegen Sie sich – ganz bewusst.

- Bewegen Sie sich bewusst auch ganz langsam (um sich so Ihre Bewegungen noch bewusster zu machen).
- Tanzen Sie sich frei!
- Tanzen Sie, tanzen Sie, tanzen Sie (bis Sie umfallen)!

Und dann bleiben Sie einfach ganz ruhig liegen und schauen, was geschieht.

Wahrscheinlich etwas sehr, sehr Schönes.

Lassen Sie sich das nicht entgehen!

Vielleicht erinnern Sie sich: Im Alten Testament tanzte David vor dem Herrn.

Vielleicht haben Sie auch schon von den tanzenden Derwischen gehört, den mystischen Tänzern des Islam.

Vielleicht haben Sie bereits vom indischen Gott Shiva gelesen, der die Welt zertanzt, damit sie sich wieder erneuern kann.

Kapitel 12

Einblick – Ausblick – Überblick – Weitblick

Wir haben eine weite Reise miteinander unternommen: von Santa Fe nach Stuttgart und von hier nach »New York« – von der Ungewissheit eines unbewussten Lebensplans zum bewusst gestalteten Gewinner-Skript, von einem an die Vergangenheit gebundenen Leben zum freien »offenen Werden«. Einige Stepps, Stopps und Tipps waren nötig, um dahin zu gelangen. Vielleicht finden Sie, ich habe Ihnen zu viele Informationen auf einmal gegeben, die Sie alle gar nicht behalten können. Aber das ist auch nicht nötig.

Informationen sind natürlich wichtig – wir leben im Zeitalter der Information –, doch worauf es letztlich im Zusammenhang mit unserem Thema ankommt, ist der »Kick«, der durch sie ausgelöst wird. Ich hoffe, es gab diesen »Kick« in Ihnen – irgendwo, an irgendeiner Stelle während des Lesens. Wichtig ist, was Sie daraus machen, inwieweit Sie ihn umsetzen in Ihrem Leben. Es müssen keine großen äußeren Veränderungen sein, auf Ihre innere Einstellung zu sich selbst kommt es an. Ist die gut, geht auch in der äußeren Welt das meiste leicht.

Das Leitsystem

Die Grundbedingung für ein erfülltes Leben ist der starke Wunsch bzw. ein inneres »Muss« – die »Vox Dei« –, sein Leben in die eigenen Hände zu nehmen, es selbst autonom zu gestalten. Dieser Wunsch kann der Einsicht entspringen, dass das Leben zu schade ist, um es nur irgendwie, halb bewusst zu verbringen, er kann aber auch durch Leidensdruck ausgelöst werden. Ist erst der Entschluss gefasst, einen Lebensplan zu entwerfen und durchzuführen, der die Seele befriedigt und das Herz froh macht, taucht meist ganz von selbst eine Zielvorstellung, ein Auftrag für dieses Leben auf. Einige Menschen erinnern sich dann an ein Erlebnis aus ihrer Kindheit, in dem das Ziel aufscheint.

Ein starker Wunsch und ein fester Wille zur Lebensveränderung mobilisiert die dafür notwendigen Kräfte.

Als Beispiel bringe ich einige Zeilen aus dem Nachruf zum Tode von Yehudi Menuhin, dem berühmten Musiker, der 83-jährig im März 1999 starb:

»Einmal saß ich als Zehnjähriger allein im Wagen, während Hephzibah Klavierstunde hatte, und plötzlich erschien mir alles ringsumher völlig absurd, wie ein Fernsehinterview ohne Ton. Ich konnte die Beweggründe der Menschen, die da so ernsthaft ihren Geschäften nachgingen, so wenig verstehen wie die Gefühle von Ameisen in ihrem Hügel.«

Dieses Wahrnehmen von Sinnlosigkeit ist zwar weder Wunderkindern noch Philosophen vorbehalten, aber die meisten wollen davon nichts wissen oder vergessen es. Vielleicht gehört es zu den Geheimnissen Menuhins, dass er sich mit dieser Erfahrung ein ganzes Leben lang auseinander gesetzt hat, dass er sich entschied, ihr etwas Stärkeres entgegenzusetzen (»Stuttgarter Zeitung«, 13. März 1999).

Für Yehudi Menuhin war dieses Erlebnis richtungweisend. Er nutzte es, um ein brillanter Geiger zu werden, der mit seinem Spiel die Zuhörer/innen »über die Grenze« ziehen konnte. Sein Lebenssinn war, die Perfektion zu erreichen, die es vermochte, das Gefühl der Sinnlosigkeit aufzuheben. Er brachte mit seinem Spiel das in die Welt, was nicht von dieser Welt ist, und vermittelte den Menschen auf diese Weise etwas von der Schönheit und Beglückung jener »anderen Welt«.

Er nahm die Begabung, die er für dieses Leben mitbekommen hatte, und setzte sie um in das Beste, dessen er fähig war. Er schenkte sie den Menschen und sich selbst damit ein erfülltes Dasein.

Ich bin überzeugt, dass viele Kinder plötzlich etwas erleben – wie auch Yehudi Menuhin –, das ihr Leben beeinflusst, ob sie sich als Erwachsene später dessen bewusst werden oder nicht. Im Augenblick der Erfahrung seiner einzigartigen Bestimmung in dieser Welt setzt das Kind sich gewissermaßen auf einen Leitstrahl, der es durch sein Leben trägt. Sobald man den Inhalt, die Beschaffenheit dieses Leitstrahls entdeckt hat, wird das Leben zur Erfüllung bringenden »Pflicht«, und alles geht dann auf einmal ganz leicht.

Wenn ein Mensch sich aber nicht an solch ein Kindheitserlebnis erinnert, wie kann er herausfinden, auf welchem Leitstrahl er – bisher unbewusst – sitzt?

Die zentrale Schaltstelle

Wir hatten uns mit dem »Cockpit Gehirn« beschäftigt und dort Ordnung geschaffen. Aber ist das Gehirn, von dem wir uns gesteuert sehen und das wir zur Steuerung des erwünschten Verhaltens gezielt einsetzen können, wirklich unsere zentrale Schaltstelle? Ich glaube nicht. Ich meine vielmehr, die zentrale Schaltstelle unseres Lebens sitzt – vielleicht als Nanochip, als hochkonzentrierte Informationseinheit – ganz woanders.

Jane Goodall, die bekannte amerikanische Gorillaforscherin, weiß um diese zentrale Schaltstelle, denn ihre Lebensmaxime lautet: »Follow your heart!« Sie hat sich dementsprechend entschieden, ihr Leben den »sanften Riesen«, wie sie die Berggorillas nennt, zu widmen.

Die zentrale Schaltstelle im Menschen ist nicht (nur) das Gehirn.

Forscher haben in der Tat herausgefunden, dass es nicht nur im Kopf des Menschen ein Gehirn gibt. Der Magen weist ganz ähnliche Zellverbände mit vergleichbaren Arbeitsweisen auf.

»Im Herzen – nicht im Gehirn – werden die grundlegenden Gedanken, Gefühle, Ängste und Träume bewahrt«, so der amerikanische Psychoneuroimmunologe Dr. Paul Pearsall, der das Phänomen von Persönlichkeitsveränderungen nach Organtransplantationen erforscht. In den USA ist kürzlich sein Buch »The Heart's Code« erschienen. Da heißt es:

Ich habe wenig Zweifel, dass das Herz das größte Energiezentrum des Körpers ist und der Überträger eines Codes, der die Seele repräsentiert (Zs. »esotera«, März 1999).

Auch wer sich nicht an ein entscheidendes Kindheitserlebnis erinnert, hat es nicht allzu schwer, den persönlichen Sinn dieses Lebens herauszufinden. Fragen Sie Ihr Herz: »Herz, was willst du? Woran hängst du?« Treten Sie in eine aktive Imagination mit Ihrem Herzen ein. Lauschen Sie ihm – es wird Sie führen.

Fragen Sie Ihr Herz – es weist Sie auf die für Sie richtige Bahn.

Mir ist im Laufe des Schreibens selber klar geworden, was und worüber ich weiter schreiben will: über das, was das Herz angeht, über das »Gehirn im Herzen«.

Meine eigenen Erfahrungen und die vieler anderer haben gezeigt, dass Gedanken und Taten, die nicht bis ins Herz vorgedrungen sind und nicht aus ihm heraus kommen, keinen Bestand haben. Wozu sich also mit flüchtigen Theorien und Konzepten beschäftigen, die mit ihren Wurzeln nicht ins Herz hinein reichen?

Ordnung herzustellen oder ethisches Handeln kann eine moralische Forderung sein, die vom Über-Ich oder Eltern-Ich gesteuert wird, sie kann aber auch aus dem Herzen kommen, eine Herzens-Angelegenheit sein. Im ersten Fall wird sie wahrscheinlich als Last und Anstrengung erlebt, im zweiten Fall kann sie ein beglückendes Bedürfnis darstellen. Pflicht, die aufgrund eines streng erhobenen Zeigefingers erfüllt wird, ist ätzend; Pflicht, die aus der Begeisterung des Herzens erwächst, ist Freude.

Auch die Beschäftigung mit Psychologie, vor allem Psychotherapie, die nicht bis auf den Grund des Herzens geht, ist bestenfalls ein interessanter Zeitvertreib, wirklich ausrichten, d. h. Veränderung bewirken, vermag sie kaum.

Den Treibstoff nicht vergeuden

Um sein Lebensschiff sicher, autonom und verantwortungsbewusst steuern zu können, bedarf es einer Energie, die es antreibt. Um genügend Kraft zu entwickeln, die Trägheit, die Gravitation der Gewohnheiten zu überwinden, müssen wir alle verfügbare Energie bündeln, sie auf das eine Ziel richten. Deshalb ist es wichtig, alte »Kriegsschauplätze« aufzugeben, weil dort unser wertvoller Treibstoff vergeudet wird.

Kriegsschauplatz Nummer eins ist der negative innere Dialog, in dem wir uns selbst abwerten, an uns herumnörgeln, unser Selbstvertrauen immer wieder erschüttern, uns entmutigen und verwirren.

Kriegsschauplatz Nummer zwei sind die »Groll-Splitter« im Herzen, also Feindseligkeiten gegen andere und der Widerstand gegen das Leben.

Lösen Sie diese Schlachtfelder auf, denn sie verschlingen genauso viele kostbare Ressourcen wie der Rüstungsetat einer Staatsregierung.

Stellen Sie einen Friedensplan auf.

Frieden mit sich selbst bedeutet, den inneren Dialog mit Wohlwollen, Bestätigung, Anerkennung, Ermutigung, Unterstützung, Lob und Trost zu füllen. Frieden mit anderen bedeutet, ihnen ihr So-Sein, ihr Anderssein zu lassen und zu akzeptieren, dass jeder erwachsene Mensch nur für sich verantwortlich ist. Sie können niemanden verändern, das kann nur der/die Betreffende selbst.

Jeder Einzelne muss entscheiden, wofür er sich mit ganzer Kraft einsetzen will.

Überlegen Sie sich, wofür Sie Ihre Kräfte verwenden wollen. Was ist Ihnen wert, sich dafür einzusetzen, wofür wollen Sie sich sogar verausgaben? Wenn Sie das herausgefunden haben, werden Sie eine erstaunliche Entdeckung machen: Das, wofür Sie mit der Begeisterung Ihres Herzens alle Kräfte einsetzen, spielt Ihnen diese Kräfte wieder zurück, meist sogar mit Zinsen. Sie gewinnen stets mehr Energie durch Ihren vollen Einsatz für eine Herzensangelegenheit, als Sie aufwenden.

Und welcher Einsatz könnte Ihnen mehr wert sein als der für sich selbst, für Ihr eigenes Leben, zur Verwirklichung der Persönlichkeit, zu der Sie bestimmt sind?

Es gibt eine hübsche Geschichte aus dem Chassidismus, einer Bewegung im Judentum:

Rabbi Sussja belehrte seine Schüler: »Eines Tages wird Gott mich nicht fragen: ›Warum bist du nicht Mose gewesen?‹ Aber er wird mich fragen: ›Warum bist du nicht Rabbi Sussja gewesen?‹«

Falls wir, falls Sie nur dieses eine Leben haben: Wofür wollen Sie es verwenden? Wofür *müssen* Sie es einsetzen?

Wenn Sie das herausgefunden haben, haben Sie schon gewonnen. Die Umsetzung erfolgt dann wie von selbst. Ihre Seele und Ihr Herz werden Ihnen die nötigen Informationen und Anweisungen zuspielen. Sie werden immer wissen, was gerade zu tun ist. Und Sie werden in der Lage sein anzunehmen, was das Schicksal Ihnen bringt, auch wenn dies mit Schmerzen verbunden sein sollte, wenn es vielleicht um Abschied geht.

Wer sich von innen heraus führen lässt, kann Erfüllung im Leben finden.

Sobald Sie bereit sind, sich von innen heraus führen zu lassen, vom Herzen, von der Seele, der göttlichen Stimme, dem ursprünglichen Kind, wird Ihr Leben gut und leicht und Sie werden es als befriedigend und beglückend erfahren.

Der Weg in die Frühlingssonne

Inzwischen ist es Frühling geworden. Ich begann dieses Buch im Winter. Das Datum der nicht stattgefundenen Santa-Fe-Konferenz ist vorbei, auch der Restschmerz, der damit verbunden war. Jedes Jahr neu freue ich mich über die ersten kleinen Blumen im Garten und auf den Wiesen. Für mich beginnt in dieser Zeit stets ein neues Lebensjahr, denn ich habe im April Geburtstag. In meinem Geburtshoroskop ist sowohl das erste wie auch das letzte Feld stark betont; von daher habe ich einen starken Zugang zum Anfang und zum Ende.

Der Jahreskreislauf in der Astrologie beginnt mit dem Bild des Widders. In diese Wochen fällt das Osterfest, zu dem seit alttestamentlichen Zeiten das Lamm gehört, das da gerade geboren wird. Es ist die Zeit des Aufbruchs, des Neubeginns. Die Natur erwacht zu neuem Leben. Und sie kehrt – astrologisch gesehen – zurück in den Urgrund der Meerestiefe im Bild der Fische im 12. Feld.

Psychologisch betrachtet könnte man jedoch die These aufstellen, dass eigentlich die Erneuerung im Urgrund beginnt – im Grunde der Seele, die fühlt, fühlt, was Leben bedeutet und dass neues Leben mit Schmerzen für Mutter und Kind verbunden ist, dass es immer wieder Schmerzen in sich birgt und oft auch unter Schmerzen endet.

Um kein Missverständnis aufkommen zu lassen: Schmerz und Leid sind zweierlei. Menschen, die leiden, widersetzen sich dem Schmerz. Sie sind nicht bereit, die echten Gefühle, zu denen auch Schmerz gehört, zuzulassen, auszuhalten, bis sie sich von ganz alleine auflösen. Die Unterdrückung der Gefühle führt zu Leid.

Das Leben beginnt also in der Tiefe, im Wasser, und von daher müssten wir, astrologisch gesehen, die beiden Zeichen »Fische« und »Widder« zusammennehmen, um den Aufbruch des Neuen wirklich zu verstehen. Das Fischezeichen ist auch das Zeichen des Fühlens, des Mitfühlens. Nur hier kann Erneuerung stattfinden – im Gefühl für sich selbst und damit auch für andere.

Der Weg in die Frühlingssonne, in den Neubeginn, fängt an mit seelischem Erwachen, dem Erwachen seiner/ihrer selbst. Wer erwacht, öffnet die Augen und sieht. Sich selbst zu sehen, die eigenen Gefühle wahrzunehmen, zu spüren »Das also bin ich!«, ist der Beginn. Dann folgt, sich selbst und die eigenen Gefühle anzunehmen, Ja zu sagen zu sich selbst –

uneingeschränkt, bedingungslos. Und erst wenn das geschehen ist, kann man auch Ja sagen zu den anderen, zur Welt.

»Die Natur erwacht«, sagt man im Frühling. Um zu sich selbst und zu Freiheit im Leben zu gelangen, muss auch der Mensch erwachen. Er muss beginnen, wirklich zu sehen. Zu sehen, was wirklich ist. Was er/sie dann sieht, ist vielleicht zunächst verwirrend und ängstigend, weil unbekannt.

Viele Menschen haben sich in ihre Welt »eingesponnen«. Sie sehen nur, was ihnen vertraut ist. Und wenn dieser Bezugsrahmen sich öffnet, erscheint die wirkliche Welt erst einmal so hell, klar und konturiert wie der grell erleuchtete Kreißsaal, in dem immer noch Babys erschreckt das Licht der Welt erblicken.

Da gilt es, die Angst vor dem Unbekannten, Neuen auszuhalten, sich nicht wieder furchtsam in die alten Fantasien, Vorstellungen, Lieblingsgedanken und Gefühlsmaschen zu flüchten. Dann heißt es, sich einfach still hinzusetzen und alles, was kommt – von innen und von außen –, zuzulassen und anzuschauen. Je stiller man dabei bleiben, je unbewegter man die Wogen der Emotionen annehmen kann, desto eher lösen sie sich auf in ein sanftes Gefühl beglückender Ruhe, ein inniges Bei-sich-selbst-Sein.

Erfüllung bedeutet, nichts mehr anders haben zu wollen, als es tatsächlich ist.

So kann man die Welt in ihrer unendlichen Fülle anschauen und sie atemberaubend schön finden. Wer dahin gekommen ist, wer das erreicht hat, der erlebt die Freiheit, nichts mehr anders haben zu wollen, als es tatsächlich ist. Dann ist nicht nur Frühling, sondern auch Sommer, Herbst und Winter zugleich.

Zusammenfassung

In diesem Kapitel habe ich noch einmal schwerpunktmäßig dargestellt, wie ein Gewinner-Skript aussehen und wie man es erreichen kann.

Ich möchte dieses letzte Kapitel mit einem kleinen Text schließen, den ich sehr liebe. Er steht in dem Büchlein »Dem Leben einen Sinn geben« von Antoine de Saint-Exupéry. Leider ist es vergriffen und wird nicht wieder aufgelegt. Der Autor muss sehr viel vom Leben, vom Sinn des Seins verstanden haben, denn er schrieb:

Das, was sie suchen, du weißt es, ist die Weite, die sie vollenden wird. Sie wollen Gazellen werden und ihren Tanz tanzen. Mit hundertdreißig Kilometern in der Stunde wollen sie die geradlinige Flucht kennen lernen, die von kurzen Sprüngen unterbrochen wird, als wenn hie und da Flammen aus dem Sand hervorbrächen.

Was kommt es auf die Schakale an, wenn die Wahrheit der Gazellen darin besteht, die Angst zu kosten, die sie lediglich dazu zwingt, über sich hinauszugehen, und ihnen die höchsten Kapriolen entlockt.

Was kommt es auf den Löwen an, wenn die Wahrheit der Gazellen darin besteht, dass sie sich einem Tatzenschlag in der Sonne darbieten.

Check · Übung · Tipp

▶ Check

Lassen Sie Ihre Symptome sprechen

Wie steht es um Ihre körperliche Verfassung? Leiden Sie öfter unter Beschwerden, für die Ihr Arzt keinen organischen Befund hat, die er möglicherweise »psychovegetativ« nennt?

Lassen Sie körperliche Beschwerden immer von einem Arzt abklären. Denken sie daran, dass unser Körper für das Leben geschaffen ist und dass Leben »Bewegung« bedeutet. Achten Sie also darauf, dass Sie sich täglich genügend bewegen, und ernähren Sie sich vernünftig.

Manchmal reichen allerdings diese Maßnahmen nicht aus, weil eine entsprechende seelische Haltung die körperlichen Beschwerden bedingt. In solchen Fällen empfiehlt es sich, die jeweiligen Symptome wörtlich und bildlich – symbolisch – zu betrachten. Überlegen Sie auch, welche Redensarten dazu passend sind. Zum Beispiel:

Leiden Sie oft unter *Kopfschmerzen*?

Schauen Sie, ob eine dieser Redensarten zu Ihrer aktuellen Situation passt: »mit dem Kopf durch die Wand wollen« – »sich den Kopf zerbrechen« – »kopflos handeln« – »den Kopf verlieren« ... (Vielleicht fallen Ihnen noch andere ein.)

Haben Sie Schmerzen im *Schulter-Nacken-Bereich*?

Sind Sie vielleicht zu sehr »eingespannt«, wie ein Pferd, das einen schweren Wagen zieht?

Machen Ihnen Probleme mit der *Wirbelsäule* zu schaffen?

Erlernen Sie in einer »Rücken-Schule« eine neue, gesunde Haltung. Üben Sie diese geduldig ein und fragen Sie sich, ob Sie vielleicht im Laufe der Zeit auch »innerlich starr« geworden sind. Fällt es Ihnen zunehmend schwer, flexibel auf die vielen verschiedenen Anforderungen des immer komplexer werdenden Alltags zu reagieren? Haben Sie sich gar in eine »fest gefügte« Ideologie hineinbegeben, die Sie innerlich halten soll, weil Ihnen das Unberechenbare des Lebens unheimlich ist? Oder sind Sie »unbeugsam« geworden?

Schmerzen Sie Ihre *Gelenke*?

Dann fragen Sie sich, ob Sie nicht mehr genügend beweglich sind, äußerlich und innerlich. Und wie sieht es mit Ihrer Verbindlichkeit aus? Denn die Gelenke verbinden einzelne Körperteile miteinander. Fällt es Ihnen schwer, das eine *und* das andere miteinander in Verbindung zu bringen, *sowohl als auch* zu denken?

Plagen Sie *Magen- und Darmbeschwerden*?

Was liegt Ihnen »schwer im Magen«, was scheint für Sie »unverdaulich« zu sein? Vielleicht sind Sie »sauer« auf jemanden? Scheiden Sie manches zu schnell und unbesehen aus, wollen es einfach nur weg haben, oder behalten Sie das meiste zu lange, können sich nicht so recht trennen?

Beunruhigen Sie Schmerzen am *Herz*?

Was tut Ihnen innerlich weh? Fällt es Ihnen schwer, sich ganz in eine Beziehung einzulassen, sich hinzugeben?

Haben Sie Last mit *Durchblutungsstörungen*?

Fragen Sie sich, ob Sie durch irgendetwas »kalte Füße« bekommen haben?

Ist Ihr *Blutdruck* zu hoch?

Vielleicht gibt es einen gewissen Hochmut bei Ihnen? Mobilisieren Sie mehr Mut, als eigentlich erforderlich ist, weil Sie irgendetwas ängstigt?

Ziehen Sie sich häufig eine *Erkältung* zu?

Dann schauen Sie, worüber Sie vielleicht »verschnupft«, beleidigt sind? Oder haben Sie Tränen zurückgehalten, die Kopf- und Gesichtsschmerzen verursachen, sich Bahn schaffen durch die Nase oder sich mit einer *Blasenentzündung* bemerkbar machen?

Dies sind nur einige Anregungen für das Aufdecken seelischer Hintergründe von psychovegetativ bedingten Körperbeschwerden.

Wenn Sie auf diese Weise die Ursache Ihrer Symptome herausgefunden haben, suchen Sie eine *sanfte Lösung*. Im Hauruckverfahren geht meist gar nichts – im Gegenteil: Die Haltung verfestigt sich, wenn wir »mit Gewalt« versuchen, sie aufzulösen. Gehen Sie mit liebevollen, »streichelnden« Gedanken an die betroffene Körperstelle, sagen Sie ihr, dass Sie sie lieben und sich um eine Lösung kümmern werden. Nehmen Sie auch das Wort »Lösung« bildlich, lösen Sie sich von alten Vorstellungen, von verkrusteten Ansichten, von dem, was nicht mehr zu Ihnen passt. Lösen Sie das Alte auf und *lassen* Sie das Neue *zu*. Finden Sie viele Begriffe, die das Wort »lassen« beinhalten: loslassen, weglassen, überlassen, zulassen usw., und üben Sie das Lassen ein.

▶ Übung

Das Leben macht den Meister

Im Übungsteil des Kapitels 1 habe ich mit der Geschichte von dem jungen Mann begonnen, der sich zum Schwertkämpfer ausbilden lassen wollte. Ich habe Sie Ihnen aber nicht zu Ende erzählt. So geht sie weiter:

Der junge Mann willigte ein, bei dem Meister zu bleiben, und fragte begierig, gleich mit der ersten Aufgabe zu beginnen: »Meister, was soll ich tun?«

Der Meister antwortete: »Gehe in die Küche und bereite das Abendessen für uns zwei.«

Nachdem beide zu Abend gegessen hatten, hieß der Meister den Schüler zu Bett zu gehen.

Am nächsten Morgen stand der junge Mann früh auf und wollte vom Meister wissen: »Womit soll ich beginnen?«

Der Meister sagte: »Gehe in die Küche und bereite das Frühstück«.

Nachdem die beiden gefrühstückt hatten, schickte der Meister seinen Schüler erneut in die Küche mit der Aufgabe, das Mittagessen zu kochen. Und nachdem sie gegessen hatten, durfte der junge Mann das Abendessen zubereiten.

So vergingen drei Jahre. Tagaus, tagein: Frühstück, Mittagessen, Abendessen zubereiten.

Eines Tages, als der junge Mann gerade wieder in der Küche stand, spürte er plötzlich einen harten Schlag auf dem Hinterkopf und sank ohnmächtig zu Boden. Als er aus der Ohnmacht erwachte, sah er den Meister neben sich stehen, der schallend lachte und dann sagte: »Steh auf und bereite das Essen.«

Drei weitere Jahre vergingen. Und eines Tages traf ihn wieder ein Schlag des Meisters. Dieses Mal jedoch nicht so heftig, weil der Schüler inzwischen gelernt hatte, achtsam zu sein und seinen Kopf gerade noch ein wenig zur Seite drehen konnte, als der Meister zuschlug.

Wieder stand er drei Jahre lang täglich in der Küche.

Eines Tages dann – er bereitete gerade sehr sorgfältig, mit viel Liebe das Abendessen zu – drehte er sich plötzlich um und nahm dem Meister das erhobene Schwert aus der Hand.

»Du bist fertig«, sagte der Meister daraufhin, »du kannst nach Hause gehen.«

Das, was es eigentlich zu lernen gibt in diesem Leben, ist also nur mit Geduld, Hingabe und vor allem mit Achtsamkeit zu erreichen. Dazu braucht es keine besonderen Übungen, es kommt im ganz alltäglichen Leben. Überall, gleichgültig wo Sie sich aufhalten, vermittelt Ihnen die Konzentration auf die Gegenwart, die Aufmerksamkeit auf das, was Sie gerade tun, ein intensives Lebensgefühl. Je wacher und achtsamer Sie jede Minute Ihres Lebens verbringen, desto mehr haben Sie von Ihrem Leben, desto erfüllter sind Sie von Ihrem Leben, desto glücklicher werden Sie sein.

Ich hoffe und wünsche Ihnen, dass Sie keine neun Jahre brauchen, bis Sie dieses Ziel erreichen – wie der Schüler, der die Kunst, das Schwert zu führen, erlernt hat. »Das Schwert führen« bedeutet in diesem Zusammenhang nicht unbedingt, ein meisterhafter Krieger zu werden. Es geht um die Kunst, das Leben zu meistern. Auch der indianische Zauberer und Lehrmeister Don Juan sagt seinem Schüler Carlos Castaneda, er müsse sein wie ein Krieger, wenn er das Leben wirklich verstehen wolle. Es gibt keinen großen Unterschied zwischen der Kriegs- und der Lebenskunst.

▶ Tipp

Hier sind noch einige Hinweise, die ich Ihnen gerne mit auf Ihren Weg geben möchte. Sie betreffen eine bestimmte Haltung und Lebenseinstellung, mit der sowohl ich selbst gute Erfahrungen gemacht habe als auch andere, die nach ihr leben.

- *Vermeiden Sie Wehleidigkeit und Mitleid. Bleiben Sie in allen Lebenslagen nüchtern in Ihrem Denken und klar in Ihren Ansichten.*

Wenn Sie etwas schmerzt, nehmen Sie den Schmerz an und lassen Sie ihn zu. Und wenn er wieder gehen will, dann lassen Sie ihn auch los. Laufen Sie nicht mit einer Leichenbittermiene durch die Welt und gehen Sie Ihren Mitmenschen nicht mit Seufzen und Jammern auf die Nerven. Langweilen Sie sie nicht damit. Leiden Sie nicht, auch nicht »mit«. Es nützt nichts, weder Ihnen noch den anderen.

- *Geben Sie die Illusion auf, anderen helfen zu können.*

Versuchen Sie vor allem nicht zu helfen, wenn Sie nicht ausdrücklich darum gebeten werden. Wenn Sie aber gebeten werden, regen Sie Hilfe zur Selbsthilfe an, das ist die beste.

- *Spielen Sie nicht »Drama« – es sei denn, als Laienschauspieler/in auf einer Bühne.*

Bauschen Sie Geschehnisse nicht auf. Sie verbrauchen zu viel wertvolle Energie damit. Halten Sie sich »im Zaum«, wie ein Pferd der »hohen Schule«.

- *Geben Sie sich keiner Sentimentalität hin. Sie macht schwach.*

Schwelgen Sie nicht in Gefühlen – und seien diese noch so schön. Echte Gefühle sind klar und ruhig. Sie halten nicht lange an. Doch Sie bewahren sich einen klaren Kopf dabei. Und der ist sehr wichtig. Das Herz fühlt nüchtern und eindeutig. Sentimentalität ist immer mehrdeutig.

- *Gestalten Sie sich selbst und Ihre Wohnung einfach und schlicht.*

Vermeiden Sie »Firlefanz«, er raubt Ihnen Energie. Keine großen Knöpfe, schon gar nicht aus »Gold«, keine Spitzen, Rüschen, nichts Wehendes und Wippendes, keine grellen Farben, großen Muster, keine weißen Strümpfe oder Socken, schon gar keine weißen Schuhe und Handtaschen. Tragen Sie gedeckte Farben, Qualitätsstoffe, unauffällige Schuhe und Zubehör.

Werfen Sie »Staubfänger« aus Ihrer Wohnung hinaus. Weniger ist mehr. Schaffen Sie sich Raum und Luft durch sparsame Möblierung.

Sie sollen nicht »in Sack und Asche gehen«, nicht auf Stroh schlafen und mit alten Kisten leben. Bevorzugen Sie Hochwertiges – echte Qualität ist schlicht. Die Reduzierung auf das Schlichte dient der Konzentration Ihrer wertvollen Energie.

- *Wenn Sie mit jemandem in Kontakt sind, schauen Sie ihn/sie direkt mit offenen Augen an, jedoch ohne zu starren.*

Halten Sie Ihren Kopf gerade, weil Sie Ihr Gegenüber als gleichwertigen Partner betrachten. Legen Sie Ihren Kopf nicht zur Seite, weil Sie so nicht klar sehen können. Legen Sie ihn nicht nach hinten oder schauen von unten nach oben; das wirkt unterwürfig. Heben Sie auch nicht die Nase nach oben und schauen von oben nach unten; das wirkt arrogant. Beides passt nicht zu Ihnen.

Wenn es möglich ist: Absolvieren Sie einen Taichi-Kurs (an der Volkshochschule).
Taichi bietet Ihnen eine gute Möglichkeit, sowohl Ihren Körper als auch Ihren Geist zu schulen. Sie können hierbei Wachheit und Aufmerksamkeit lernen.

Mein Vademekum für Sie:
Halten Sie so viel Energie wie möglich bei sich, in sich versammelt. Dann wird Ihr Leben leicht und »schwebend«.

Und ganz zum Schluss noch zwei Adressen und ein Rat:
Wenn das Buch Sie angeregt haben sollte, die ersten Schritte in Ihr neues Gewinner-Leben mit Hilfe eines Therapeuten/einer Therapeutin, die sich gut in Transaktionsanalyse auskennen, zu gehen – oder wenn Sie finden, Sie wollen zur Abrundung (Individuation) Ihres Lebens einen Begleiter/eine Begleiterin, die mit den Konzepten der Analytischen Psychologie C.G. Jungs arbeitet, an Ihrer Seite haben, dann wenden Sie sich an eine der folgenden Adressen:

Deutsche Gesellschaft für Transaktionsanalyse e.V. (DGTA)
Geschäftsstelle:
Silvanerweg 8, 78464 Konstanz, Fon 07531-95270,
Fax 07531-95271.

Deutsche Gesellschaft für Analytische Psychologie e.V. (DGAP)
Geschäftsstelle:
Alexanderstraße 92, 70182 Stuttgart, Fon 0711-242829,
Fax 0711-241360.

Dort erhalten Sie Hinweise über die entsprechenden Institute bzw. Therapeuten/Therapeutinnen in der Nähe Ihres Wohnortes.

Bitte beachten Sie, wenn Sie psychotherapeutische Begleitung suchen:

Gerade die Psychotherapie ist auf eine vertrauensvolle Beziehung zwischen Klient/in und Therapeut/in angewiesen. Psychotherapie findet in der Beziehung statt. Deshalb ist die Wahl des Therapeuten/der Therapeutin besonders wichtig und sensibel zu handhaben. Führen Sie ruhig mehrere Gespräche, um sicher herauszufühlen, ob Sie eine tragfähige Beziehung zu der gewählten Person eingehen können, bevor Sie sich für diese oder jene entscheiden. Achten Sie während der Suchzeit auf Signale Ihrer Seele, denn diese weiß am besten, wer richtig für Sie ist.

Gibt es Kriterien für gute Therapeuten? Ja. Sie sollen empathisch, also zugewandt, aufmerksam und einfühlend sein, gut zuhören können sowie sensibel mit Nähe und Distanz umgehen. Das heißt: weder zu viel Nähe zulassen, noch sich allzu distanziert geben.

Achten Sie bitte vor allem darauf, dass Ihr Therapeut/Ihre Therapeutin Sie nicht zu sexuellen Handlungen mit ihm/ihr animiert oder gar entsprechende Übergriffe tätig. Selbst wenn Ihnen dies im Moment sehr reizvoll erscheinen sollte: In den meisten Fällen zerstört es den Therapieerfolg und es ist auch nicht erlaubt. Wenden Sie sich ggf. an die Ethikkommission der DGTA, die Ihnen diesbezüglich gerne weiterhilft. Mein persönliches Kriterium für einen Therapeuten/eine Therapeutin, mit dem/der ich arbeiten wollte, ist: Er/Sie müsste mindestens ein Mal pro Sitzung herzhaft mit mir lachen, dürfte nicht depressiver wirken und leiser sprechen als ich selbst, dürfte mich nicht mit tiefernstem oder tragischem Gesichtsausdruck anschauen, so als wäre Psychotherapie eine schauerliche Tragödie. Psychotherapie sollte mich nicht schwer, sondern leicht, nicht trübsinnig, sondern heiter machen.

Ich wünsche Ihnen eine kluge Komödiantin oder einen verschmitzten Schelm als Therapeuten

Literatur

Berne, Eric: Was sagen Sie, nachdem Sie Guten Tag gesagt haben?, Fischer, Geist und Psyche, Frankfurt/Main 1995, S. 48 ff., 152 ff., 323 ff.

Coelho, Paulo: Der Fünfte Berg, Diogenes, Zürich 1998, S. 169 ff., 189 ff.

Csikszentmihalyi, Mihaly: Lebe gut! Wie Sie das Beste aus Ihrem Leben machen, Klett-Cotta, Stuttgart 1999

Dieckmann, Hans: Träume als Sprache der Seele, Bonz, Stuttgart 1979

Erikson, Erik H.: Identität und Lebenszyklus, Suhrkamp, Frankfurt/Main 1973

Franz, Marie-Louise von: Wissen aus der Tiefe, Kösel, München 1987, S. 44 ff.

Freud, Sigmund: Zur Psychopathologie des Alltagslebens. GW, Fischer, Frankfurt/Main 1964

Hannah, Barbara: Begegnungen mit der Seele, Kösel, München 1985, S. 93, 95

Larsen, Christian: Die zwölf Grade der Freiheit, Via Nova, Petersberg 1995

Luks, Allan: Helfen stoppt den Stress, »Psychologie Heute«, 26. Jg., Heft 4, 1999, S. 34 ff.

Minsky, Marvin: Mentopolis, Klett-Cotta, Stuttgart 1994

Molcho, Samy: Körpersprache, Mosaik, München 1994

Popper, Karl R.; Eccles, John C.: Das Ich und sein Gehirn, Piper, München 1982

Prigogine, Ilya; Stengers, Isabelle: Dialog mit der Natur, Piper, München 1990

Saint-Exupéry, Antoine de: Dem Leben einen Sinn geben, dtv, München o. J.

Wilhelm, Klaus: Das depressive Gehirn, »Psychologie Heute«, 26. Jg., Heft 3, 1999, S. 31